Fehr/Hüsener/Refenius

Hinweisgeberschutzgesetz

Hinweisgeberschutzgesetz

Praxishandbuch für interne Meldestellenbeauftragte

von

Prof. Dr. Stefanie Fehr,
Marco Hüsener und Kevin Refenius

1. Auflage, 2024

rehm

Bibliografische Informationen Der Deutschen Nationalbibliothek

Die Deutsche Nationalbibliothek verzeichnet diese Publikation in der Deutschen Nationalbibliografie; detaillierte bibliografische Daten sind im Internet über http://dnb.d-nb.de abrufbar.

Bei der Herstellung des Werkes haben wir uns zukunftsbewusst für umweltverträgliche und wiederverwertbare Materialien entschieden. Der Inhalt ist auf elementar chlorfreiem Papier gedruckt.

ISBN: 978-3-8073-2909-3

rehm

eine Marke der Verlagsgruppe Hüthig Jehle Rehm GmbH
Im Weiher 10, 69121 Heidelberg

Unsere Homepage: www.rehm-verlag.de

Produktmanangement: Rita Cornmark
Satz: TypoScript GmbH, München
Druck: Zimmermann Druck, Widukindplatz 2, 58802 Balve

rehm

Vorwort

„Denunziantengesetz?“ – diese Überschrift trugen einige Presseartikel zum Hinweisgeberschutzgesetz im Kontext des Gesetzgebungsverfahrens.[1] Das Hinweisgeberschutzgesetz löste nicht nur im Gesetzgebungsverfahren, sondern auch bei KMU Empörung oder Ablehnung aus. Was im ersten Moment vielleicht wie ein bürokratisches Gesetz wirkt, so wird die Notwendigkeit für hinweisgebende Personen, eine vertrauensvolle Anlaufstelle – die interne Meldestelle – zu haben, unterschätzt. Wenn allein an das „Heinisch“-EuGH-Urteil gedacht wird, wird der geschützte Raum für hinweisgebende Personen sehr deutlich. Aber nicht zuletzt die externe Meldestelle des Bundesamtes für Justiz ist stark frequentiert. Seit ihrer Gründung im Juli 2023 sind im Schnitt pro Monat etwa 90 Hinweise auf mutmaßliche Missstände in Behörden und Unternehmen eingereicht worden. Dies macht deutlich, dass es gut und wichtig ist, dass interne sowie externe Meldestelle durch das Hinweisgeberschutzgesetz geschaffen worden sind. Nur so können wir effektiven Hinweisgeberschutz betreiben und auf Fehlverhalten aufmerksam werden, um dieses adäquat abzustellen.

Das vorliegende Praxishandbuch ist aus einer Zusammenarbeit aus Wissenschaft und Praxis entstanden, um Ihnen diese beide Kompetenzen im Kontext des Hinweisgeberschutzes komprimiert zur Verfügung zu stellen. Mit diesem Praxishandbuch möchten wir Ihnen praktische Hilfestellungen sowie „Tipps und Tricks“ mitgeben, wie eine interne Meldestelle effektiv und effizient konzipiert, eingerichtet und betrieben werden kann. Bei unseren Ausführungen bildet das neue Hinweisgeberschutzgesetz (HinSchG) die Grundlage. Anhand dessen rechtlichen Anforderungen zeigen wir abgeleiteten Handlungsbedarf für Ihre betriebliche und behördliche Praxis auf. Dieses Werk dient somit nicht nur dazu, einen Überblick über diese Materie zu erhalten, sondern auch als praktisches Nachschlagewerk sowie Leitfaden für (zukünftige) interne Meldestellenbeauftragte und die Verantwortungsträger in Unternehmen sowie öffentlichen Einrichtungen.

Aufgrund des Inkrafttretens des HinSchG am 2. Juli 2023 ist einschlägige Literatur oder gar gefestigte Rechtsprechung zum HinSchG nur in bedingtem Umfang vorhanden. Insoweit verstehen sich die Erläuterungen in diesem Praxishandbuch nicht als abschließendes Kompendium mit Ewigkeitsgarantie, sondern als praktische Momentaufnahmen und Navigationshilfen, um eine interne Meldestelle mit geeigneten Prozessen, Instrumenten und Regelungen zu konzipieren, zu implementieren und zu betreiben.

---

1) Vgl u. a. Bund Verlag: *https://www.bund-verlag.de/aktuelles~Hinweisgeberschutzgesetz-Weg-frei-fuer-Denunzianten~.html*; Legal Tribute Online: *https://www.lto.de/recht/hintergruende/h/whistleblowing-behoerden-hinweisgeberschutz-gesetz-ampel-extremismus-chat-gruppen-polizei-meldungen-dienst/*; Wallstreet Online: *https://www.wallstreet-online.de/nachricht/17680812-denunziantengesetz-regeln-schutz-hinweisgebern-heiss-umstritten-foto*

Wir bedanken uns bei dem Verlag für die angenehme und kollegiale Zusammenarbeit, wünschen den Lesern viel Freude sowie praktische Anregungen bei der Lektüre und freuen uns über Feedback, konstruktive Kritik sowie hilfreiche Anmerkungen jedweder Art.

Prof. Dr. Stefanie Fehr   Marco Hüsener   Kevin Refenius

Inhaltsverzeichnis

Seite

1. Einleitung

Der Schutz von hinweisgebenden Personen in der Wirtschaft gewinnt zunehmend an Relevanz, insbesondere mit dem Inkrafttreten des Hinweisgeberschutzgesetzes (HinSchG) am 2. Juli 2023.

Das Hinweisgeberschutzgesetz dient dem besseren Schutz hinweisgebender Personen und zur Umsetzung der Richtlinie zum Schutz von Personen, die gegen das Unionsrecht melden.[1] Damit wird die sog. Whistleblowing-Richtlinie in deutsches Recht verankert.[2] Unternehmen mit mindestens 250 Beschäftigten und Gemeinden mit mehr als 10.000 Einwohnern sind gesetzlich verpflichtet, eine interne Meldestelle einzurichten (§ 12 HinSchG). Seit dem 17.12.2023 müssen auch private Beschäftigungsgeber mit 50 bis 249 Beschäftigten, die nicht in § 12 Abs. 3 HinSchG genannt sind, interne Meldestellen einrichten. Diese Unternehmen mit 50 bis 249 Beschäftigten können eine gemeinsame Stelle einrichten (§ 14 Abs. 2 S. 1 HinSchG). Unternehmen können sich dazu entscheiden, dass eine externe Dritte Institution (z. B. eine Ombudsperson oder Rechtsanwaltskanzlei) mit den für die interne Meldestelle geltenden Aufgaben betraut wird (§ 14 Abs. 1 S. 1 HinSchG).

2022 gab es in Deutschland 91.443 rechtliche Einheiten/Unternehmen mit mindestens 50 Beschäftigten, aufgeteilt in 74.398 Unternehmen/Beschäftigungsgeber mit 50 bis unter 250 Beschäfigten und 17.045 Unternehmen/Beschäftigungsgeber mit 250 oder mehr Arbeitnehmern, die durch das HinSchG nun vermutlich eine interne Meldestelle einrichten müssen.[3] Drei Jahre vorher, also 2019, waren es noch 90.621 rechtliche Einheiten mit mindestens 50 Beschäftigten.[4]

1.1 Gesetzgeberische Zielsetzung und Gesetzgebungsgeschichte

Am 16. Dezember 2019 ist die Richtlinie (EU) 2019/1937 des Europäischen Parlaments und des Rates vom 23. Oktober 2019 zum Schutz von Personen, die Verstöße gegen das Unionsrecht melden (kurz: Whistleblower-Richtlinie, oder WBRL), in Kraft getreten.[5] Hintergrund dafür war mitunter die Tatsa-

1) Vgl. BGBl. 2023 I Nr. 140 vom 2.6.2023.

2) Vgl. Richtlinie 2019/1937/EU des Europäischen Parlaments und des Rates (23.10.2019) zum Schutz von Personen, die Verstöße gegen das Unionsrecht melden (im Folgenden „WBRL").

3) Vgl. Statista Research Department, Rechtliche Einheiten/Unternehmen nach Beschäftigtengrößenklassen 2022, 2.1.2024.

4) Vgl. RefE Hinweisgeberschutzgesetz, Erfüllungsaufwand, S. 46.

5) Vgl. Europäische Komm., Schutz von hinweisgebenden Personen („Whistleblowern"), Initiativen der Kommission zum Schutz von Personen, die Verstöße gegen das Unionsrecht melden; Richtlinie (EU) 2019/1937 des EP und des Rates v. 23.10.2019 zum Schutz von Personen, die Verstöße gegen das Unionsrecht melden (ABl. L 22 305/17 v. 29.11.2019).

che, dass es sowohl in der EU als auch auf nationaler Ebene unterschiedliche Regelungen zum Schutz von Whistleblowern gab.[1] Daher soll die WBRL europaweit gemeinsame Mindeststandards schaffen, um einen wirkungsvollen Schutz für Whistleblower sowie eine effektive Durchsetzung des Unionsrechts zu gewährleisten.[2] Um dies zu erreichen, musste die WBRL bis zum 17. Dezember 2021 durch die Mitgliedstaaten in nationales Recht umgesetzt werden.[3] Hat man bis zur Veröffentlichung der WBRL die rechtlichen Regelungen in Deutschland hinsichtlich der Thematik „Whistleblowing" durchsucht, so wurde schnell deutlich, dass in Deutschland nur vereinzelte Normen zum Schutz von Whistleblowern existierten.[4] Ein rechtsübergreifendes Regelungswerk suchte man vergeblich. Zwar ist festzuhalten, dass in der Vergangenheit mehrere Gesetzesinitiativen, die die Rechtstellung von Whistleblowern in Deutschland festigen sollten, in den Bundestag eingebracht, diese jedoch nicht weiter verfolgt wurden.[5] So sollte 2008 auf Wunsch von drei Bundesministerien infolge eines „Gammelfleischskandals" im BGB ein neuer Paragraph eingeführt werden, der es den Arbeitnehmer erlaubt hätte, Straftaten und unmittelbare Gefahren für Mensch und Umwelt immediat gegenüber einer zuständigen Behörde zu melden.[6] Hiergegen wehrten sich seinerzeit aber primär Beschäftigungsgeberverbände.[7]

Im weiteren Verlauf beantragte im Juli 2011 die Fraktion DIE LINKE, dass der Bundestag von der Bundesregierung einen Gesetzentwurf zum Schutz und zur Förderung von Whistleblowern einfordern solle.[8] Dieses Gesetz sollte Arbeitnehmer und Beamten ebenfalls die Möglichkeit geben, rechtswidrige Handlungen sowie Fehlverhalten und Gefahren für Mensch, Umwelt und andere berechtigte Interessen des Individuums oder der Gesellschaft gegenüber zuständigen Behörden, der Öffentlichkeit oder einer Ombudsstelle zu melden. Der Antrag wurde in der 131. Plenarsitzung des Bundestags diskutiert und letztlich nicht an den zuständigen Ausschuss für Ernährung, Landwirtschaft und Verbraucherschutz überwiesen.[9] Auch ein Antrag der Bundesländer Ber-

---

1) Vgl. Erwägungsgrund 4, WBRL.

2) Vgl. Erwägungsgrund 5, WBRL; *Degenhardt/Dziuba*, Betriebs Berater 9/2021, 570 (571).

3) Vgl. Europäische Komm., Schutz von hinweisgebenden Personen („Whistleblowern"), Initiativen der Kommission zum Schutz von Personen, die Verstöße gegen das Unionsrecht melden; Art. 26 WBRL.

4) Zum Beispiel § 17 II ArbSchG, vgl. *Rolfs/Wolf*, EuZA 2022, 263 (268); außerdem §§ 4d VI FinDAG, 53 V GwG und 3b V BörsG, vgl. *Colneric/Gerdemann*, Die Umsetzung der Whistleblower-Richtlinie in deutsches Recht, Rechtsfragen und rechtspolitische Überlegungen, S. 66.

5) Vgl. *Király*, RdA 2012, 236 (240); *Brock*, öAT 2011, 243 (244); *Leuchten*, ZRP 2012, 142 (143); *Kreis*, Whistleblowing als Beitrag zur Rechtsdurchsetzung, S. 196.

6) Im Rahmen der Initiative sollte infolge eines der sogenannten Gammelfleischskandals ein neuer Whistleblower-Paragraf in Form des § 612a in das BGB eingeführt werden, vgl. *Stoffels*, Whistleblowing – Änderung des § 612a BGB geplant; *Leuchten*, ZRP 2012, 142 (142); *N.N.*, „Whistleblowing" – Gesetzliche Regelung im BGB geplant, NJW-Spezial 2008, 500 (500); *Kreis*, Whistleblowing als Beitrag zur Rechtsdurchsetzung, S. 196.

7) Vgl. *Király*, RdA 2012, 236 (240); *Kreis*, Whistleblowing als Beitrag zur Rechtsdurchsetzung, S. 196.

8) Vgl. BT-Drs. 17/6492; *Király*, RdA 2012, 236 (240).

9) Vgl. BT-Plenarprotokoll 17/131, S. 15551 ff; *Király*, RdA 2012, 236 (240).

lin und Hamburg, eine Entschließung des BR über eine gesetzliche Regelung zum arbeitsrechtlichen Schutz von Whistleblowern herbeizuführen, wurde in der Sitzung vom 14. Oktober 2011 abgelehnt, da seitens der Bundesregierung unter anderem aufgrund des Urteils des EuGHMR vom 21. Juli 2011[1] – folgend „Heinisch"-Urteil genannt –, kein Handlungsbedarf gesehen wurde. Der EuGHMR hat die außerordentliche Kündigung in diesem konkreten Fall als rechtswidrig bemängelt und kam zu der Überzeugung, dass ein nicht verhältnismäßiger Eingriff in das Recht auf freie Meinungsäußerung vorliege. Im Rahmen der Entscheidungsfindung stellte der EuGHMR Prüfkriterien auf, um die Rechtmäßigkeit der Kündigung wegen Whistleblowing zu bewerten. Die Prüfkriterien fanden anschließend als höchstrichterliche Rechtsprechung entsprechenden Einzug in die deutsche arbeitsgerichtliche Rechtspraxis.

Zudem legte die SPD, angeregt durch die soeben beschriebene Entscheidung des EuGHMR, im Februar 2012 einen Gesetzentwurf vor.[2] Der Vorschlag sah, ähnlich wie die vorherigen Initiativen, vor, dass es Arbeitnehmer, Auszubildende sowie arbeitnehmerähnlichen Personen erlaubt wäre, Rechtsverstöße und Gefahren für Mensch und Umwelt geradewegs bei den zuständigen Behörden zu melden. Außerdem könnte sich der Whistleblower bei ausbleibender oder ungenügender Reaktion der Behörde an die Öffentlichkeit richten, wenn die Missstände Mensch oder Umwelt gefährden.[3] Ferner regelte der Entwurf das Verbot von Vergeltungsmaßnahmen und Schutzpflichten zugunsten der Whistleblower und sah vor, dass der Beschäftigungsgeber die Beweislast zu tragen hätte. Doch auch diese Initiative und noch zwei weitere der Fraktion Bündnis 90/DIE GRÜNEN[4] fand keinen Anklang.

So befand sich Deutschland zum Zeitpunkt der Veröffentlichung der WBRL noch immer in einer Situation des lückenhaften und unzureichenden Schutzes für Whistleblower. Dies führte bereits seit Längerem zu einer hohen Rechtsunsicherheit aufseiten von potenziellen Whistleblowern, da diese angesichts der nicht klar definierten Kriterien hinsichtlich schützender Tatbestände ein erhebliches Risiko eingehen, wenn sie einen Rechtsverstoß – vor allem an Behörden oder die Öffentlichkeit – melden.[5] Eine nicht akzeptable

1) Vgl. EGMR, Urt. v. 21.7.2011, Heinisch/Deutschland, Nr. 28274/08.

2) Vgl. BT-Drs. 17/8567; *Mengel*, CCZ 2012, 146 (146); *Kreis*, Whistleblowing als Beitrag zur Rechtsdurchsetzung, S. 197.

3) Vgl. BT-Drs. 17/8567, S. 3; *Mengel*, CCZ 2012, 146 (149); *Kreis*, Whistleblowing als Beitrag zur Rechtsdurchsetzung, S. 197.

4) Der erste Entwurf aus dem Jahr 2012 strebte die Einführung eines § 612 b im BGB an, nachdem ein externes Anzeigerecht von einer vorherigen innerbetrieblichen Klärung, sofern zumutbar, abhängen sollte. Zudem sollte die Einbindung der Öffentlichkeit unmittelbar möglich sein, sofern das öffentliche Interesse die Interessen des ArbG überwiege; vgl. BT-Drs. 17/9782, S. 3; BT-Plenarprotokoll 17/246, S. 31500 ff.; *Kreis*, Whistleblowing als Beitrag zur Rechtsdurchsetzung, S. 197. Der zweite Entwurf aus dem Jahr 2014 wünschte die Einführung des § 612 b im BGB mit Anzeigerecht, sofern keine innerbetriebliche Meldestelle existiert; vgl. BT-Drs. 18/3039, S. 3 f.; BT-Plenarprotokoll 18/112, S. 10819 ff.

5) Vgl. *Mulle*, Whistleblowing & Arbeitsrecht, Ein Leitfaden für ArbeitnehmerInnen und Belegschaftsorgane, S. 38; BT-Drs. 534/11, S. 1; *Meyer*, Mut und Zivilcourage, Grundlagen und gesellschaftliche Praxis, S. 145.

Ausgangslage im deutschen Rechtssystem, wenn man sich vor Augen führt, welch bedeutsamen gesellschaftlichen Beitrag Whistleblower leisten, indem sie zur Aufdeckung von Fehlverhalten beitragen, die alternativ gegebenenfalls mit teils erheblichen negativen Auswirkungen auf Volkswirtschaft und Gesamtgesellschaft, unentdeckt geblieben und nicht korrigiert worden wären.

Der fristgerechten Umsetzung der WBRL bis zum 17.12.2021 kamen insgesamt 24 von 27 Mitgliedstaaten nicht nach, darunter auch Deutschland. Aus diesem Grund wurde am 27.01.2022 gegen diese Mitgliedsstaaten ein Vertragsverletzungsverfahren eingeleitet.[1] Daraufhin hat der Bundestag am 16.12.2022 den Referentenentwurf des Hinweisgeberschutzgesetzes beschlossen, dem der Bundesrat am 10.02.2023 nicht zustimmte.[1] Nachdem der Bundestag, als Reaktion auf die Ablehnung des Bundesrats, das HinSchG in einen zustimmungspflichtigen und einen nicht zustimmungspflichtigen Teil aufgespaltet hatte, löste dies Bedenken im Rechtsausschuss aus, weshalb dies wieder zurückgezogen wurde. Die Bundesregierung verlangte ein Vermittlungsverfahren, in welchem der Vermittlungsausschuss von Bundesrat und Bundestag am 9.5.2023 einen Kompromiss zum HinSchG vorgeschlagen hat. Dieser wurde dann am 11.5.2023 vom Bundestag beschlossen und erhielt einen Tag später die Zustimmung durch den Bundesrat.[2] Es handelt sich dabei um einen Kompromiss, der insbesondere Änderungen zu Meldewegen für anonyme Hinweise, zu Bußgeldern und zum Anwendungsbereich des Gesetzes beinhaltet. Letztlich wurde die WBRL, nach Verkündung am 2.6.2023, am 2.7.2023 – anderthalb Jahre zu spät – in ein nationales Gesetz umgesetzt.[2]

1.2 Zentrale Begrifflichkeiten

Nachfolgend werden die zentralen Begrifflichkeiten kurz aufgegriffen, um ein einführendes Verständnis zu schaffen.

1.2.1 Interne Meldestelle

Unternehmen mit regelmäßig mindestens 50 Beschäftigten sind gem. § 12 HinSchG verpflichtet, interne Meldestellen einzurichten. Am Gesetzeswortlaut, der von „Beschäftigungsgebern“ spricht, wird deutlich, dass diese Pflicht sowohl für privatwirtschaftliche Unternehmen als auch für öffentlich-rechtlich organisierte Einheiten gilt. Eine interne Meldestelle muss nicht zwingend in der Organisation gebildet sein. Intern ist eine Meldestelle auch dann, wenn das Unternehmen mit der Aufgabe „Meldestelle“ einen externen Dritten, z. B. eine Anwaltskanzlei, beauftragt hat.

1) Vgl. *Hippeli*, DZWIR 2023, 447 (447); *Dziba/Seibt*, NZA 2023, 657 (658).

2) Vgl. *Bruns*, in: Rolfs et al., BeckOK Arbeitsrecht, HinSchG, § 1 Rn. 11; *Dziba/Seibt*, NZA 2023, 657 (658).

1.2.2 Interner Meldestellenbeauftragter

Der interne Meldestellenbeauftragte spielt eine entscheidende Rolle bei der Bearbeitung von eingehenden Meldungen über Compliance- und Rechtsverstöße und trägt somit wesentlich zur Umsetzung des HinSchG bei. In § 15 Abs. 1 HinSchG werden die Anforderungen an einen internen Meldestellenbeauftragten definiert: „Die mit den Aufgaben einer internen Meldestelle beauftragten Personen sind bei der Ausübung ihrer Tätigkeit unabhängig. Sie dürfen neben ihrer Tätigkeit für die interne Meldestelle andere Aufgaben und Pflichten wahrnehmen. Es ist dabei sicherzustellen, dass derartige Aufgaben und Pflichten nicht zu Interessenkonflikten führen."

1.2.3 Meldung

Um geschützt zu werden, müssen hinweisgebende Personen die Informationen an die nach dem HinSchG vorgesehenen Meldestellen melden oder offenlegen. Meldungen sind nach § 3 Abs. 4 HinSchG Mitteilungen von Informationen über Verstöße an interne Meldestellen (§ 12 HinSchG) oder externe Meldestellen (§§ 19 bis 24 HinSchG). Zwischen den unterschiedlichen Meldestellen besteht für die hinweisgebende Person ein Wahlrecht (§ 7 HinSchG).

1.2.4 Meldekanal

§ 16 HinSchG regelt die Anforderungen des Meldekanals. Hier heißt es:

„(2) Die Meldekanäle sind so zu gestalten, dass nur die für die Entgegennahme und Bearbeitung der Meldungen zuständigen sowie die sie bei der Erfüllung dieser Aufgaben unterstützenden Personen Zugriff auf die eingehenden Meldungen haben.

(3) Interne Meldekanäle müssen Meldungen in mündlicher oder in Textform ermöglichen. Mündliche Meldungen müssen per Telefon oder mittels einer anderen Art der Sprachübermittlung möglich sein. Auf Ersuchen der hinweisgebenden Person ist für eine Meldung innerhalb einer angemessenen Zeit eine persönliche Zusammenkunft mit einer für die Entgegennahme einer Meldung zuständigen Person der internen Meldestelle zu ermöglichen. Mit Einwilligung der hinweisgebenden Person kann die Zusammenkunft auch im Wege der Bild- und Tonübertragung erfolgen."

1.2.5 Externe Meldestelle

Durch das HinSchG werden zum einen Beschäftigungsgeber verpflichtet, eine Meldestelle in ihrer Organisation einzurichten, aber auch der Bund wird verpflichtet, externe Meldestellen zu implementieren. Das Hinweisgeberschutzgesetz beschreibt nach § 19 Abs. 1 die Einrichtung der externen Meldestelle des Bundes beim Bundesamt für Justiz (BfJ). Neben der externen Meldestelle des Bundes beim BfJ werden ebenfalls bei der Bundesanstalt für Finanzdienstleistungsaufsicht (§ 21 HinSchG) sowie beim Bundeskartellamt (§ 22 HinSchG) jeweils externe Meldestellen mit thematischen Schwerpunkten eingerichtet. Die BaFin ist als externe Meldestelle zuständig dafür, dass die von ihnen überwachten Unternehmen alle Vorschriften zur Prävention von Geldwäsche und Terrorismusfinanzierung einhalten. Darunter fallen Banken, Finanzdienstleister, Zahlungs- und E-Geldinstitute, private Versicherungsunternehmen sowie Pensionsfonds. Dagegen ist die externe Meldestelle beim Bundeskartellamt für die Meldung von Informationen über Verstöße nach § 2 Abs. 1 Nr. 8 und 9 HinSchG zuständig.

Praxistipp:

Eine Übersicht der externen Meldestellen und ihrer Kontaktdaten ist hier abrufbar: *https://www.bundesjustizamt.de/DE/MeldestelledesBundes/ZustaendigkeitderMeldestellen/ZustaendigkeitderMeldestellen_node.html*

1.2.6 Offenlegung

Offenlegung bezeichnet das Zugänglichmachen von Informationen über Verstöße gegenüber der Öffentlichkeit (§ 3 Abs. 5 HinSchG). Hier entfaltet das Gesetz nur dann Schutz für die hinweisgebende Person, wenn alle Voraussetzungen des § 32 HinSchG erfüllt wurden. Insbesondere muss zunächst die externe Meldestelle erfolglos kontaktiert worden sein.

Praktisch wird die Offenlegung häufig zumeist über die (soziale) Medien- oder Online-Plattformen erfolgen. Das Verhältnis von Medien, die auf private Mitteilungen angewiesen sind, und ihren Informanten wird durch die Pressefreiheit geschützt.[1)]

1.3 Persönlicher Anwendungsbereich des HinSchG

1.3.1 Schutz der hinweisgebenden Person

Das Gesetz schützt zunächst die hinweisgebenden Personen, vgl. § 1 Abs. 1 HinSchG. Darunter fallen Personen, die im Zusammenhang mit ihrer beruflichen Tätigkeit oder im Vorfeld einer beruflichen Tätigkeit Informationen über Verstöße erlangt haben und diese an die nach dem HinSchG vorgesehenen Meldestellen melden oder offenlegen.

Es sind nur natürliche hinweisgebende Personen vom Schutzbereich erfasst. Dabei spielt es keine Rolle, welcher Nationalität die hinweisgebende Person angehört, d. h,. ob es sich bei den hinweisgebenden Personen um Unionsbürger oder Drittstaatsangehörige handelt.[2)] Juristische Personen bzw. Gesellschaften werden als hinweisgebende Personen nicht geschützt. Allerdings kann eine Meldung oder Offenlegung von einer natürlichen Person als Vertretung der juristischen Person, z. B. dem Geschäftsführer, vorgenommen werden. Da in diesem Fall der Verfasser der Meldung eine natürliche Person ist, kann er als hinweisgebende Person geschützt sein.

1) Vgl. BVerfGE 20, 162, 176.

2) Vgl. Erwägungsgrund 37 WBRL.

Der persönliche Anwendungsbereich des Hinweisgeberschutzgesetzes ist in 1 Abs. 1 HinSchG definiert. Er ist sehr weit und umfasst alle Personen, die potenziell Kenntnis von einem Verstoß im beruflichen Umfeld erlangt haben können.

Der europarechtliche Arbeitnehmerbegriff nach Art. 45 Abs. 1 AEUV ist sehr viel weiter gefasst als derjenige des nationalen Rechts (§ 611a Abs. 1 BGB). Es ist daher nicht erforderlich, dass die Tätigkeit entgeltlich erfolgt. Dies folgt einerseits aus den Erwägungsgründen 37 und 40 WBRL. Auch sollen entsprechend der Gesetzesbegründung Personengruppen, wie beispielsweise Beamte, Selbstständige, Mitarbeiter von Lieferanten, Praktikanten, Freiwillige, Organmitglieder von Gesellschaften (z. B. Aufsichtsratsmitglieder einer Aktiengesellschaft) und Personen, die bereits vor Beginn ihres Arbeitsverhältnisses oder nach dessen Beendigung Informationen zu Verstößen erhalten haben, vom persönlichen Anwendungsbereich der Regelung erfasst werden.[1)]

Auch Kunden oder Geschäftspartner können im beruflichen Kontext an Informationen über Verstöße gelangen. Nach Erwägungsgrund 37 WBRL sollen auch Arbeitnehmer in den Schutzbereich fallen, die im Ausland beschäftigt werden.

Ob Leiharbeitnehmer in den persönlichen Geltungsbereich des HinSchG fallen, ist nicht explizit geregelt. Nach § 16 Abs. 1 S. 1 HinSchG müssen die internen Meldekanäle auch Leiharbeitnehmern offenstehen, da diese typischerweise wie eigene Arbeitnehmer eingesetzt werden. Auch Erwägungsgrund 38 WBRL bezieht Leiharbeitnehmer in den Schutzbereich ein. Es ist daher zu empfehlen, Leiharbeitnehmern nach dem HinSchG denselben Schutz wie Arbeitnehmern zu gewähren, soweit sie gefährdet sind, aufgrund der Meldung von Verstößen im Rahmen ihrer Tätigkeit beim Entleiherbetrieb Repressalien zu erleiden.[2)]

1.3.2 Informationen über Verstöße

Das HinSchG schützt natürliche Personen, die Informationen über Verstöße weitergeben. § 3 Abs. 2 HinSchG definiert Verstöße als Handlungen oder Unterlassungen im Rahmen einer beruflichen, unternehmerischen oder dienstlichen Tätigkeit, die rechtswidrig sind und Vorschriften oder Rechtsgebiete betreffen, die in den sachlichen Anwendungsbereich nach § 2 HinSchG fallen. Hierzu können auch missbräuchliche Handlungen oder Unterlassungen gehören, die dem Ziel oder dem Zweck der Regelungen in den Vorschriften oder Rechtsgebieten zuwiderlaufen, die in den sachlichen Anwendungsbereich nach § 2 HinSchG fallen. Informationen über Verstöße sind begründete Verdachtsmomente oder Wissen über tatsächliche oder mögliche Verstöße.

---

1) Vgl. BT-Drs. 20/3442 S. 56, 57.

2) Vgl. *Bruns*, in: BeckOK Arbeitsrecht, 68. Edition, 2.7.2023, § 1 HinSchG Rn. 15.

1.3.3 Zusammenhang mit einer beruflichen Tätigkeit

Hinweisgebende Personen werden nur geschützt, wenn sie die Informationen im Zusammenhang mit ihrer beruflichen Tätigkeit oder im Vorfeld einer beruflichen Tätigkeit erlangt haben. Die Begrifflichkeit des „Zusammenhangs mit der beruflichen Tätigkeit" ist weit zu verstehen und jeweils im Lichte aller relevanten Umstände zu interpretieren. Sie reduziert sich nicht bloß auf das formale Arbeits- oder Dienstverhältnis, sondern umfasst beispielsweise auch Tätigkeiten von Arbeitnehmervertretungen.[1)]

Ein Zusammenhang mit der beruflichen Tätigkeit ist anzunehmen, wenn laufende oder auch frühere berufliche Tätigkeiten betroffen sind und sich eine hinweisgebende Person Repressalien ausgesetzt sehen könnte, würde sie erlangte Informationen über Verstöße melden. Der Anwendungsbereich erstreckt sich auch auf hinweisgebende Personen, die Verstöße melden oder offenlegen, wenn deren Arbeitsverhältnis zwischenzeitlich beendet wurde. Gleiches gilt für hinweisgebende Personen, die sich in einem Bewerbungsverfahren befinden oder deren Arbeitsverhältnis noch nicht begonnen hat und die während des Einstellungsverfahrens oder anderer vorvertraglicher Verhandlungen Informationen über Verstöße erlangt haben.[2)]

Eine zeitliche Grenze für außerhalb des Arbeitsverhältnisses liegende Meldungen ist nicht geregelt und sollte im Sinne eines effektiven Hinweisgeberschutzes auch nicht zu eng ausgelegt werden.

Nicht geschützt wird die Meldung oder Offenlegung von Informationen über privates Fehlverhalten, von dem die hinweisgebende Person im beruflichen Zusammenhang erfährt, das aber keinen Bezug zur beruflichen Tätigkeit hat. Dies gilt insbesondere auch für die außerdienstliche Wohlverhaltenspflicht von Beamtinnen und Beamten. Die Meldung privaten Fehlverhaltens von Beamtinnen und Beamten wird nicht in den Anwendungsbereich einbezogen.[3)] Für den Schutz der hinweisgebenden Person ist es unerheblich, auf welche Weise sie sich die Informationen beschafft hat, solange der Zusammenhang mit der beruflichen Tätigkeit besteht. Der Schutz wird ihr erst versagt, wenn die Beschaffung der Informationen oder der Zugriff darauf einen eigenständigen Straftatbestand erfüllt (vgl. § 35 Abs. 1 HinSchG).

1.4 Sachlicher Anwendungsbereich des HinSchG

Der sachliche Anwendungsbereich des § 2 orientiert sich an den Vorgaben der WBRL und somit den Kompetenzen der Europäischen Union. Er ist aus Gründen der beschränkten Gesetzgebungskompetenz auf spezifische Bereiche beschränkt, in denen Verstöße Risiken für das Gemeinwohl bergen können.

1) Vgl. *Bayreuther*, NZA 2023, 666 (669); a. A. *Thüsing*, in: Richardi, BetrVG § 79, Rn. 16.
2) Vgl. BT-Drs- 20/3442, 56.
3) Vgl. BT-Drs. 20/3442, 57.

Der sachliche Anwendungsbereich des § 2 HinSchG wurde ausgehend vom sachlichen Anwendungsbereich der WBRL vom deutschen Gesetzgeber mit dem Ziel ergänzt, bei einer 1:1-Umsetzung der Richtlinie auftretende vermeintliche oder tatsächliche Wertungswidersprüche zu vermeiden und das Hinweisgeberschutzgesetz für Rechtsanwender „handhabbar" zu gestalten.[1)]

Nationale und ursprünglich europäische Vorgaben sind in der Regel eng miteinander verwoben, damit Rechtssicherheit gewährleistet ist. Darüber hinaus wurden das Strafrecht und bestimmte Ordnungswidrigkeiten in den Anwendungsbereich aufgenommen.

Darüber hinaus solle das HinSchG zur Erreichung weiterer Nachhaltigkeitsziele beitragen, die den in § 2 HinSchG geregelten sachlichen Anwendungsbereich des Gesetzes betreffen.[2)] Durch den vorgesehenen Schutz von hinweisgebenden Personen erhöhe das Gesetz die Wahrscheinlichkeit, dass Missstände, die der Erreichung der relevanten Nachhaltigkeitsziele entgegenstünden, aufgedeckt und beseitigt werden könnten. Konkret diene die Aufnahme entsprechender Regelungsbereiche in den sachlichen Anwendungsbereich gem. § 2 HinSchG unter anderem[3)]:

- dem Gesundheitsschutz (Nachhaltigkeitsziel 3 „Ein gesundes Leben für alle Menschen jeden Alters gewährleisten und ihr Wohlergehen fördern", insbesondere Unterziel 3.6 „Bis 2020 die Zahl der Todesfälle und Verletzungen infolge von Verkehrsunfällen weltweit halbieren" und Unterziel 3.9 „Bis 2030 die Zahl der Todesfälle und Erkrankungen aufgrund gefährlicher Chemikalien und der Verschmutzung und Verunreinigung von Luft, Wasser und Boden erheblich verringern" sowie Unterziel 3.a „Die Durchführung des Rahmenübereinkommens der Weltgesundheitsorganisation zur Eindämmung des Tabakgebrauchs in allen Ländern nach Bedarf stärken");
- dem Arbeits- und Sozialschutz (Nachhaltigkeitsziel 1 „Armut in allen ihren Formen und überall beenden", 8 „Dauerhaftes, breitenwirksames und nachhaltiges Wirtschaftswachstum, produktive Vollbeschäftigung und menschenwürdige Arbeit für alle fördern" und 10 „Ungleichheit in und zwischen Ländern verringern", insbesondere Unterziel 1.3 „Den nationalen Gegebenheiten entsprechende Sozialschutzsysteme und -maßnahmen für alle umsetzen, einschließlich eines Basisschutzes, und bis 2030 eine breite Versorgung der Armen und Schwachen erreichen", 8.5 „Bis 2030 produktive Vollbeschäftigung und menschenwürdige Arbeit für alle Frauen und Männer, einschließlich junger Menschen und Menschen mit Behinderungen, sowie gleiches Entgelt für gleichwertige Arbeit erreichen", 8.8 „Die Arbeitsrechte schützen und sichere Arbeitsumgebungen für alle Arbeitnehmer, einschließlich der Wanderarbeitnehmer, insbesondere der Wanderarbeitnehmerinnen, und der Menschen in prekären Beschäftigungsverhältnissen, fördern", 10.3 „Chancengleichheit gewähr-

1) Vgl. BT-Drs. 20/5992, S. 38.

2) Vgl. BT-Drs. 20/5992, S. 42.

3) Vgl. hierzu BT-Drs. 20/5992, S. 42 f.

leisten und Ungleichheit der Ergebnisse reduzieren, namentlich durch die Abschaffung diskriminierender Gesetze, Politiken und Praktiken und die Förderung geeigneter gesetzgeberischer, politischer und sonstiger Maßnahmen in dieser Hinsicht" und 10.4 „Politische Maßnahmen beschließen, insbesondere fiskalische, lohnpolitische und den Sozialschutz betreffende Maßnahmen, und schrittweise größere Gleichheit erzielen");

- dem Umwelt- und Klimaschutz (Nachhaltigkeitsziele 6 „Verfügbarkeit und nachhaltige Bewirtschaftung von Wasser und Sanitärversorgung für alle gewährleisten", 13 „Umgehend Maßnahmen zur Bekämpfung des Klimawandels und seiner Auswirkungen ergreifen", 14 „Ozeane, Meere und Meeresressourcen im Sinne nachhaltiger Entwicklung erhalten und nachhaltig nutzen" und 15 „Landökosysteme schützen, wiederherstellen und ihre nachhaltige Nutzung fördern, Wälder nachhaltig bewirtschaften, Wüstenbildung bekämpfen, Bodendegradation beenden und umkehren und dem Verlust der biologischen Vielfalt ein Ende setzen");
- der Bekämpfung von Organisierter Kriminalität, Korruption, Geldwäsche und Terrorismusfinanzierung (Nachhaltigkeitsziel 16 „Friedliche und inklusive Gesellschaften für eine nachhaltige Entwicklung fördern, allen Menschen Zugang zur Justiz ermöglichen und leistungsfähige, rechenschaftspflichtige und inklusive Institutionen auf allen Ebenen aufbauen", insbesondere Unterziel 16.4 „Bis 2030 illegale Finanz- und Waffenströme deutlich verringern, die Wiedererlangung und Rückgabe gestohlener Vermögenswerte verstärken und alle Formen der Organisierten Kriminalität bekämpfen" und 16.5 „Korruption und Bestechung in allen ihren Formen erheblich reduzieren").

Verstöße gegen das Allgemeine Gleichbehandlungsgesetz (AGG) sind ebenfalls nicht in den Katalog des sachlichen Anwendungsbereichs des HinSchG aufgenommen worden.[1] Allerdings bewegen sich viele Hinweise in der Praxis in diesem Themengebiet. Vor diesem Hintergrund ist es eine Überlegung wert, die zu meldenden Sachverhalte um das AGG zu erweitern.[2]

Der umfassende Zuständigkeitskatalog des § 2 ist selbst für Juristen nur schwer nachzuvollziehen,[3] von einer „handhabbaren" Regelung eher weit entfernt, erscheint „mitunter willkürlich"[4] und dürfte den ungeschulten Rechtsanwender häufig überfordern. Problematisch an dem nur schwer zu durchschauenden sachlichen Anwendungsbereich des HinSchG ist zum einen, dass die Schutzmechanismen des HinSchG – wie z. B. der Schutz vor Repressalien oder das Vertraulichkeitsgebot – für die hinweisgebende Person nur greifen, wenn der gemeldete Verstoß tatsächlich in den sachlichen Anwendungsbereich des § 2 fällt.[5]

1) Vgl. *Bayreuther*, NZA-Beilage 2022, 20, 21.
2) Weitere Informationen siehe in Kapitel 9 dieses Praxishandbuchs.
3) Vgl. *Reuter*, BB 2023, 1539, 1542.
4) Vgl. *Dilling*, CCZ 2022, 145, 146.
5) Vgl. *Reuter*, BB 2023, 1539, 1540.

1.5 Wahlrecht der internen und externen Meldestelle sowie Offenlegung

Die hinweisgebende Person hat die Möglichkeit, zwischen einer internen und einer externen Meldestelle zu wählen. Die interne Meldung steht gleichberechtigt neben der externen Meldung. Sie erfolgt an eine interne Meldestelle, die vom Unternehmen selbst eingerichtet ist und von internem oder externem Personal betrieben wird. Wenn die hinweisgebende Person die interne Meldung nutzt, bleibt die Meldung im Unternehmen. In diesem Fall kann das Unternehmen (vorläufig) ohne Einmischung externer Stellen, wie Behörden, mit dem Bericht umgehen und den Sachverhalt untersuchen. Alternativ zur internen Meldung kann die hinweisgebende Person auch eine externe Meldung abgeben. Das Gesetz sieht die Einrichtung speziell eingerichteter Meldestellen vor. Als „Auffangmeldestelle" gilt das Bundesamt für Justiz, an das sich hinweisgebende Personen wenden können (§ 19 HinSchG). Darüber hinaus können sich hinweisgebende Personen bei „Spezialthemen" an die jeweilige Behörde wenden, z. B. im Falle eines Kartellverstoßes an das Bundeskartellamt als externe Meldestelle. Auch wenn ein Unternehmen eine interne Meldestelle zur Verfügung gestellt hat, darf die hinweisgebende Person frei wählen (§ 7 HinSchG), ob sie den Verstoß an die interne oder externe Meldestelle abgibt. Der hinweisgebenden Person wird jedoch empfohlen, sich zunächst an die interne Meldestelle zu wenden, sollte sie keine Repressalien befürchten. Erst wenn einem gemeldeten Verstoß nicht abgeholfen wurde, soll die hinweisgebende Person sich an die externe Meldestelle wenden. Beschäftigungsgeber sollen demnach Anreize schaffen, dass die hinweisgebende Person zunächst die internen Meldestellen nutzt.

Abbildung 1: Wahlrecht einer hinweisgebenden Person [eigene Darstellung]

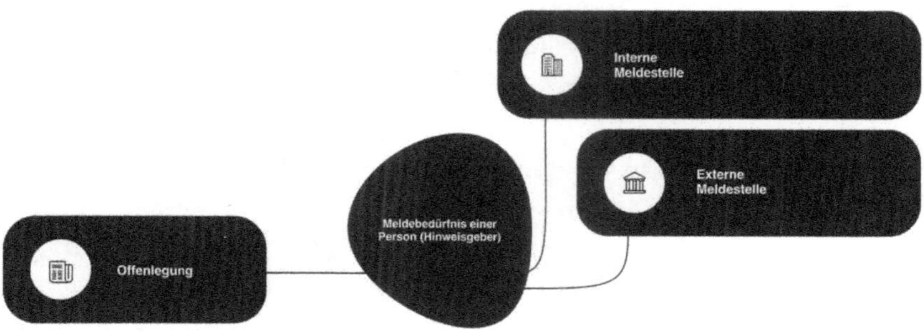

Das BfJ als externe Meldestelle selbst bestätigt: „Interne Meldungen sind häufig der beste Weg, um Informationen an die Personen heranzutragen, die den Verstoß am schnellsten untersuchen und abstellen können. Wenn einem intern gemeldeten Verstoß nicht abgeholfen wurde, bleibt es Ihnen unbenommen, sich anschließend an uns zu wenden."[1]

Um das Wahlrecht zwischen einer internen und externen Meldung ausüben zu können und der hinweisgebenden Person genug Informationen für ihre Entscheidung zu geben, müssen Beschäftigungsgeber klare und leicht zugängliche Informationen über die einschlägigen externen Meldewege bereitstellen. Dazu kann die Webseite oder z. B. das Intranet genutzt werden. Diese Informationen sollten zumindest die Kontaktdaten der externen Meldestellen enthalten. Darüber hinaus sollten Informationen über Verfahren bei der Europäischen Kommission, dem Europäischen Amt für Betrugsbekämpfung (OLAF), der Europäischen Agentur für die Sicherheit des Seeverkehrs (EMSA), der Europäischen Agentur für Flugsicherheit (EASA), der Europäischen Wertpapier- und Marktaufsichtsbehörde (ESMA) und der Europäischen Arzneimittel-Agentur (EMA) bereitgestellt werden.[2]

Praxistipp:

Binden Sie eine Übersicht der externen Meldestellen in Ihrem digitalen Hinweisgebersystem sowie Intranet ein und denken Sie daran, ggf. Meldeverfahren all Ihrer EU-Standorte aufzuzeigen. Versuchen Sie auch an dieser Stelle, auf die Möglichkeit einer internen Meldung zu verweisen.

Als letzten Schritt versteht das HinSchG unter einer Offenlegung die Veröffentlichung von Informationen über Verstöße gegenüber der Öffentlichkeit (§ 3 Abs. 5 HinSchG). Dies kann beispielsweise durch Medienberichte oder über soziale Netzwerke erfolgen. Die Offenlegung ist subsidiär und nur unter strengen Bedingungen zulässig, insbesondere wenn eine vorherige externe Meldung erfolglos war. Nämlich nur, wenn zu befürchten ist, dass eine unmittelbare oder offenkundige Gefährdung des öffentlichen Interesses besteht. Daher wird die Statthaftigkeit einer Offenlegung stets einer Verhältnismäßigkeitsprüfung bedürfen.[3] Weitere Fälle, in denen eine Offenlegung zulässig ist, sind in § 32 Abs. 1 HinSchG festgelegt. Das Wahlrecht führt dazu, dass die hinweisgebende Person sich bei auslegungsbedürftigen Tatbeständen (z. B. bei irreführender Werbung nach dem UWG) direkt, ohne Berücksichtigung der internen Meldestelle, an die externe Meldestelle wenden kann. Daher ist zu erwarten, dass für das Unternehmen bzw. die interne Meldestelle ein erhöhter Kommunikationsaufwand eintreten wird, um über die Möglichkeit der internen Meldung und besonders die zu meldenden Verstöße zu informieren.[4]

1) Vgl.BfJ, Homepage (zuletzt abgerufen am 26.2.2024).
2) Vgl. *Baade/Hößl*, DStR 2023, 1265.
3) Vgl. *Bayreuther*, NZA-Beilage 2022, 20.
4) Vgl. *Schwarz/Schieffer*, CCZ 2022, 345.

1.6 Bußgelder

Eine Geldbuße von bis zu 50.000 EUR kann verhängt werden, wenn eine Meldung behindert oder der Versuch einer Behinderung unternommen wird. Gleiches gilt, wenn Repressalien gegen hinweisgebende Personen ergriffen werden oder Vertraulichkeitsverstöße bezüglich der Identität der hinweisgebenden Person vorkommen. Bei Verstößen gegen die Vertraulichkeit kann auch bei leichtfertigem oder fahrlässigem Handeln eine Strafe verhängt werden (§ 40 Abs. 2 Nr. 1, 3, Abs. 3, 4 HinSchG).

Falls der Beschäftigungsgeber keine oder unzureichende interne Meldestellen einrichtet, kann eine Geldbuße von bis zu 20.000 EUR verhängt werden (§ 40 Abs. 2 Nr. 2, Abs. 6 HinSchG). Es ist wichtig zu beachten, dass gem. § 40 Abs. 6 S. 2 HinSchG in Verbindung mit § 30 Abs. 2 S. 3 des Ordnungswidrigkeitengesetzes (OWiG) der Bußgeldrahmen in den Fällen des § 40 Abs. 2 Nr. 1, 3 und Abs. 3, 4 HinSchG für Unternehmen verzehnfacht werden kann. Diese Bußgelder dienen als abschreckende Maßnahmen, um sicherzustellen, dass Meldungen nicht behindert werden und die Vertraulichkeit der hinweisgebenden Person gewahrt bleibt.

Der Gesetzgeber hat jedoch nicht im HinSchG definiert, welche Behörde den Vollzug des Bußgeldes vornimmt.

Für eine persönliche Absicherung sollte der interne Meldestellenbeauftragte vor der Bestellung prüfen, ob der Abschluss einer sog. D&O-Versicherung infrage kommt, und dies in die weiteren Überlegungen einfließen lassen. Die Directors-and-Officers-Versicherung schützt grundsätzlich das Privatvermögen von versicherten Organmitgliedern, wenn sie vom Unternehmen oder von Dritten persönlich auf Schadensersatz in Anspruch genommen werden.[1)]

1) Vgl. *Held*, CCZ 2009, 231.

2. Interner Meldestellenbeauftragter: Wer sollte den Job übernehmen?

2.1 Voraussetzungen und organisationale Zuordnung des internen Meldestellenbeauftragten

Die interne Meldestelle kann durch Beschäftigte des Beschäftigungsgebers selbst oder eine dritte Partei betrieben werden. Beschäftigungsgeber mit 50 bis 249 Beschäftigten können auch mit anderen Beschäftigungsgebern gemeinsam eine interne Meldestelle einrichten (§ 14 HinSchG).

In Bezug auf die Frage, welche Personen oder Organisationseinheiten am besten geeignet sind, um die Aufgabe des internen Meldestellenbeauftragten zu übernehmen, bestehen keine gesetzlichen Vorgaben. Die ideale Zuständigkeitsverordnung für Meldestellenbeauftragte hängt gem. Erwägungsgrund 56 der Whistleblower-Richtlinie von der individuellen Struktur des Unternehmens ab. Unter der individuellen Struktur ist neben der Organisationsstruktur die Unternehmensgröße sowie die genaue Art der ausgeübten Tätigkeiten zu verstehen, aber auch das Risikoprofil des Unternehmens, d. h. wie wahrscheinlich Hinweise in Bezug auf den sachlichen Anwendungsbereich des HinSchG auftreten.

In Erwägungsgrund 56 S. 2 WBRL heißt es: „In kleineren Unternehmen könnte diese Aufgabe durch einen Mitarbeiter in Doppelfunktion erfüllt werden, der direkt der Unternehmensleitung berichten kann, etwa ein Leiter der Compliance- oder Personalabteilung, ein Integritätsbeauftragter, ein Rechts- oder Datenschutzbeauftragter, ein Finanzvorstand, ein Auditverantwortlicher oder ein Vorstandsmitglied". Der deutsche Gesetzgeber folgt dieser Auffassung des EU-Gesetzgebers. Aus der Entwurfsbegründung zum HinSchG (S. 86) lässt sich ableiten, den bestehenden Korruptionsbeauftragten, Integritätsbeauftragten oder Datenschutzbeauftragten einzusetzen. Diese Funktionen existieren besonders bei kleinen und mittleren Unternehmen nicht, sodass eine neue Stelle geschaffen werden muss.[1] Ob ein Datenschutzbeauftragter die interne Meldestelle leiten kann, wird in diesem Beitrag im späteren Verlauf näher erläutert.

Die im Erwägungsgrund 56 S. 2 WBRL genannten Abteilungen verfügen über das nötige Fachwissen und die erforderliche Nähe zu relevanten Bereichen des Unternehmens, um eine effektive Erfüllung der Aufgaben des Meldestellenbeauftragten zu gewährleisten. Die Wahl der passenden Anbindungsstelle sollte jedoch sorgfältig abgewogen werden, basierend auf den individuellen Gegebenheiten des Unternehmens. Ziel ist es, eine optimale Anbindung zu

1) Vgl. DIHK, 13.5.2022, Stellungnahme zum Referentenentwurf, 2.

gewährleisten, die eine reibungslose Zusammenarbeit und Kommunikation ermöglicht und den Meldestellenbeauftragten in die Lage versetzt, seine Aufgaben effektiv und unabhängig wahrzunehmen. Es ist zu beachten, dass die spezifischen Anforderungen an Meldestellenbeauftragte je nach Organisationsstruktur, Größe und Art der ausgeübten Tätigkeiten variieren können. Die Erfüllung dieser Anforderungen ist jedoch entscheidend, um sicherzustellen, dass Meldestellenbeauftragte ihre Verantwortung effektiv wahrnehmen und eine sichere Umgebung für die Meldung von Compliance- oder Rechtsverstößen schaffen können.

Unabhängig von der organisatorischen Ausgestaltung der internen Meldestelle empfiehlt es sich, eine Stellvertreter-Funktion zu etablieren, – nämlich den Mitarbeitenden der Meldestelle selbst sowie einem Stellvertreter. Nur auf diese Weise kann der kontinuierliche Betrieb der Meldestelle gewährleistet werden, beispielsweise während Urlaubszeiten oder im Fall von Krankheit.

In § 15 Abs. 1 HinSchG werden die Anforderungen an einen internen Meldestellenbeauftragten definiert: „Die mit den Aufgaben einer internen Meldestelle beauftragten Personen sind bei der Ausübung ihrer Tätigkeit unabhängig. Sie dürfen neben ihrer Tätigkeit für die interne Meldestelle andere Aufgaben und Pflichten wahrnehmen. Es ist dabei sicherzustellen, dass derartige Aufgaben und Pflichten nicht zu Interessenkonflikten führen."

Analog zu anderen Beauftragten-Funktionen ist die Unabhängigkeit der Rolle ein wichtiger Aspekt bei der Auswahl der geeigneten Person(en). Soweit die Beauftragten weitere Aufgaben ausführen, darf es nicht zu Interessenkonflikten führen.[1)] Der Meldestellenbeauftragte soll objektiv und neutral arbeiten, ohne von außen beeinflusst zu werden. Er soll sich auf seine Rolle als vertrauenswürdiger Ansprechpartner für hinweisgebende Personen konzentrieren können, ohne durch andere Verpflichtungen abgelenkt zu werden. Neben den Anforderungen Unabhängigkeit und Interessenkonfliktfreiheit spricht das HinSchG von einer notwendigen Fachkunde. Näher geregelt wird die „notwendige Fachkunde" nicht. Im Vergleich muss der externe Meldestellenbeauftragte gem. § 25 Abs. 2 HinSchG regelmäßig in seinen Aufgaben geschult werden. Vor diesem Hintergrund ist unter dem Aspekt der in § 15 Abs. 2 HinSchG statuierten notwendigen Fachkunde von einer Schulungspflicht für den internen Meldestellenbeauftragten auszugehen. Um diesen Anforderungen gerecht zu werden, haben interne Meldestellenbeauftragte über entsprechende Qualifikationsnachweise zu verfügen. Qualifikationsnachweise können durch verschiedene Schulungsmaßnahmen erlangt werden, beispielsweise durch die Teilnahme an Online-Kursen.

Über die Fachkunde hinausgehende Qualifikationen eines internen Meldestellenbeauftragten lassen sich beispielsweise aus den Anforderungen an einen Datenschutzbeauftragten ableiten, da einzelne Tätigkeiten der beiden Funktionen vergleichbar sind. Abgeleitet aus diesen Anforderungen sind die

1) Vgl. *Bayreuther*, NZA-Beilage 2022, 20.

relevanten Inhalte um die des HinSchG zu ergänzen und erweitern: Notwendig ist ein juristisches Verständnis, insbesondere im Arbeits- und Unternehmensstrafrecht, ergänzt um ein hinreichendes Wissen technischer (z. B. IT-Kenntnisse, Datenanalyse-Tools, Umgang mit Hinweisgebersystemen), betriebswirtschaftlicher (z. B. Geschäftsprozesse) und organisatorischer (z. B. Organisationsstrukturen) Belange im Unternehmen.[1] Als Orientierung helfen die Ausführungen zum sog. Compliance-Beauftragten, wobei hier die Aufgaben und Qualifikationen nicht umfassend definiert werden können, da es stets auf die Größe, Branche und das Risiko des Unternehmens ankommt.[2] Ein Ziel des internen Meldestellenbeauftragten ist die Aufklärung von Sachverhalten. Hierbei ist ein guter Umgang mit hinweisgebenden Personen essenziell für das Unternehmen, um von Anfang an Informationen zu kritischen Informationen zu erhalten.[3] Die vorausgegangenen Anforderungen gelten für alle Mitarbeitenden der internen Meldestelle.

Praxistipp:

Oftmals werden die internen Meldestellen mit der Herausforderung konfrontiert, eine geeigente Schulung zum Erwerb der notwendigen Fachkunde zu buchen. Gerade zu Beginn der Tätigkeit ist es ratsam, eine umfangreiche Schulung (mindestens einen Tag) zu besuchen, die von Referenten durchgeführt wird, welche jahrelange Erfahrung im Hinweisgebermanagement aufweisen.

2.2 Rechte und Pflichten des internen Meldestellenbeauftragten

Sofern sich das Unternehmen dazu entscheidet, nicht nur eine Einzelperson, sondern nach § 14 HinSchG eine Gruppe von Beschäftigten oder eine externe Partei mit den Aufgaben einer internen Meldestelle zu beauftragen, gelten die Aufgaben und Pflichten für alle Mitglieder dieser „Stabstelle-Meldestelle“. Innerhalb des Teams ist es nicht zwingend erforderlich, dass jeder über sämtliche Fachkunde verfügt, sofern die Aufgaben aufgeteilt sind. Jedoch ist es wichtig, dass jeder im Team über das erforderliche Wissen für seine spezifischen Aufgaben verfügt und die entsprechenden Anforderungen kennt, die zu beachten sind. Eine RACI-Matrix[4] für die Ausgestaltung des internen Meldestellen-Teams ist daher von großer Bedeutung, um sicherzustellen, dass alle Mitglieder effektiv arbeiten und ihren Verantwortlichkeiten gerecht werden können. Der Buchstabe R steht hierbei für Responsible, A für Accountable, C für Consulted und I für Informed. Die RACI-Matrix ist eine Methode aus der Betriebswirtschaft und hilft dabei, Verantwortlichkeiten zu analysieren und darzustellen.

Die Beauftragung eines Dritten entbindet den jeweiligen Beschäftigungsgeber nicht von seiner Verantwortung, angemessene Maßnahmen zu ergreifen, um

1) Vgl. *Schmidt/Schmidt*, in: Beck'sches Rechtsanwalts-Handbuch, 12. Auflage 2022, Rn. 66–68.
2) Vgl. *Moosmayer*, in: Compliance, 4. Auflage 2021, Rn. 124.
3) Vgl. *Miege*, CCZ 2021, 149.
4) Vgl. *Melot de Beauregard/Lieder/Liersch*, in: Managerhaftung, 2022, Rn. 218–220.

einen möglichen Verstoß zu beheben (§ 14 Abs. 2 HinSchG). Der Dritte kann in keinem Fall völlig unabhängig von dem betreffenden Unternehmen oder der entsprechenden Institution handeln. Insbesondere bei der Überprüfung der Validität einer Meldung bedarf es einer Zusammenarbeit zwischen dem beauftragten Dritten und dem Beschäftigungsgeber oder der jeweiligen Organisationseinheit. Die Verantwortung, sicherzustellen, dass ein etwaiger Verstoß behoben wird, liegt weiterhin bei dem nach HinSchG verpflichteten Beschäftigungsgeber oder der Organisationseinheit. Dies gilt auch entsprechend für Unternehmen mit 50 bis 249 Mitarbeitern, die eine gemeinsame Meldestelle betreiben. Es ist wichtig, dass eine enge Zusammenarbeit und Kommunikation zwischen dem Dritten und dem beauftragenden Unternehmen oder der Organisationseinheit besteht, um sicherzustellen, dass die erforderlichen Maßnahmen ergriffen werden und die Verantwortung klar zugewiesen bleibt.

Für die Abgabe von Meldungen müssen mindestens zwei Arten der Meldungsabgabe ermöglicht werden. Auf der einen Seite die Meldungen in mündlicher oder in Textform und auf der anderen Seite die persönliche Zusammenkunft. Die Meldekanäle müssen zunächst eine Meldung in mündlicher oder in Textform ermöglichen (§ 16 Abs. 3 S. 1 HinSchG). Diese Textform wird aus praktischen Gründen grundsätzlich vorzuziehen sein. Insoweit bietet sich die Einführung eines Online-Systems an, das „die Vertraulichkeit der Identität der von der Meldung betroffenen Personen“ wahrt (RefE, S. 88). Alternativ (oder zusätzlich) können auch mündliche Meldungen ermöglicht werden. Dies muss durch Bereitstellung einer Telefonnummer/Hotline oder mittels einer anderen Art der Sprachübermittlung erfolgen. Auf Ersuchen der hinweisgebenden Person ist zudem für eine Meldung innerhalb einer angemessenen Zeit eine persönliche Zusammenkunft mit einer für die Entgegennahme einer Meldung zuständigen Person der internen Meldestelle zu ermöglichen. Überregionale und internationale Verpflichtete können zu diesem Zweck „die Aufgaben der internen Meldestelle an eine Person vor Ort delegieren“ (RefE, S. 89). Mit Einwilligung der hinweisgebenden Person kann die Zusammenkunft auch im Wege der Bild- und Tonübertragung erfolgen.

2.3 Aufgaben des internen Meldestellenbeauftragten

Der interne Meldestellenbeauftragte spielt eine entscheidende Rolle bei der Bearbeitung von eingehenden Meldungen über Compliance- und Rechtsverstöße und trägt somit wesentlich zur Umsetzung des HinSchG bei. Neben den gesetzlichen Anforderungen ist es zu empfehlen, eine sogenannte „Speak-up-Kultur“ zu fördern, die einen Anreiz für Beschäftigte schafft, Meldungen abzugeben. Dies unterstützt Unternehmen dabei, etwaige Missstände zunächst intern zu untersuchen und ggf. kurzfristig Abhilfe leisten zu können.[1)]

1) Vgl. *Quast/Ohrloff*, CCZ 2022, 303.

Im Gegensatz zur Bestellung eines Datenschutzbeauftragten (Art. 37 Abs. 1 DSGVO) verpflichtet das HinSchG den Beschäftigungsgeber nicht, formal bzw. schriftlich einen internen Meldestellenbeauftragten zu bestellen. So ist es empfehlenswert, eine unparteiische Person oder Abteilung zu bestellen, die für die Durchführung von Folgemaßnahmen im Zusammenhang mit den eingegangenen Meldungen verantwortlich ist. Die exemplarische Bestellung kann folgenden Wortlaut haben und sollte durch unternehmensspezifische und individuelle Inhalte ergänzt werden.

Name der/des Meldestellenbeauftragten

Hiermit bestellen wir Sie im gegenseitigen Einvernehmen und mit sofortiger Wirkung/zum ... zum/zur internen Meldestellenbeauftragten gem. § 13 HinSchG. In Ihrer Funktion als Meldestellenbeauftragte/r sind Sie der Geschäftsleitung unmittelbar unterstellt.

Zuständiges Mitglied der Geschäftsleitung ist Herr/Frau ... . Ihre Aufgaben als Meldestellenbeauftragte/r ergeben sich aus dem HinSchG, die wir in der Anlage konkretisiert haben.

In Ihrer Aufgabe als interne/r Meldestellenbeauftragte/r sind Sie weisungsfrei. Dies umfasst die Unabhängigkeit, Vertraulichkeit und das Handeln frei von Interessenkonflikten. Über Ihre Tätigkeit werden Sie der zuständigen Geschäftsleitung (Zeitraum angeben: z. B.: 1 × jährlich) Bericht erstatten.

Ort, Datum

Unterschrift: ... (Unternehmensleitung)

Mit der Bestellung bin ich einverstanden: ... (Unterschrift des Meldestellenbeauftragten)

Unabhängig von den im HinSchG statuierten Aufgaben und abgeleiteten Rechten sowie Pflichten des internen Meldestellenbeauftragten ist dieser bereits mit der Konzeption des Meldekanals und der damit verbundenen Prozesse zu betrauen. Der Gesetzgeber sieht eine jährliche Arbeitslast von 127 Stunden für einen Meldestellenbeauftragten in der Wirtschaft vor. Hierbei wird die Arbeitszeit der Konzeption und Implementierung einer internen Meldestelle nicht berücksichtigt. Es ist daher unerlässlich, die interne Meldestelle mit adäquaten finanziellen und zeitlichen Ressourcen auszustatten.

In dem jährlichen Arbeitsaufwand von 127 Stunden[1)] für den Meldestellenbeauftragten sind die nachfolgenden im HinSchG statuierten Aufgaben und abgeleiteten Rechte sowie Pflichten des internen Meldestellenbeauftragten inkludiert:

---

1) Vgl. RegE Hinweisgeberschutzgesetz, Betrieb interner Meldestellen unter Berücksichtigung möglicher Organisationsformen und technischer Anforderungen, 48.

Abbildung 2: Aufgaben und abgeleitete Rechte sowie Pflichten des internen Meldestellenbeauftragten nach §§ 17, 18 HinSchG [eigene Darstellung]

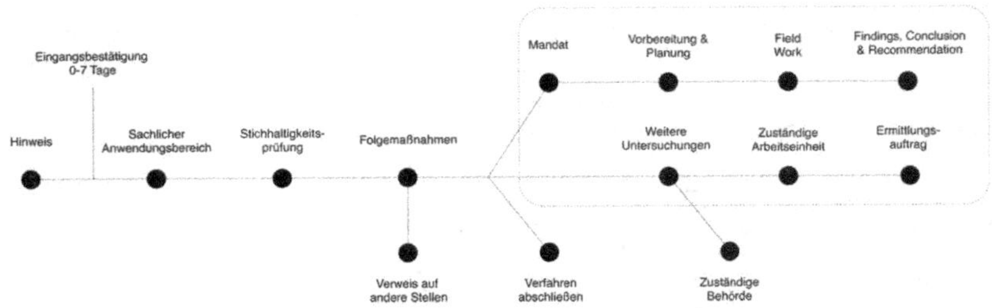

In § 17 HinSchG wird der Prozess ab Eingang eines Hinweises im Meldekanal geregelt. Der interne Meldestellenbeauftragte bestätigt zunächst der hinweisgebenden Person den Eingang der Meldung, spätestens nach sieben Tagen. Diese Bestätigung signalisiert der hinweisgebenden Person, dass ihre Meldung empfangen wurde und bearbeitet wird. Das HinSchG regelt nicht weiter, wie diese Eingangsbestätigung erfolgen sollte. Ist die Meldung anonym eingegangen, sollte die interne Meldestelle diese auch entsprechend bearbeiten. Hierfür können entsprechende Meldekanäle bereitgestellt werden, die eine anonyme Kontaktaufnahme und Kommunikation zwischen der hinweisgebenden Person und der internen Meldestelle ermöglichen.

Es folgt die Prüfung des Anwendungsbereiches, also ob der gemeldete Verstoß in den sachlichen Anwendungsbereich nach § 2 HinSchG fällt. Weiter prüft der interne Meldestellenbeauftragte die Stichhaltigkeit der eingegangenen Meldung. Damit ist gemeint, dass die eingegangene Meldung für den internen Meldestellenbeauftragten nachvollziehbar und widerspruchsfrei ist.[1] Währenddessen hält der interne Meldestellenbeauftragte ggf. Kontakt zur hinweisgebenden Person zwecks Erhalt weiterer Informationen. Die Rückmeldung über geplante und/oder ergriffene Maßnahmen an die hinweisgebende Person sollte spätestens drei Monate nach der Eingangsbestätigung erfolgen. Dadurch wird der hinweisgebenden Person signalisiert, dass ihre Meldung sorgfältig geprüft und entsprechende Schritte eingeleitet werden. Eine allgemeine Rückmeldung, also ohne die konkrete Darstellung von aktuellen Ermittlungsschritten, ist sinnvoll und für den Hinweisgeberschutz ausreichend.[2]

Die Folgemaßnahmen der internen Meldestelle (§ 18 HinSchG) können insbesondere die interne Untersuchung, den Verweis auf eine andere zuständige Stelle, den Abschluss des Verfahrens aus Mangel an Beweisen oder anderen

1) Vgl. *Bruns*, NJW 2023, 1609 Rn. 32.

2) Vgl. DICO, 11.5.2022, Stellungnahme zum Entwurf eines Gesetzes für einen besseren Schutz hinweisgebender Personen sowie zur Umsetzung der Richtlinie zum Schutz von Personen, die Verstöße gegen das Unionsrecht melden (HinSchG-E), S. 5.

Gründen oder die Abgabe des Verfahrens zwecks weiterer Untersuchung intern oder an eine zuständige Behörde umfassen. Eine detailliertere, prozessualle Beschreibung der Verfahrensschritte siehe Kapitel 5 dieses Buches.

Der Gesetzgeber erwähnte die interne Untersuchung häufiger in Gesetzesentwürfen und hat hier zumindest in Bezug auf Mitarbeiterinterview einen Rahmen konkretisiert. Eine Regelung, welche Schritte und/oder Maßnahmen die interne Untersuchung beinhaltet, existiert aber nicht.[1] Die interne Untersuchung kann veranlasst werden, um einen Sachverhalt aufzuklären. Dabei können Dritte, z. B. externe Ermittler, Berater, Anwälte oder Wirtschaftsprüfer beauftragt werden.[2]

Bei der Frage, ob die interne Untersuchung ausgelagert oder mit internen Mitteln durchgeführt werden soll, empfiehlt es sich, die internen Ressourcen und den gesamten Untersuchungsprozess zu durchleuchten. Eine Auslagerung von „kleineren Untersuchungen" kann durch die Fachabteilung, z. B. Compliance oder Revision, abgewickelt werden. Bei kleineren Unternehmen, die keine dedizierten Fachabteilungen haben, kann die Untersuchung durch die Rechtsabteilung erfolgen. Bei „größeren Untersuchungen" ist die Hinzuziehung von Dritten üblich.[3] Bei der Weitergabe von Hinweisen im Rahmen von internen Untersuchungen ist die Beachtung des Vertraulichkeitsgebotes notwendig. Der interne Meldestellenbeauftragte darf den Hinweis weitergeben an interne/externe Ermittlungseinheiten sowie zuständige Behörden, wie z. B. Strafverfolgungsbehörden in Strafverfahren (§ 9 HinSchG). Nicht weitergeben darf der interne Meldestellenbeauftragte die Hinweise z. B. an die Geschäftsführung oder einen direkten Vorgesetzen (§ 8 HinSchG). Bei der Weitergabe an eine interne Ermittlungseinheit, also z. B. eine Fachabteilung oder einen unternehmensinternen Experten, ist eine Verschwiegenheitserklärung bzw. Dokumentation in Bezug auf die Erforderlichkeit zu empfehlen. Die gesamte Dokumentation der Meldungen und der damit verbundenen Prozesse sollen für einen Zeitraum von drei Jahren nach Abschluss des Verfahrens aufbewahrt und anschließend gelöscht werden (§ 11 HinSchG).

2.4 Doppelfunktionen des internen Meldestellenbeauftragten

Insbesondere für KMUs ist es naheliegend, Personen als interne Meldestellebeauftragte zu benennen, die bereits eine Beauftragten-Rolle innehaben.

Bei KMUs, bei denen keine für die Aufgabenstellung als interner Meldestellenbeauftragter geeignete Mitarbeiter zur Verfügung stehen, bietet es sich oft an, ein Vorstandsmitglied oder den Geschäftsleiter als internen Meldestellenbeauftragten zu benennen. Allerdings ist hier der Grundsatz der Funktionstrennung zu bedenken, der z. B. im Leitfaden zur Bekämpfung von Geldwä-

1) Vgl. *Knaup/Vogel*, CB 2023, 211.

2) Vgl. Weber kompakt, Rechtswörterbuch, 8. Edition 2023, dort „Internal Investigations".

3) Vgl. *Ott/Lüneborg*, CCZ 2019, 71.

sche verankert ist.[1] Demnach sollten Vorstandsmitglieder oder Geschäftsleiter grundsätzlich nicht zum Geldwäschebeauftragten bestellt werden, da hier zu erwarten ist, dass diese aufgrund anderweitiger Verpflichtungen der Funktion als Geldwäschebeauftragter nicht hinreichend nachkommen können.[2] Dieser Grundsatz sollte auch für die Bestellung des internen Meldestellenbeauftragten berücksichtigt werden. Darüber hinaus könnte es für eine hinweisgebende Person ggf. auch eine Hemmschwelle oder mit Vorurteilen belegt sein, sich direkt an ein Vorstandsmitglied oder den Geschäftsführer zu wenden.

Im Kontext von Compliance wird oftmals an die nachfolgenden Beauftragten-Funktionen gedacht. Jedoch ist immer im Einzelfall zu prüfen, ob dies zu einem möglichen Interessenkonflikt führt.

2.4.1 Geldwäschebeauftragter und interner Meldestellenbeauftragter

Der Geldwäschebeauftragte ist von seiner Funktion i. d. R. in der zweiten Säule des Three-Line-of-Defense-Modells[3] anzusiedeln. Er ist für die Konzeption eines Systems zur Überwachung sämtlicher geldwäscherelevanter Vorschriften im Unternehmen zuständig und fungiert als Ansprechpartner für Mitarbeiter des Unternehmens sowie für Aufsichts- und Ermittlungsbehörden.[4] Als Ansprechpartner benötigt er Zugang zu allen notwendigen Daten und Informationen, um seinen Pflichten diesen gegenüber gerecht zu werden. Die Unternehmensleitung muss dem Geldwäschebeauftragen deshalb alle zur Erfüllung dieser Pflicht erforderlichen Mittel zur Verfügung stellen und sicherstellen, dass der Pflichterfüllung keine Hindernisse entgegenstehen.[5]

Der sachliche Anwendungsbereich des HinSchG sieht bereits in § 2 Abs. 1 Nr. 3a Hinweise zur Bekämpfung von Geldwäsche und Terrorismusfinanzierung vor. Thematisch ist an dieser Stelle bereits eine Verknüpfung mit dem Geldwäschebeauftragten gegeben. Da davon auszugehen ist, dass der Geldwäschebeauftragte umfassende Kenntnisse in Bezug auf die Entgegennahme sowie Einleitung von Folgemaßnahmen haben sollte, gibt es einen Anknüpfungspunkt mit der Funktion als interner Meldestellenbeauftragter.

Die Entscheidung über die Bestellung einer Person zum Geldwäschebeauftragten sowie internen Meldestellenbeauftragten liegt grundsätzlich bei der Unternehmensleitung. Die sachliche sowie personelle Ausstattung der Funk-

1) Vgl. ZKA, Leitfaden zur Bekämpfung von Geldwäsche, Rn. 96.

2) Vgl. BAKred, Schreiben v. 9.2.1994 zur Bestellung von Geschäftsleitern eines Kreditinstitutes zu leitenden Personen iSd § 14 Abs. 2 Nr. 1 GwG, I 5 – B210; BAKred Schreiben v. 3.6.1994 Abs. 4.

3) Das Three-Line-of-Defence (TLoD) Modell definiert drei sogenannte Verteidigungslinien in einem Unternehmen: First, Second und Third Line. Diese Linien bestehen aus dem operativen Management (First Line), den Risiko- und Kontrollmanagementfunktionen (Second Line) und dem Internal Audit (Third Line), vgl. hierzu *Obermayr*, in: Hauschka/Moosmayer/Lösler Corporate Compliance, 3. Auflage 2016, § 44 Rn. 117.

4) Vgl. *Herzog/Herzog*, in: GwG § 7, Rn. 13–19.

5) Vgl. § 7 Abs. 5 S. 2–4 GwG.

tionen richtet sich jedoch nach der Größe, dem Geschäftsmodell sowie der abstrakten Risikosituation des jeweiligen Verpflichteten und den daraus resultierenden Aufgaben, um eine hinreichende Wahrnehmung seiner Aufgaben sicherzustellen.[1] Der Ausübung weiterer Funktionen neben der Stellung als Geldwäschebeauftragter steht grundsätzlich nichts entgegen. Jedoch dürfen diese zusätzlichen Funktionen die Tätigkeit des Geldwäschebeauftragten nicht beeinträchtigen.[2] Dies ist bei einer Bestellung eines Geldwäschebeauftragten auch zum internen Meldestellenbeauftragten sorgsam abzuwägen.

2.4.2 Betrieblicher Datenschutzbeauftragter und interner Meldestellenbeauftragter

Die Frage, ob ein Datenschutzbeauftragter als interne Meldestelle fungieren kann, richtet sich ausschließlich nach der DSGVO und nicht nach der WBRL oder dem HinSchG. Erwägungsgründe wie 56 WBRL sind rechtlich nicht verbindlich. Sie werden lediglich zur Auslegung der Richtlinie oder des Gesetzes herangezogen. § 14 HinSchG macht im Gegensatz zum Erwägungsgrund 56 WBRL keine Ausführungen zum betrieblichen Datenschutzbeauftragten als interner Meldestellenbeauftragter. Es ist daher allein am Maßstab der DSGVO zu prüfen, ob der betriebliche Datenschutzbeauftragte eine solche Aufgabe übernehmen kann bzw. sollte.

Dem betrieblichen Datenschutzbeauftragen können neben seiner eigentlichen Tätigkeit noch weitere Aufgaben nach Art. 38 Abs. 6 S. 1 DSGVO übertragen werden. Dies ist zulässig, soweit es nicht zu Interessenkonflikten mit den Tätigkeiten eines Datenschutzbeauftragten führt (Art. 38 Abs. 6 S. 2 DSGVO). Eine Doppelfunktion bei betrieblichen Datenschutzbeauftragten ist damit grundsätzlich möglich.[3] Es ist dabei sicherzustellen, dass derartige Aufgaben und Pflichten nicht zu Interessenkonflikten führen. Entscheidend ist nach Erwägungsgrund 97 S. 4 DSGVO, dass der Datenschutzbeauftragte seine Pflichten und Aufgaben in vollständiger Unabhängigkeit ausüben kann.

Am 9. Februar 2023 hat der EuGH (C-453/21 und C-560/21) in Bezug auf die Funktion des Betriebsrats sowie betrieblicher Datenschutzbeauftragter auf Basis der Vorlagefrage des BAGs Stellung genommen. In seiner Entscheidung hat der EuGH hervorgehoben, dass die funktionelle Unabhängigkeit des Datenschutzbeauftragten im Zusammenhang mit einer Doppelfunktion weiterhin gewährleistet sein muss. Daraus folge, dass einem Datenschutzbeauftragten keine Aufgaben oder Pflichten übertragen werden dürfen, die ihn dazu veranlassen würden, die Zwecke und Mittel der Verarbeitung personenbezogener Daten bei dem Verantwortlichen festzulegen. Denn der Datenschutzbeauftragte müsse die Überwachung dieser Zwecke und Mittel unabhängig durchführen. Bereits bei der Implementierung von Meldekanälen sind

1) Vgl. DK, Auslegungs- und Anwendungshinweise 2011, Tz. 83; so auch BAKred, Verlautbarung für Kreditinstitute v. 30.3.1998, Z 5-E100, Nr. 36 Abs. 2.

2) Vgl. BAKred, Verlautbarung für Kreditinstitute v. 30.3.1998, Z 5-E100, Nr. 36 Abs. 2.

3) Vgl. *Nägele/Apel/Stolz/Drescher/Sefrin*, DB 2022, 2008 (2016).

betriebliche Datenschutzbeauftragte nach Art. 38 Abs. 1 DSGVO zum Schutz personenbezogener Daten einzubinden. Im weiteren Verlauf müssten Datenschutzbeauftragte, wenn sie die Funktion des internen Meldestellenbeauftragten innehaben, z. B. auch Folgemaßnahmen wie Datenanalysen einleiten, um Hinweise aufzuklären. Insbesondere Mittel der Verarbeitung personenbezogener Daten, wie die Auswahl eines forensischen Datenanalyse-Tools, sind in diesem Kontext zu erwähnen, um Hinweise adäquat aufzuarbeiten. Eine Bearbeitung des Hinweises durch den betrieblichen Datenschutzbeauftragten müsste somit unterbleiben und der Sachverhalt würde nicht aufgeklärt werden. Kurz gesagt: Völlige Unabhängigkeit eines betrieblichen Datenschutzbeauftragten in der Doppelfunktion als interner Meldestellenbeauftragter ist nicht gegeben.

Ferner ist der Aspekt des Interessenkonfliktes in Bezug auf die Vertraulichkeit zu beachten. In seiner Funktion als betrieblicher Datenschutzbeauftragter nach Art. 38 Abs. 5 DSGVO ist er „bei der Erfüllung seiner Aufgaben an die Wahrung der Geheimhaltung oder der Vertraulichkeit gebunden". Im Grundsatz gilt dies auch für den internen Meldestellenbeauftragten gem. § 8 HinSchG. In § 9 HinSchG sind jedoch diverse Ausnahmen vom Vertraulichkeitsgebot genannt, während die DSGVO keine Ausnahmen vorsieht. Ausgehend davon würde dies bedeuten, dass der betriebliche Datenschutzbeauftragte je nach Sachverhalt sowie Funktion an die Vertraulichkeit gem. DSGVO gebunden ist oder nach § 9 HinSchG eben nicht.

Zusammenfassend: Es ist zu empfehlen, den betrieblichen Datenschutzbeauftragten nicht im Sinne einer Doppelfunktion als alleinigen internen Meldelstellenbeauftragten zu bestellen, um bereits dem Anschein eines Interessenkonfliktes entgegenzuwirken.[1)] Wenn der betriebliche Datenschutzbeauftragte beispielsweise als stellv. interner Meldestellenbeauftragter bestellt werden sollte, dann ist ein Rollenkonzept vorzuhalten. Es bietet sich an, zwei Personen mit gegensätzlichen Zuständigkeiten in der Funktion als interne Meldestellen einzubinden, wozu ein betrieblicher Datenschutzbeauftragter zählen könnte. Die dahinterliegenden Prozesse sowie eine Handlungsanweisung sollten in einer RACI-Matrix festgehalten werden.[2)]

2.4.3 Menschenrechtsbeauftragter und interner Meldestellenbeauftragter

Der Menschenrechtsbeauftragte hat nach § 4 Abs. 3 S. 1 LkSG die Aufgabe, die Umsetzung und Ausführung des Risikomanagements zu überwachen. Die gesetzlichen Ausführungen zu der Funktion des Menschenrechtsbeauftragten fallen knapp aus. Den verpflichteten Unternehmen kommt damit bei der Ausgestaltung der konkreten Aufgaben und Kompetenzen sowie der innerbetrieblichen Organisation der Funktion ein weiter Handlungsspielraum zu.[3)] Eine Sonderstellung mit der Eigenschaft „unabhängig zu agieren" wird dem

1) Vgl. *Leibold*, ZD-Aktuell 2022, 01333.

2) Vgl. *Behr/Haas/Ellinger*, DB 2022, 2137 (2141).

3) Vgl. *Ruttloff/Wagner/Hahn/Freihoff*, CCZ 2022, 20.

Menschenrechtsbeauftragten nicht zugesprochen. Praktisch gesehen hat der Menschenrechtsbeauftragte eine Querschnittsfunktion: Neben den Kenntnissen über die rechtlichen Vorgaben sowie deren Durchsetzung und Implementierung in den Geschäftsprozesssen bedarf es zur Überwachung des Risikomanagements auch Hintergrundwissen zu den Bedingungen innerhalb der Wertschöpfungskette des Unternehmens und bestehenden Lieferverträgen.[1)] Der Menschenrechtsbeauftragte muss eine Person „innerhalb des Unternehmens" sein. Die Aufgaben des Menschenrechtsbeauftragten können bei Bedarf auf mehrere Personen aufgeteilt werden, wobei dann die Zuständigkeitsbereiche klar zu definieren sind. Dies kann z. B. eine Trennung von menschenrechtsbezogenen und umweltbezogenen Themen sein.[2)]

Das in §8 LkSG geforderte Beschwerdeverfahren kann Einfluss auf die Risikobewertung einzelner Lieferanten haben, z. B. indem einem Hinweis in Bezug auf den eigenen Geschäftsbereich, einen mittelbaren oder unmittelbaren Zulieferer nachgegangen wird und ggf. Abhilfemaßnahem ergriffen werden müssen, deren Ergebnis in die Risikobewertung entsprechend Eingang findet.

Folglich gibt es hier fachlich wie inhaltlich einen Anknüpfungspunkt mit der Funktion des internen Meldestellenbeauftragten. Vor diesem Hintergrund bietet sich diese Doppelfunktion an. Jedoch ist die Arbeitslast der Person in dieser Doppelfunktion zu bedenken. Beide Funktionen erfordern ein hohes Maß an Fachwissen sowie finanziellen Mitteln und zeitlichen Kapazitäten, die nicht zu unterschätzen sind.

2.5 Organisationsformen interner Meldestellen §14 HinSchG

2.5.1 Ausgliederung der internen Meldestelle an einen Dritten

Die interne Meldestelle kann individuell aufgebaut und organisiert werden. Der § 14 Abs. 1 HinSchG regelt die jeweiligen Organisationformen, womit eine interne Meldestelle eingerichtet werden kann, also entweder

- eine bei dem jeweiligen Beschäftigungsgeber oder bei der jeweiligen Organisationseinheit beschäftigte Person wird mit den Aufgaben einer internen Meldestelle betraut,
- eine aus mehreren beschäftigten Personen bestehende Arbeitseinheit wird mit den Aufgaben einer internen Meldestelle betraut,
- oder ein Dritter wird mit den Aufgaben einer internen Meldestelle betraut.

Die Aufgaben einer internen Meldestelle können auch durch einen (externen) Dritten betreut werden (§ 14 Abs. 1 S. 1 HinSchG). Mit „Externen" ist nicht gemeint, dass die hinweisgebende Person eine Meldung allgemein außerhalb des Unternehmens (z. B. bei der Polizei) abgibt.[3)] Vielmehr ist damit eine

1) Vgl. *Ruttloff/Wagner/Reischl/Skoupil*, CB 2021, 364 (364 ff.).

2) Vgl. *Bertke/Sandbrink*, Menschenrechts- und Beschwerdebeauftragte nach dem LkSG, NJW 2024, 319.

3) Vgl. *Bayreuther*, NZA-Beilage 2022, 20.

Stelle oder Person gemeint, die unabhängig und nicht-operativ Meldungen von hinweisgebenden Personen entgegennimmt, z. B. eine Ombudsperson.[1] Die Ombudsperson übernimmt dann idR die Schlüssigkeitsprüfung, die möglichst vollständige Erfassung des Sachverhaltes, und führt möglicherweise das weitere Gespräch mit der hinweisgebenden Person.[2]

Praxistipp:

Diesen Unterschied müssen Unternehmen, die ihre interne Meldestelle extern, also an Dritte, auslagern, beachten und an ihre Mitarbeitenden bzw. möglichen hinweisgebenden Personen klar kommunizieren, z. B. durch eine genaue Begriffserläuterung im Intranet.

Die Ombudsperson im Kontext der internen Meldestelle ist nicht, so wie z. B. in Versicherungen und Banken, eine Person, welche als schlichtendes Gremium verstanden wird.[3] Vielmehr kann diese Person als Vertrauensanwalt angesehen werden, welcher Meldungen durch hinweisgebende Personen entgegennimmt.[4] Besonders mittelständische Unternehmen nutzen spezialisierte Anwaltskanzleien, welche Ombudspersonen außerhalb des Unternehmens installieren, um die Anforderungen einer internen Meldestelle bzgl. der Hinweisannahme zu erfüllen.[5] Die Ombudsperson wirkt also nicht operativ am Unternehmen mit, sondern steht außerhalb und unterliegt keinen Weisungen und Kontrollen des Unternehmens bzw. der etablierten Compliance-Struktur.[6] Daher kann es eine einfache und kostensparende Lösung sein, Ombudspersonen als interne Meldestelle zu bestellen.[7] Dabei sollten sich die Unternehmen jedoch bewusst sein, welche Aufgaben an die Ombudsperson abgetreten und vorab festgehalten werden. Die Pflicht, Maßnahmen zu ergreifen, den Verstoß abzustellen sowie die Rückmeldung an die hinweisgebende Person verbleibt jedoch beim Beschäftigungsgeber (§ 15. Abs. 2 S. 3 HinSchG).

2.5.2 Konzerngesellschaften § 15 Abs. 2 HinSchG

Konzerne haben die Möglichkeit, innerhalb des Konzerngeflechts eine Meldestelle einzurichten, die für die konzernangehörigen Tochter- bzw. Schwesterunternehmen tätig ist. Dabei wird das konzernrechtliche Trennungsprinzip betrachtet,[8] auf das sich der deutsche Gesetzgeber im Sinne des Art. 8 Abs. 5

1) Vgl. *Grützner/Jakob*, Compliance von A-Z, 2. Auflage, 2015.

2) Vgl. *Hauschka/Moosmayer/Lösler*, Corporate Compliance, 3. Auflage 2016, Rn. 26–33.

3) Vgl. *Ellenberger/Bunte*, BankR-HdB, § 4. Schlichtungsverfahren: Ombudsmann Rn. 112.

4) Vgl. *Hauschka/Moosmayer/Lösler*, Corporate Compliance, 2. Abschnitt. Grundelemente eines Compliance-Systems 6. Kapitel. Compliance-Kommunikation § 42. Ombudsmann und Hinweisgebersysteme Rn. 21.

5) Vgl. *Moosmayer*, Compliance, Rn. 195.

6) Vgl. *Hauschka/Moosmayer/Lösler*, Corporate Compliance, 2. Abschnitt. Grundelemente eines Compliance-Systems 6. Kapitel. Compliance-Kommunikation § 42. Ombudsmann und Hinweisgebersysteme Rn. 22.

7) Vgl. *Dilling*, Cat's Gold-Plating – Der neue Referentenentwurf zum Hinweisgeberschutzgesetz(CCZ 2022, 145).

8) Vgl. *Grigoleit/Grigoleit*, 2. Aufl. 2020, AktG § 15 Rn. 6.

WBRL („Dritter“) bezieht. Die originäre Verantwortung – den festgestellten Verstoß zu beheben und weiterzuverfolgen (möglicherweise interne Untersuchungen einzuleiten) – verbleibt bei dem jeweiligen Tochterunternehmen (gilt analog auch für den Einsatz von externen Anwaltskanzleien).[1] Eine Rechtsunsicherheit besteht, weil diesem im Gesetzgebungsverfahren eine Expertengruppe der EU-Kommission widersprach, da innerhalb eines Verbands agierende juristische Personen nicht als „Dritte“ gewertet werden können.[2]

Tabelle 1: Anforderungen an die interne Meldestelle in Abhängigkeit der Unternehmensgrößen im Konzern [eigene Darstellung]

Muttergesellschaft	Tochtergesellschaften	Anforderungen an die interne Meldestelle
< 50 MA		• Keine Verpflichtung zur Einführung einer internen Meldestelle nach HinSchG.
50 – 249 MA		• Eine interne Meldestelle seit dem 17.12.2023; • Gemeinsame Meldestelle mit anderen Unternehmen möglich.
> 250 MA	< 50 MA	• Eine interne Meldestelle für die Muttergesellschaft seit dem 2. Juli 2023.
> 250 MA	50 – 249 MA	• Eine interne Meldestelle für die Muttergesellschaft, die Tochtergesellschaften können an dem Verfahren der Mutter teilhaben; • Pflicht besteht seit dem 2. Juli 2023.
> 250 MA	> 250 MA	• Eine interne Meldestelle für die Muttergesellschaft; • Die großen Tochtergesellschaften benötigen ein eigenes System, können jedoch die Muttergesellschaft mit dem Betrieb der „internen Meldestelle“ auftragen; • Bearbeitung des Hinweises muss aber bei der Tochtergesellschaft erfolgen (Schutz der Vertraulichkeit); • Pflicht besteht seit dem 2. Juli 2023.

1) Vgl. BT- Drucks. 20/3442, § 15, S. 79.

2) Vgl. Minutes of the fifth meeting of the Commission expert group on Directive (EU) 2019/1937, 14.6.2021, S. 1 f.).

2.5.3 Auslagerung der internen Meldestelle auf die Konzernmutter: Beispielszenario

Ein international agierendes Unternehmen setzt sich aus einem zentralen Verwaltungsunternehmen (Konzernmutter) und mehreren operativen Einheiten (Tochtergesellschaften) zusammen. Die Zentrale beschäftigt das Management, HR, Legal und das Finanzwesen mit insgesamt 35 Mitarbeitenden. Die Tochtergesellschaften haben jeweils mehr als 50 Mitarbeitende. Um die Effizienz zu steigern und eine konzernweite einheitliche Regelung im Umgang mit internen Meldungen zu gewährleisten, entscheidet sich die Konzernmutter, eine zentrale Meldestelle für den gesamten Konzern zu etablieren. Diese zentrale Meldestelle soll als Anlaufstelle für Hinweise dienen, die sich auf Verstöße innerhalb jeglicher Unternehmen im Konzerngeflecht beziehen.

Um dieses Vorhaben umzusetzen, wird ein webbasiertes Hinweisgebersystem gewählt, welches von einem IT-Dienstleister entwickelt und gewartet wird. Das webbasierte Hinweisgebersystem wird durch eine Reihe von Fragen und einen umfangreichen Anforderungskatalog ausgewählt. Die Leitung und Überwachung des Hinweisgebersystems übernimmt die Leiterin der Rechtsabteilung der Konzernzentrale. Sie ist zuständig für das Screening der Meldungen, die Weiterleitungen, die Einleitung von internen Untersuchungen und Koordination der weiteren Schritte zur Aufklärung. Dabei werden die Sachverhalte an die Verantwortlichen der jeweiligen Tochtergesellschaften übermittelt.

2.5.4 Datenschutzrechtliche Anforderungen an die Auslagerung der internen Meldestelle auf die Konzernmutter

In dieser Konstellation kommt es im Rahmen von DSGVO und HinSchG zu datenschutzrechtlichen Fragestellungen und Anforderungen an die Konzerngesellschaft und die jeweiligen Tochtergesellschaften. Aufgrund der Unternehmensgröße von über 50 Mitarbeitenden fallen die Tochtergesellschaften unter das HinSchG. Die Konzernmutter ist nicht vom HinSchG betroffen.

1. **Pflicht zur Einrichtung einer internen Meldestelle:** Die Tochtergesellschaften, die mehr als 50 Mitarbeitende beschäftigten, sind verpflichtet, eine interne Meldestelle einzurichten (§ 12 Abs. 2 HinSchG). Die Konzernmutter *kann* die Aufgaben für den gesamten Konzern übernehmen (s. Tabelle „Anforderungen an die interne Meldestelle in Abhängigkeit der Unternehmensgrößen im Konzern“, Kap. 2.5.2)
2. **Datenschutzrechtliche Stellung der Konzernmutter:** Die Konzernmutter ist gegenüber den Tochtergesellschaften wie eine externe Stelle zu betrachten. Ein Auftragsverarbeitungsverhältnis ist in diesem Fall nicht anwendbar. Aufgrund der engen Zusammenarbeit kann eine gemeinsame Verantwortlichkeit gem. Art. 26 DSGVO vorliegen. Dabei muss in einer transparenten Vereinbarung festgelegt werden, wer welche Verpflichtungen unter der DSGVO erfüllt.[1]

---

1) Vgl. *Haak/Spittka*, CB 2023, 356, Datenschutzkonforme Ausgestaltung von Hinweisgebersystemen in Konzernkonstellationen.

3. **Datenaustausch und Verantwortlichkeiten:** Der Datenaustausch zwischen Konzernmutter und Tochtergesellschaften muss rechtskonform erfolgen.
4. **Auftragsverarbeitung durch einen externen IT-Dienstleister:** Sollten technische Systeme von Dienstleistern bereitgestellt werden, ist eine Auftragsdatenvereinbarung (AVV) nach Art. 28 DSGVO erforderlich. Dieser kann zwischen dem Dienstleister und dem gemeinsam Verantwortlichen gem. Art. 26 geschlossen werden.

Praxistipp:

Bei der Auslagerung der internen Meldestelle auf die Konzernmutter sollte Ihr Datenschutzbeauftragter unter Berücksichtigung der in diesem Kapitel genannten Aspekte eingebunden werden.

3. Implementierung von geeigneten Meldekanälen

3.1 Gesetzliche Anforderungen an Meldekanäle

3.1.1 Anforderungen der EU-Hinweisgeberrichtlinie

Die WBRL fordert nach Art. 9, dass Meldekanäle:

- sicher konzipiert, eingerichtet und betrieben werden,
- die Vertraulichkeit der Identität von hinweisgebenden Personen schützen,
- die Vertraulichkeit der Identität von in Meldungen benannten Personen schützen,
- den Zugriff auf die vertraulichen Informationen auf befugte Mitarbeiter limitieren.

Meldungen müssen schriftlich oder mündlich möglich sein. Mündliche Meldungen können per Telefon oder als Sprachübermittlung erfolgen. Hierbei werden Sprachübermittlungen nicht näher definiert.

Auf Wunsch der hinweisgebenden Person ist eine physische Zusammenkunft, in einer zumutbaren Zeitspanne, zu ermöglichen.

Der Betrieb der Meldekanäle, die Kommunikation mit der hinweisgebenden Person und die Umsetzung von Folgemaßnahmen hat durch eine unparteiische Person oder Abteilung zu erfolgen. Der Betrieb kann auch von einem externen Dritten sichergestellt werden.[1] Bei dem Betrieb eines konzernweiten Hinweisgebersystems empfiehlt es sich, die jeweiligen nationalen Umsetzungen der EU-Richtlinie hinsichtlich spezifischer Anforderungen an die Meldekanäle zu prüfen. Dies können die Bereitstellung in der Landessprache, Einschränkungen des sachlichen Anwendungsbereichs oder auch abweichende Informationspflichten sein. Siehe hierzu Kapitel 2.5.2.

3.1.2 Anforderungen des HinSchG

Beschäftigungsgeber, welche der Pflicht zur Einrichtung interner Meldekanäle nach § 12 HinSchG unterliegen, müssen hinweisgebenden Personen unterschiedliche Möglichkeiten zur Abgabe ihrer Meldung zur Verfügung stellen. Man spricht bei diesen Möglichkeiten von sogenannten Meldekanälen, also den Kommunikationswegen, auf denen sich hinweisgebende Personen an die zuständigen Stellen wenden können. Bei internen Meldestellen spricht man demzufolge von internen Meldekanälen, bei externen Meldestellen von externen Meldekanälen.

1) Vgl. RL-EU 2019/1937 Art. 8 (2).

Der interne Meldekanal muss den Beschäftigten zugänglich gemacht werden, darüber hinaus werden ebenfalls „klare und leicht zugängliche Informationen zum Meldeverfahren" gefordert.[1] Der Meldekanal kann auch externen hinweisgebenden Personen, wie bspw. Geschäftspartnern oder Ehemaligen, zur Verfügung gestellt werden.[2]

Praxistipp:

Auch wenn der interne Meldekanal auf interne Beschäftigte abzielt, empfiehlt es sich, ihn auch außerhalb der Organisation erreichbar zu gestalten. Potenzielle hinweisgebende Personen werden sich erfahrungsgemäß auch außerhalb der Arbeitszeiten an die interne Meldestelle wenden und daher sollte der physische oder digitale Zugang für hinweisgebende Personen auch ohne Preisgabe ihrer Identität möglich ist. IP-Adressen, vielleicht sogar noch in einem organisationsinternen VPN, hinterlassen eindeutig identifizierbare Spuren und diese Möglichkeit der Identifikation wirkt auf hinweisgebende Personen unter Umständen abschreckend.

§16 Abs.2 HinSchG verlangt, dass der Zugriff auf die autorisierten Personen, welche für die Entgegennahme und Bearbeitung der Meldungen zuständig sind, zu beschränken ist.

Die Formulierung des §16 Abs. 3 HinSchG, „Interne Meldekanäle müssen Meldungen in mündlicher oder in Textform ermöglichen", grenzt Meldekanäle, die eine reine Schriftform erlauben, wie bspw. Beschwerde-Briefkasten oder Postweg, aus. Mündliche Meldungen können über Telefon oder andere Sprachübermittlungswege erfolgen. Auf Wunsch der hinweisgebenden Person sollte innerhalb eines angemessenen Zeitraums ein persönliches Treffen ermöglicht werden. Mit Einwilligung der Person kann dies auch in Form einer Videokonferenz erfolgen.

Ein wesentlicher Unterschied zur EU-Hinweisgeberrichtlinie liegt im sogenannten „Konzernprivileg". Nach dem in Deutschland geltenden Grundsatz der Trennung von Konzerngesellschaften durch eigene Rechtspersönlichkeiten kann auch bei einer anderen Konzerngesellschaft (z. B. Muttergesellschaft) eine unabhängige und vertrauliche Stelle als „Dritte" beauftragt werden, welche auch für mehrere unabhängige Gesellschaften innerhalb des Konzerns tätig werden kann. Konkret kann eine Muttergesellschaft die interne Meldestelle für weitere Tochtergesellschaften stellen. Der hinweisgebenden Person muss auch die Möglichkeit eingeräumt werden, direkt bei der Tochtergesellschaft melden zu können. Demzufolge müssen Meldekanäle dieses Wahlrecht auch widerspiegeln. Meldungen müssen dabei auch in der vorherrschenden Arbeitssprache der beauftragenden Tochtergesellschaften möglich sein. Durch die Beauftragung einer zentralen Meldestelle dürfen keine zusätzlichen Hürden für hinweisgebende Personen aufgebaut werden und es empfiehlt sich, dies bei der Konzeption der Meldekanäle direkt zu berücksichtigen.

1) Vgl. §7 Abs. 3 HinSchG.
2) Vgl. §16 Abs. 1 HinSchG.

Praxistipp:

Digitale Lösungen verteilen eingehende Meldungen über eine gemeinschaftliche Oberfläche, bspw. im Corporate Design, an zuständige Stellen im Hintergrund. Bei einer Konzernstruktur ist daher ein digitales System nahezu alternativlos, um ein belastbares Hinweisgebermanagement zu realisieren und nicht auf viele kleinteilige Lösungen zurückgreifen zu müssen, welche für ein Konzern-Reporting ohnehin wieder harmonisiert werden müssten.

3.2 Die Rolle des Betriebsrats

Die Rolle der Betriebs- bzw. Personalräte[1] im Rahmen der Einführung der internen Meldestelle sowie des Meldekanals wird im HinSchG nicht thematisiert.

Nach § 12 HinSchG werden Beschäftigungsgeber verpflichtet, interne Meldestellen einzurichten. Nach § 80 Abs. 2 S. 1 Nr. 1 BetrVG ist es eine Aufgabe des Betriebsrates, darüber zu wachen, dass die zugunsten der Arbeitnehmer geltenden Gesetze durchgeführt werden. Konkreter umfasst die Überwachungsaufgabe, dass der Betriebsrat dafür Sorge zu tragen hat, dass die Schutzgesetze tatsächlich umgesetzt werden.[2] Damit der Betriebsrat seine Aufgaben wahren kann, ist dieser somit über die Einführung der internen Meldestellen zu unterrichten.

Nach § 14 Abs. 1 HinSchG hat der Beschäftigungsgeber die Möglichkeiten, neues Personal für die Aufgaben der internen Meldestellen einzustellen oder bereits Beschäftigte mit den Aufgaben zu betrauen. Für den Fall, dass für die Meldestelle neues Personal eingestellt wird, ist für den Betriebsrat ganz offenkundig sein Informations- und Zustimmungsverweigerungsrecht (§ 99 BetrVG) eröffnet. Der andere – in der Praxis wohl üblichere – Fall ist, dass ein bereits angestellter Arbeitnehmer in der Meldestelle tätig wird, sei es ausschließlich oder neben seinen sonstigen Aufgaben. In einem solchen Fall muss umfassend entschieden werden, ob eine Versetzung vorliegt. In der Regel wird das der Fall sein, und zwar sowohl bei einer ausschließlichen als auch einer partiellen Tätigkeit in der internen Meldestelle.[3]

Neben den erwähnten Unterrichtungs- und Zustimmungsrechten kommen auch Mitbestimmungsrechte des Betriebsrats in Betracht. In § 12 HinSchG wird abschließend eine Pflicht für bestimmte Beschäftigungsgeber zur Einrichtung interner Meldestellen in der eigenen Organisation normiert, ohne dass bei der Frage, ob überhaupt solche Meldewege eingeführt werden müssen, ein Spielraum bleibt.[4] Das „Ob" der Einführung von Meldestellen ist damit bereits aufgrund der Sperrwirkung durch den Vorrang gesetzlicher

1) Zur Vereinfachung wird in diesem Kapitel ausschließlich Bezug auf den Betriebsrat genommen. Die Erläuterungen finden jedoch analog Anwendung auf die Rolle des Personalrats.

2) Vgl. *Thüsing*, in: Richardi, BetrVG, 17.Aufl.2022, BetrVG, § 80, Rn. 18.

3) Vgl. *Zimmer/Millfart*, BB 22.2023, S. 1270.

4) Vgl. ferner für das Bestehen eines Spielraums bei der Umsetzung der Whistleblower-Richtlinie *Müller*, öAT 2022, 30, 32.

Bestimmung (§ 12 HinSchG) ausgeschlossen, unabhängig davon, ob einer der Tatbestände des § 87 BetrVG erfüllt wird oder nicht. Damit ein Mitbestimmungsrecht gleichwohl gegeben sein könnte, müssen zwei Voraussetzungen erfüllt sein. Zunächst muss der Beschäftigungsgeber über die Vorgaben des HinSchG hinausgehen, indem er bei der konkreten Ausgestaltung der Meldestellen von seinem Ermessensspielraum Gebrauch macht. Kommt man zu dem Ergebnis, dass der Beschäftigungsgeber einen insoweit hinreichenden Ermessensspielraum hat, muss zusätzlich einer der Tatbestände aus § 87 Abs. 1 BetrVG erfüllt werden. In der Praxis kommt oftmals § 87 Abs. 1 Nr. 6 BetrVG zum Tragen, da digitale Meldekanäle eingeführt werden. Wenn der herrschenden Meinung gefolgt wird, löst ein digitaler Meldekanal jedoch kein Mitbestimmungsrecht aus. Er ist auch nicht zur Überwachung von Verhalten oder Leistung der Arbeitnehmer bestimmt oder geeignet.[1)]

Unabhängig von dieser rechtlichen Bewertung kann sich eine Beteiligung des Betriebsrats etwa in Form einer freiwilligen Betriebsvereinbarung (§ 88 BetrVG) aus politischen Gründen anbieten: Sie erhöht die Akzeptanz der Meldekanäle bei den Arbeitnehmern und ermöglicht es, eine Präferenz interner vor externer Meldung zu statuieren.

3.3 Technische und organisatorische Anforderungen an Meldekanäle

3.3.1 Sicherheit

Die wahrgenommene Sicherheit eines Hinweisgebersystems beeinflusst, wie die zugesicherte Vertraulichkeit und Glaubwürdigkeit des Systems durch potenzielle hinweisgebende Personen interpretiert wird.

§ 8 Abs. 1 HinSchG schreibt ausdrücklich vor, dass die Meldestellen die Vertraulichkeit der Identität der hinweisgebenden Person, der von der Meldung betroffenen Person sowie sonstigen in der Meldung genannten Personen zu schützen haben. Nicht jeder Meldekanal ist digital, doch spätestens beim Thema Dokumentationspflicht stößt man bei Beschäftigungsgebern auf digitale Systeme, wie digitale Tabellen, E-Mail-Postfächer, Fallakten oder Textverarbeitungsprogramme. Wenn es um die Erhebung, Speicherung und Dokumentation von Meldungen, mit entsprechenden personenbezogenen Daten, geht, sind die Vorschriften der DSGVO und § 26 BDSG in Verbindung mit Art. 88 DSGVO anzuwenden.[2)] Auch die „Orientierungshilfe der Datenschutzaufsichtsbehörden zu Whistleblowing-Hotlines“ empfiehlt technische und organisatorische Vorkehrungen, um die sensiblen Daten im Hinweisgebersystem gegen unbefugten Zugriff zu schützen.[3)]

1) Vgl. *Zimmer/Millfart*, BB 22.2023, S. 1271 ff.

2) Vgl. DSK (2018), S. 3.

3) Vgl. DSK (2018), S. 13.

Praxistipp:

Je nach Art des Meldekanals ergeben sich unterschiedliche Sicherheitskriterien, aber im Kern sollten Sie auf belegbare Datensicherheit, Verschlüsselung der Daten, Benutzerfreundlichkeit für hinweisgebende Personen, Gewährleistung der Vertraulichkeit der Daten, Pseudonymisierung und Auditfähigkeit achten. Daneben muss der Betrieb auch bei Störungen oder Ausfällen aufrechterhalten werden können: Back-up-Konzepte, Wiederherstellung von Daten und Verfahren zur Prüfung der Wirksamkeit dieser Maßnahmen sollten bedacht werden.

3.3.2 Vertraulichkeit

Die Meldekanäle müssen die Vertraulichkeit der Identität von in Meldungen benannten Personen sicherstellen (§ 8 Abs. 1 HinSchG). Dies gilt auch für die langfristige Dokumentation einer Meldung (§ 11 Abs. 1. HinSchG). Entsprechend darf eine Identität ausschließlich Personen bekannt werden, die für die Entgegennahme von Meldungen oder für Folgemaßnahmen zuständig sind. Im Zuge des Betriebs von Meldekanälen kann der Einsatz von Personal erforderlich sein, welches nicht mit dem Betrieb der Meldestelle betraut ist. Ein klassisches Beispiel sind IT-Administratoren, welche Zugangsberechtigungen zu Systemen erstellen und verwalten. Aufgrund ihrer Position und Tätigkeit haben diese Personen oft umfassende Berechtigungen, um Informationen in der IT-Infrastruktur einer Organisation einzusehen.

Praxisbeispiel:

In einem fiktiven Szenario betreibt ein Unternehmen bspw. eine Telefon-Hotline. Eingehende Meldungen und Folgemaßnahmen aus Bearbeitungs- und Dokumentationsgründen werden in einer Tabelle auf einem internen Laufwerk gespeichert.

Versehentlich könnten hier IT-Administratoren in Kenntnis über Vorgänge im Zusammenhang mit einer Meldung gelangen, da sie bspw. pauschalen Zugriff auf den Speicherort haben. Personenbezogene Daten, welche Rückschlüsse auf die Identität zulassen, sind zu verschlüsseln, sofern diese im Klartext verarbeitet werden. Eine weitere Möglichkeit bietet die Pseudonymisierung.[1)]

Praxistipp:

Die Vertraulichkeit wird nicht verletzt, wenn personenbezogene Informationen im Zuge einer Berichterstattung, bspw. an die Geschäftsführung, pseudonymisiert oder anonymisiert werden. Organisationen, insbesondere konzernartige Strukturen, sollten bereits beim Aufsetzen der Meldestelle Zuständigkeiten, Befugnisse und Aufgaben formal regeln. Im Krisenfall würde hier sonst kostbare Zeit verloren gehen, welche für die eigentliche Behandlung des Sachverhalts erforderlich wäre. Auch werden so im Vorfeld Erwartungen und Kompetenzen aufseiten Meldestellenbeauftragter und Geschäftsführung definiert. Im Rahmen der Legalitätspflicht muss sich die Geschäftsführung mit der Meldung und etwaigen Risiken beschäftigen, doch unter der Einhaltung des Vertraulichkeitsgebots ist eine konzernweite Berichterstattung zulässig.

1) Vgl. BeckOK ArbR/Bruns, 70. Ed. 1.12.2023, HinSchG § 8 Rn. 23.

3.3.3 Integrität

Datensicherheit befasst sich mit Maßnahmen zum Schutz von Daten vor unberechtigtem Zugriff oder potenziell schädlichen Eingriffen. Dies geschieht durch die Verwendung von Systemen, Prozessen und Abläufen, um Daten zu schützen. Die Datenintegrität wird sichergestellt, indem Daten über ihre gesamte Lebensdauer hinweg korrekt und nutzbar gehalten werden, was im Kontext von Meldekanälen vor allem im Hinblick auf die Sachverhaltsaufklärung und rechtliche Aufarbeitung von Meldungen relevant ist.

Durch menschliches oder technisches Versagen oder Angriffe von außen kann die Datenintegrität beeinträchtig werden. Mögliche Risiken für die Datenintegrität sind z. B.:

- Unbeabsichtigte Benutzerfehler
- Fehlkonfigurationen und Sicherheitsfehler
- Durch Schadsoftware kompromittierte Hardware
- Cyberangriffe
- Technische Ausfälle
- Naturkatastrophen

Insgesamt gibt es verschiedene Prozesse und Methoden, die in Datenbanken angewendet werden, um Datenintegrität sicherzustellen und sowohl physikalische als auch logische Integrität zu gewährleisten. Durch die entsprechende Umsetzung wird vonseiten der Organisation darlegbar, dass sie die Anforderungen nach § 11 Abs. 1 HinSchG erfüllt.

3.3.4 Pseudonymität

Bei der Beurteilung geeigneter technisch-organisatorischer Maßnahmen von Meldekanälen stellt die Pseudonymität eine nützliche Möglichkeit dar, die Identität der hinweisgebenden Person, der von der Meldung betroffenen Person sowie sonstigen in der Meldung genannten Personen im Verlauf der Bearbeitung und Ermittlung zu schützen. Anstelle von personenbezogenen Daten, wie Klarnamen, E-Mail-Adressen o. Ä., werden Identifikationsmerkmalen oder Pseudonyme verwendet. Hierdurch werden die personenbezogenen Daten von hinweisgebenden Personen, welche Rückschlüsse auf ihre Identität zulassen, verschleiert, während gleichzeitig eine Rückverfolgbarkeit im System gewährleistet wird. Die Umkehrung der Verschleierung ist dabei autorisierten Meldestellenbeauftragten vorbehalten.

3.3.5 Anonymität

Die Diskussion über die Anonymität von hinweisgebenden Personen ist eine langjährige Debatte, welche einhergeht mit möglichem Missbrauch durch Falschmeldungen im Rahmen der Gesetzgebung.[1] Abseits der Diskussion zeigt die Praxis, dass die Mehrheit der privatwirtschaftlichen Unternehmen

1) Vgl. *Fehr/Refenius*, Hinweisgeberschutzgesetz: Externe Meldestellen (CCZ 2023, 220).

anonyme Meldungen über die Meldekanäle zulassen und durchaus ein Interesse haben, auch vorerst anonyme Meldungen zu erhalten.[1)]

Nach § 16 Abs. 1 HinSchG besteht ausdrücklich keine Verpflichtung, die internen Meldekanäle so zu gestalten, dass sie die Abgabe anonymer Meldungen ermöglichen. Es wird lediglich empfohlen, dass auch anonym eingehende Meldungen bearbeitet werden sollen. Allerdings hängt die Akzeptanz und Nutzung von Meldekanälen von der wahrgenommenen Sicherheit für die potenziellen hinweisgebenden Personen ab.

Eine Untersuchung von 2020 zeigt, dass 48 % der Erstmeldungen anonym abgegeben wurden, sofern die Meldekanäle eine anonyme Meldung zuließen. Im Zuge der Meldungsuntersuchung eröffnete sich bei rund 20 % der Meldungen die Identität der hinweisgebenden Person.[2)]

Hier zeigt sich, dass hinweisgebende Personen durchaus Anonymität präferieren. In der Kommunikation sollte ein Fokus auf die Zusicherung der Vertraulichkeit gelegt und hinweisgebenden Personen eine Wahlmöglichkeit zum vertraulichen oder anonymen Melden gegeben werden. Die externen Meldestellen haben anonyme Meldekanäle eingerichtet, welche die Abgabe von anonymen Meldungen und eine anonyme Kommunikation erlauben.[3)] Sollte eine interne Meldestelle keine anonymen Meldungen akzeptieren oder diese Möglichkeit nicht anbietet, bieten externe Meldestellen einen (wahrgenommenen) Vorteil für hinweisgebende Personen.

3.4 Übersicht von Meldekanälen

§ 16 Abs. 2 HinSchG legt fest, dass die interne Meldestelle für die Entgegennahme und Bearbeitung zuständig ist. Die Meldekanäle ermöglichen die Entgegennahme, die Bearbeitung erfolgt in Datenverarbeitungsprogrammen, die Fallverwaltung oder Case Management bezeichnet werden. Ein Meldekanal allein bildet demnach noch kein funktionierendes Hinweisgebersystem. Oft sind die Meldekanäle eines Hinweisgebersystems ein erster sichtbarer Teil des Compliance-Programms einer Organisation und daher sollte den möglichen Meldekanälen entsprechend Aufmerksamkeit geschenkt werden. Obgleich die einzeln betrachteten Meldekanäle regelmäßig eine Vielzahl unterschiedlicher Vorteile bieten, dürfte sich durch einen Meldekanal allein eine vollumfänglich rechtskonforme Umsetzung des HinSchG nicht bewerkstelligen lassen (§ 16 Abs. 3 S. 3 HinSchG).

1) Vgl. *Quast/Ohrloff*, CCZ 2022, 303.

2) Vgl. Whistleblowing Report 2021, FH Graubünden und EQS Group.

3) Vgl. § 4 HEMBV.

Praxistipp:

Für die Abgabe von Meldungen können Unternehmen auch **mehrere Kanäle** zur Verfügung stellen, um mehrere relevante Zielgruppen gezielt anzusprechen oder die Sichtbarkeit zu steigern. Nachfolgende Meldekanäle funktionieren abhängig von der Branche der Organisation, der Organisationskultur und der Zielgruppe sehr unterschiedlich – die Wirksamkeit ist immer dahingehend zu prüfen und die Meldekanäle sind entsprechend zu kombinieren.

3.4.1 Briefkasten

Meldekanäle in Form von Post-, Brief- oder „Kummerkästen" sind schon lange in Organisationen etabliert.[1] Die Motivationslage, schriftliche Anliegen und Beschwerden zu kanalisieren, ist sicherlich vielseitig. Dies kann die Erfüllung einer regulatorischen Anforderung, Ausgestaltung einer Beschwerdestelle oder die Umsetzung eines Vorschlagwesens sein. Gemein ist, dieses Meldemedium besitzt einige Unsicherheiten. Im Kontext HinSchG ist es beispielsweise ungewiss für den Absender, ob die Nachricht den gewünschten Adressaten erreicht. Ungewiss bleibt auch, ob andere Personen den Inhalt einsehen oder eine Kopie davon erstellen konnten – was sich kritisch auf die Untersuchung des Sachverhalts auswirken kann.

Ein wesentlicher Nachteil von Briefkästen und dem zugehörigen Brief ist, dass kein Rückkanal zur Kommunikation existiert und der Empfänger unidirektionale Informationen erhält – weder die Zustellung der Eingangsbestätigung noch eine konforme Meldungsbehandlung nach der DSGVO und dem HinSchG kann sichergestellt werden.[2] Die genannten Punkte werden noch komplexer, wenn eine Organisation mehrere Standorte unterhält und an jedem Standort eine Person den Postkasten betreiben muss.

Eingehende Meldungen müssen dann in ein Drittsystem eingegeben werden, um sie über alle Standorte und Abteilungen bearbeitbar zu gestalten und Dokumentationspflichten nachzukommen. Im Gegenzug ist dieser Meldekanal, mit entsprechender Vorkehrung seitens der hinweisgebenden Person, völlig anonym und, sofern bauseits bedacht, jederzeit zugänglich. In der Praxis kann nach § 16 Abs. 1 HinSchG der Briefkasten aber allenfalls eine Ergänzung eines bestehenden Hinweisgebersystems sein, denn dieser ermöglicht nur die Schriftform und nicht die geforderte Textform.

Praxistipp:

Der Montageort eines Briefkastens sollte nicht im videoüberwachten Bereich stehen, um nicht zuletzt das Vertrauen zu stärken. Es können Vordrucke angeboten werden, um mit gezielten Fragen Informationen von hinweisgebenden Personen einzuholen.

1) Vgl. *Wiedemann/Hoppmann*, CCZ 2023, S. 14.

2) Vgl. *Külz/Odenthal-Middelhoff*, NZWiSt 2024, S. 132.

3.4.2 Sprachbasierte Systeme

Sprachbasierte Systeme ermöglichen es hinweisgebenden Personen, ihre Meldung mündlich oder durch Spracheingabe einzureichen. Es existieren unterschiedliche Evolutionsstufen, welche spezifische Herausforderungen und Einsatzmöglichkeiten mit sich bringen. § 16 HinSchG fordert: „Mündliche Meldungen müssen per Telefon oder mittels einer anderen Art der Sprachübermittlung möglich sein." Nachfolgend eine Darstellung der Lösungen in der Praxis.

Telefon:

Die telefonische Meldung ist eine einfache und kostengünstige Methode, die den direkten Dialog zwischen der hinweisgebenden Person und dem Meldestellenbeauftragten ermöglicht. Das HinSchG konkretisiert nicht, in welcher Sprache die Meldekanäle zur Verfügung gestellt werden müssen. Ein rein telefonischer Meldekanal in Organisationen mit fremdsprachigen Leiharbeitnehmern oder Personen mit starken Einschränkungen der Arbeitssprache sollte daher kritisch betrachtet werden. Zudem erfordert nach der telefonischen Entgegenahme die Meldungsbearbeitung zusätzliche Systeme und Prozesse, um eingehende Meldungen konform zu behandeln. Sollte die Organisation multinational tätig sein, kann eine zentrale Telefonnummer u. U. nicht aus dem Ausland angerufen werden oder erzeugt bei der hinweisgebenden Person erhöhte Kosten für den Anruf. Weiterhin sind der Sprachkompetenz des Meldestellenbeauftragten auch natürliche Grenzen gesetzt.

Anrufbeantworter:

Eine telefonische Lösung, welche die ständige Erreichbarkeit sicherstellt, ist der Anrufbeantworter. Dieser wird durch den Meldestellenbeauftragten verwaltet. Wird ein sprach- oder nummerngeführtes Menü eingesetzt, lassen sich eingehende Meldungen kategorisieren.[1] So kann zB eine zentrale Rufnummer für Beschwerde nach dem HinSchG und weiteren Themen angeboten werden. Durch den unidirektionalen Charakter fehlt jedoch der direkte Rückkanal, was eine nachträgliche Kontaktaufnahme erforderlich macht. Die Aufzeichnung und Verwaltung von Nachrichten muss datenschutzkonform erfolgen. Klassische Anrufbeantworter in Form eines „Tischgeräts" lassen andere Anforderungen an den Datenschutz und die Informationssicherheit erahnen als eine Aufzeichnung über eine Voice-over-IP-Telefonanlage, bspw. unter Einsatz von Microsoft Teams Phone, Sipgate, inopla, Aircall, wo die Meldung der hinweisgebenden Person in einer Cloud-Umgebung gespeichert wird. [2] Ein Anrufbeantworter ist naturgemäß unidirektional, unpersönlich und erlaubt keinen Aufbau von Vertrauen zwischen der hinweisgebenden Person und der verantwortlichen Stelle.[3]

---

1) Sog. Interactive Voice Response (IVR).

2) Die Speicherkonzepte variieren je nach Anbieter. Auch klassische Telekommunikationsunternehmen, wie Deutsche Telekom, Vodafone, 1&1 oder o2 bieten VoIP-Lösungen an.

3) Vgl. *Deffland, M.* (2015), Whistleblower-Systeme, in: Euteneier, A. (Hrsg.), Handbuch Klinisches Risikomanagement, Heidelberg: Springer, S. 444.

Callcenter:

Unternehmen können bei spezialisierten Anbietern Callcenter-Services beauftragen, um eingehende Meldungen zu Verstößen entgegenzunehmen und zu verwalten. Je nach Anbieter besteht die Möglichkeit, Rufnummern landesspezifisch oder supranational für die Annahme von Hinweisen aufzuschalten. Hierzu stellen i. d. R. die Callcenter-Agents selbst die Sprachfähigkeit oder, meist in international ausgerichteten Callcentern, es werden Übersetzer neben dem Callcenter-Agent eingesetzt. Der Callcenter-Agent wird vom Auftraggeber instruiert, welche Informationen vom Anrufer zu erfassen sind, und hat dadurch begrenzte Möglichkeiten der Gesprächsführung, kann daher nicht die qualifizierte Arbeit einer internen Meldestelle übernehmen.[1)] Weiterhin müssen erfasste Informationen durch ein Callcenter an die verantwortliche Stelle der Organisation übermittelt werden, was weitere Prozesse oder Systeme erforderlich macht.[2)]

Sprachdialogsysteme:

Sprachdialogsysteme stellen eine Kombination aus asynchronen Sprachnachrichten mit der Möglichkeit dar, einen geschützten Dialog zu führen, und versuchen, die Schwächen von Telefon, Anrufbeantworter und Callcenter zu minimieren. Dazu sind Sprachdialogsysteme i. d. R. über mehrere lokale Rufnummern erreichbar und die hinweisgebende Person kann ein mehrsprachiges Menü eines integrierten Anrufbeantworters nutzen.

Abbildung 3: Aufbau Sprachdialogsystem [eigene Darstellung]

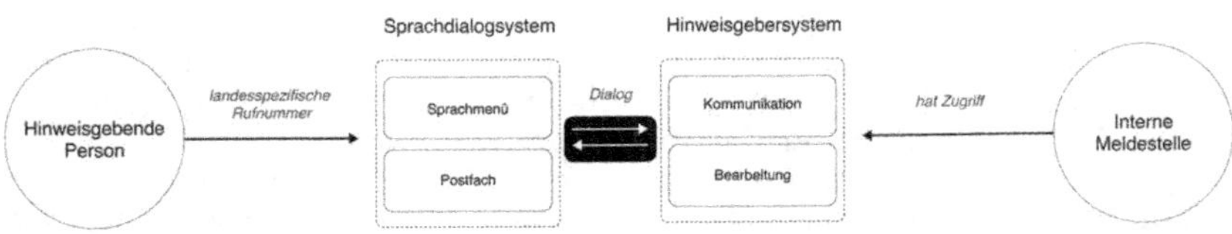

Das Sprachdialogsystem bietet dem Anrufer zudem die Möglichkeit, seine Nachricht und Folgenachrichten an die interne Meldestelle mit einem Passwort zu schützen (üblicherweise „Postfach" genannt). Dadurch kann asynchron ein Austausch von Sprachnachrichten zwischen hinweisgebender Person und interner Meldestelle erfolgen. Bedingung ist hier, dass die hinweisgebende Person regelmäßig ihr geschütztes, telefonisches Postfach abhört, um zu prüfen, ob Informationen oder Rückfragen der internen Meldestelle vorliegen.

1) Vgl. *Bürkle/Hauschka/Schieffer*, Compliance-Officer, § 9. Zusammenarbeit mit Ombudsleuten und Whistleblower-Systemen, Rn. 7.

2) Vgl. *Hauschka/Moosmayer/Lösler*, Corporate Compliance, 2. Abschnitt. Grundelemente eines Compliance-Systems 6. Kapitel. Compliance-Kommunikation § 42. Ombudsmann und Hinweisgebersysteme Rn. 53.

Tabelle 2: Vorteile und Nachteile von sprachbasierten Systemen [eigene Darstellung]

Meldekanal	Vorteile	Nachteile
Telefon	• Direkter Dialog • Aktive Gesprächsführung • Kostenfreie Möglichkeit zur Kontaktaufnahme für hinweisgebende Person	• Nicht 24/7 erreichbar • Nicht jede hinweisgebende Person möchte direkt mit einer Person sprechen • Erhöhte Komplexität bei multinationaler Erreichbarkeit • Potenzielle Barrieren für fremdsprachige Mitarbeiter • Weitere Systeme zur Meldungsbearbeitung erforderlich
Anrufbeantworter	• Kostenfreie Möglichkeit zur Kontaktaufnahme für hinweisgebende Person • 24/7 erreichbar • Flexibilität durch hinterlegte Anweisungen • Automatisierte Kategorisierung möglich	• Kein Rückkanal und kein persönlicher Kontakt • Erhöhte Anforderungen an Datenschutz und Informationssicherheit • Mögliche Identifikation durch Rufnummernauflösung • Aufgezeichnete Meldung erfordert ein weiteres System zur Bearbeitung und Nachverfolgung
Callcenter	• Kostenfreie Möglichkeit zur Kontaktaufnahme für hinweisgebende Person • 24/7 erreichbar • Mehrsprachigkeit • Direkter Dialog	• Keine fachliche Kompetenz des Callcenter-Agent • Kostenintensiv • Erfasste Meldung erfordert ein weiteres System zur Bearbeitung und Nachverfolgung

Melde-kanal	Vorteile	Nachteile
Sprach-dialog-systeme	• Kostenfreie Möglichkeit zur Kontaktaufnahme für hinweisgebende Person • 24/7 erreichbar • Mehrsprachigkeit • Asynchroner, geschützter Dialog • i. d. R. ist ein System zur Bearbeitung und Nachverfolgung integriert	• Kein persönlicher Kontakt • Erhöhte Anforderungen an Datenschutz und Informationssicherheit • Abhängigkeit von technologischen Lösungen

3.4.3 E-Mail

Eine eigens für die Entgegennahme und Bearbeitung von Hinweisen eingerichtete E-Mail-Adresse stellt für Sender und Empfänger eine unkomplizierte Methode dar. Mehr als 83 % der Bevölkerung in Deutschland nutzen E-Mails und unterstreichen die Akzeptanz des Mediums eindrücklich.[1] Dennoch birgt ein E-Mail-Meldekanal einige nicht unerhebliche Risiken.

Es ist sicherzustellen, dass der Zugriff auf das E-Mail-Postfach und übermittelte E-Mail-Anhänge explizit den autorisierten Personen der internen Meldestelle vorbehalten ist – dies umfasst auch den Ausschluss der internen IT. Die organisationseigenen E-Mail-Server bieten theoretisch die Möglichkeit, E-Mails mitzulesen, abzufangen oder gar zu manipulieren, so ist das Trägermedium als nicht sicher einzuordnen.[2] Theoretisch können Verschlüsselungsmechanismen eine E-Mail zusätzlich sichern, sind aber im Endanwenderbereich wenig verbreitet, besitzen erhöhte Nutzungshürden und erfordern Sachkenntnis. In Abwägung lässt der Einsatz von Verschlüsselungsmechanismen dann auch die Nutzung anderer, sicherer Meldekanäle zumutbar erscheinen.[3]

Eine weitere Hürde zur Verbesserung der Anonymität ist der Aufwand, den eine hinweisgebende Person in die Erstellung eines anonymen E-Mail-Kontos investieren muss, um ihre Identität zu schützen. Zum Eigenschutz sollten hinweisgebende Personen die eigenen privaten oder geschäftlichen E-Mail-Konten nicht nutzen.

1) Anteil der Bevölkerung in Deutschland, die das Internet für das Versenden und Empfangen von E-Mails nutzen in den Jahren 2002 bis 2023, Statista, 6.5.2024.

2) Vgl. *Rothe/Eder*, Datenschutz: Mangelnde Verschlüsselung von E-Mails ein DSGVO-Verstoß ohne Schaden? Ein Überblick und Perspektiven für Unternehmen, CCZ 2024, 50.

3) Konkret kann eine Transportverschlüsselung (die E-Mail wird auf dem Weg vom Server des Absenders zum Server des Empfängers verschlüsselt) und/oder eine Ende-zu-Ende-Verschlüsselung (die E-Mail wird vom Absender vor dem Versand verschlüsselt und durch das E-Mail-Programm des Empfängers entschlüsselt) genutzt werden.

Es besteht die Gefahr, dass per E-Mail gemeldete Sachverhalte durch Personen der internen Meldestelle (versehentlich oder wissentlich) weitergeleitet werden. Hierdurch kann sehr schnell das nach § 8 HinSchG geforderte Vertraulichkeitsgebot verletzt werden.[1] In der Praxis zeigt sich, dass diese Kanäle allenfalls als flankierende Meldekanäle eingesetzt werden und parallel zu Ombudspersonen, Telefon-Lösungen oder webbasierten Hinweisgebersystemen aufgeführt werden.

Fallbeispiel: E-Mail als Meldekanal bei der Stahlwerk AG

In einem Unternehmen mit mehreren Standorten kann die Weiterleitung von Verstößen innerhalb einer komplexen Organisationsstruktur zu erheblichen Problemen bei der Wahrung der Vertraulichkeit führen. Ein typisches Beispiel dafür ist der Umgang mit Fällen hinsichtlich möglicher sexueller Belästigung, die an einem spezifischen Standort gemeldet werden. Die interne Meldestelle der *Stahlwerk AG* nimmt den Fall entgegen und stellt eine Zuständigkeit innerhalb der *Tochter GmbH* fest. Die E-Mail mit dem Sachverhalt der hinweisgebenden Person, aber auch der Informationen zu den betroffenen Personen im E-Mail-Verlauf wird an den Personalreferenten zur Prüfung weitergeleitet. Dieser ist auf Informationen seines Regionalleiters angewiesen und leitet die E-Mail mit Bitte um Bearbeitung weiter. Der Regionalleiter benötigt nochmals spezifische Informationen zum *Werk III* der *Tochter GmbH* und erfragt diese über seinen Standortleiter.

Die Herausforderung: Man erkennt, dass die, durchaus erforderliche, Kaskadierung über mehrere Hierarchieebenen vier verschiedene Personen involvierte, die alle Informationen über den Fall erhalten, obwohl nur der Personalreferent am Ende der Kette tatsächlich mit der Bearbeitung beauftragt ist. Diese Praxis kann die Vertraulichkeit der betroffenen Personen und den Schutz der sensiblen Daten gefährden, da unnötig viele Personen Zugang zu den Informationen erhalten, die nur der finale Bearbeiter benötigen sollte.

Die vorsätzliche oder leichtfertige Verletzung der Vertraulichkeit, hier durch entsprechendes Weiterleiten von E-Mails, kann nach § 40 Abs. 3 HinSchG mit einem Bußgeld bis 100.000 EUR belegt werden.

3.4.4 Ombudspersonen

Zur Annahme und Qualifizierung von Meldungen können Meldekanäle durch externe Dritte betrieben werden. Unternehmen können hierzu einen Vertrauensanwalt beauftragen – die sogenannte Ombudsperson oder auch Ombudsmann, Ombudsfrau.

Das Wort „Ombudsmann" leitet sich ab von dem altnordischen Begriff „umbodhsmadhr", was „Bevollmächtigter" oder „Beauftragter" bedeutet.[2]

1) Vgl. *Paal/Nikol*, Zur Identifizierung von hinweisgebenden Personen im Spannungsfeld von Hinweisgeberschutzgesetz, Whistleblowing-Richtlinie und Datenschutz-Grundverordnung, CB 2022, 469.

2) Vgl. The American Heritage dictionary of the English language. (2022), *https://www.ahdictionary.com/word/search.html?q=ombudsman* (abgerufen am 13.6.2024).

Im ursprünglichen Sinne diente der Ombudsmann einer außergerichtlichen Schlichtung zwischen zwei Parteien. In Bezug auf den Meldekanal dient die Ombudsperson jedoch nicht der Schlichtung, sondern der Untersuchung und Aufklärung von Missständen. Dabei gelten für die externen Dritten die identischen Kriterien wie für einen internen Meldestellenbeauftragten – siehe Kapitel 2.5.1.

Ombudspersonen bringen i. d.R. Kompetenzen und Erfahrung mit, welche sie fachlich für die Übernahme der Tätigkeiten qualifizieren. Idealerweise besteht kein weiteres Mandatsverhältnis zum Auftraggeber und keine wirtschaftliche Abhängigkeit vom Mandat.[1)]

Die Ombudsperson stellt für sich allein keinen Meldekanal dar und ist immer in Kombination mit anderen Medien zu verstehen. In der Praxis finden sich folgende Angebote von Ombudspersonen zur Kontaktaufnahme durch die hinweisgebende Person:

- Per Post
- Per Telefon
- Per E-Mail
- Per webbasiertem Hinweisgebersystem
- Selten auch Messenger-Dienste

Die Verfügbarkeit hängt von dem jeweiligen Medium, wie in diesem Kapitel erläutert, ab. Naturgemäß sind auch die angebotenen Sprachen begrenzt und erfordern bei Organisationen mit internationalen Standorten Alternativen.[2)] Die Akzeptanz einer Ombudsperson durch die hinweisgebende Person hängt stark von dem transportierten Vertrauen ab, welches die hinweisgebende Person in diesen Meldekanal entwickelt. Für bestimmte Sachverhalte oder Personengruppen kann die Ombudsperson als alleiniger Meldekanalabschreckend wirken, für andere erscheint sie geeigneter.[3)] Es sei betont, die Ombudsperson handelt primär im Auftrag der ihn beauftragenden Organisation und es besteht kein mandatsähnliches Vertrauensverhältnis zur hinweisgebenden Person.[4)] Um die Anonymität der hinweisgebenden Person zu schützen, kann vereinbart werden, dass die Ombudsperson auf Grundlage der anwaltlichen Verschwiegenheitspflicht nicht verpflichtet ist, die Identität der hinweisgebenden Person gegenüber dem Auftraggeber offenzulegen.[5)]

1) Vgl. *Bürkle/Hauschka/Schieffer*, Compliance-Officer, § 9. Zusammenarbeit mit Ombudsleuten und Whistleblower-Systemen, Rn. 70.

2) Vgl. *Moosmayer/Hartwig*, Untersuchungen, L. Der Rechtsanwalt im internen Untersuchungsprozess, Rn. 15.

3) Vgl. *Bürkle/Hauschka/Schieffer*, Compliance-Officer, § 9. Zusammenarbeit mit Ombudsleuten und Whistleblower-Systeme, Rn. 71; *Moosmayer/Hartwig*, Untersuchungen, L. Der Rechtsanwalt im internen Untersuchungsprozess Rn. 14, Rn. 15; *Moosmayer*, Compliance, Rn. 195.

4) Vgl. LG Bochum Beschl. v. 16.3.2016 – 6 Qs 1/16.

5) Vgl. *Feger*, CB 2022, S. 190.

3.4.5 Physische Zusammenkunft

Die physische Zusammenkunft ermöglicht es hinweisgebenden Personen, ihre Bedenken oder Missstände direkt und persönlich einer für die Entgegennahme einer Meldung zuständigen Person der internen Meldestelle vorzutragen. Die physische Zusammenkunft kann nach Vereinbarung oder auch im Rahmen fester Gesprächszeiten der internen Meldestelle erfolgen.

In einer physischen Zusammenkunft ist eine aktive Gesprächsführung möglich – hinweisgebende Personen können detaillierte Fragen stellen und direkt auf Rückfragen antworten. Dies ermöglicht eine tiefe Erörterung der Problematik und reduziert das Risiko von Missverständnissen, die in schriftlichen oder digitalen Meldungen auftreten können. Als besonders wesentlich stellt sich der Meldekanal in Umgebungen dar, in denen persönlicher Kontakt und direkte Interaktion kulturell verankert sind, oder in Unternehmen mit einer starken Speak-up- oder Vertrauenskultur – siehe Kapitel 4.4.[1] Voraussetzung ist, dass hinweisgebende Personen das Vertrauen gewinnen oder Hemmungen überwinden, um in einen direkten Austausch zu gehen.

Die Organisation und Durchführung physischer Treffen erfordern mehr Zeit und personelle Ressourcen als andere Meldekanäle. Insbesondere stellt die Bereitstellung des qualifizierten Personals zur Durchführung (kurzfristiger) physischer Zusammenkünfte die größte Herausforderung in großen oder standortreichen Unternehmen dar.[2]

Auch sind Vorkehrungen zu treffen, dass die Zusammenkunft mit der hinweisgebenden Person im Einklang mit dem Vertraulichkeitsgebot steht, ggf. sind neutrale Orte zur Zusammenkunft zu wählen.[3] Daher erfordern physische Zusammenkünfte auch sorgfältige Planung und Ressourcen (insb. bei erforderlichen Reisetätigkeiten), um ihre Effektivität und Vertraulichkeit zu gewährleisten. Unternehmen sollten die Nutzung der physischen Zusammenkunft als Meldekanal im Rahmen ihrer Strategie um die Ausgestaltung des Hinweisgebersystems sorgfältig abwägen und an die spezifischen Bedürfnisse und die Kultur ihrer Organisation anpassen.

3.4.6 Messenger-Dienste

Die Nutzung von Messenger-Diensten, wie WhatsApp, Threema oder Signal, als Meldekanal für hinweisgebende Personen eröffnen auf Basis einer breiten Akzeptanz und einfachen Bedienung, die Zugänglichkeit und Nutzungshäufigkeit zu steigern. Messenger-Dienste ermöglichen eine schnelle und unkomplizierte Kommunikation und erlauben die Anreicherung bspw. mit Dokumenten, Sprachnachrichten oder Fotos. Genannte Dienste erlauben auch eine Echtzeitkommunikation, welche bei besonders dringendem Kommunikationsbedürfnis einen Vorteil darstellt. Bei der oftmals genutzten End-

1) Vgl. CB 2023, 289 und zur Speak-up-Kultur und Integrität: CB 2020, 322.

2) Vgl. BT-Drs. 20/3442, S. 82; BT-Drs. 20/5992, S. 67.

3) Vgl. *Thüsing HinSchG/Fischbach*, 1. Aufl. 2024, HinSchG § 16 Rn. 17.

to-End-Verschlüsselung werden Nachrichten vom Zeitpunkt ihres Versands bis zu ihrem Empfang verschlüsselt, sodass während der gesamten Übertragung weder der Dienstanbieter noch andere Dritte die Inhalte lesen können.

Übliche Risiken hingegen bestehen in Bezug auf den Datenschutz und die Datensicherheit, da vertrauliche Informationen möglicherweise in unsicheren Netzwerken übertragen werden könnten. Es ist unerlässlich, dass Unternehmen sicherstellen, dass diese Kanäle den strengen Datenschutzanforderungen entsprechen, und dass sie geeignete Sicherheitsmaßnahmen ergreifen, um die Vertraulichkeit der Meldungen zu gewährleisten. Die interne Meldestelle muss bei der Nutzung von Messenger-Diensten sicherstellen, das die geschaffenen Kanäle in Einklang mit den Erfordernissen des HinSchG und den prozessualen Abläufen gebracht werden, genannt sei hier exemplarisch die Weiterleitung des Sachverhalts an Zuständige, Umsetzung von Löschkonzepten oder die Dokumentation.

3.4.7 Kollaborationssoftware

Die Integration eines Meldekanals, bspw. eines etablierten digitalen Hinweisgebersystems, in eine Kollaborationssoftware, wie Microsoft Teams, Slack, Google Workplace, profitiert davon, dass diese Lösungen oftmals ein fester Bestandteil der Unternehmenskommunikation darstellen und reibungslos in den bestehenden Betriebsablauf eingebettet sind. Hierdurch ist die Meldung eines Verstoßes ohne Systembruch sehr niederschwellig möglich. Analog zu den Messenger-Diensten erlaubt die Kollaborationssoftware eine Echtzeit-Kommunikation. Unternehmen sollten klare Richtlinien und Prozesse definieren, wie Meldungen über die Kollaborationssoftware gehandhabt werden. Diese Richtlinien sollten den Schutz der hinweisgebenden Person, die Vertraulichkeit der Informationen und die Verantwortlichkeiten der Empfänger adressieren und technisch auch sichergestellt werden.

Kollaborationssoftware, z. B. in Form eines Microsoft Teams-Kanal, selbst ist nicht als Meldekanal geeignet, da technisch-organisatorische Anforderungen mit Blick auf das HinSchG nur schwer umzusetzen sind. Hier seien nur Sicherstellung der Vertraulichkeit, Zugriffskontrolle oder Datenschutz genannt – siehe Kapitel 4.2 und Kapitel 4.3.

3.4.8 Videokonferenz

Als eine Form der persönlichen Kontaktaufnahme steht die Videokonferenz zur Verfügung. Die Bezeichnung „Videokonferenz" ist irreführend, diese leitet sich aus der eingesetzten Softwarekategorie ab, zu der Zoom, Microsoft Teams, Google Meet zählen. Im Wesentlichen geht es darum, Videoanrufe mittels VoIP zwischen hinweisgebenden Personen und interner Meldestelle zu realisieren. Ein elementarer Vorteil ist die Möglichkeit, Personen zeit- und ressourcenschonend, ungeachtet ihres derzeitigen Aufenthaltsorts digital zusammenzubringen. Gegenüber dem klassischen Telefon steht auch eine nonverbale Ebene in der Kommunikation zur Verfügung, welche einige Möglichkeiten in der direkten Gesprächsführung mit sich bringt und auch den Aufbau einer Beziehung zum Gesprächspartner fördern kann.[1] Als potenzielle Nutzungsbarrieren können sich die technischen Anforderungen an den Einsatz der Videokonferenz-Lösung, wie Zugang zur benötigten Software oder Bandbreite, darstellen.

3.4.9 Digitale Hinweisgebersysteme

Ein digitales Hinweisgebersystem ist eine internetbasierte Software, die es hinweisgebenden Personen ermöglicht, Meldungen zu erstellen und wahlweise einen geschützten Dialog mit den Verantwortlichen der internen Meldestelle zu führen. In der Regel können digitale Hinweisgebersysteme sowohl im Browser als auch auf Mobilgeräten genutzt werden. Dabei kann auch auf die Hardware des Mobilgeräts zugegriffen werden, um die Verdachtsmeldung mit aufgezeichneten Sprachnachrichten, Foto- oder Videodateianhängen anzureichern. Nach Abgabe der initialen Meldung kann die hinweisgebende Person über ein passwortgeschütztes Postfach mit der internen Meldestelle im Austausch bleiben.

Die Anmeldung für die hinweisgebende Personen erfolgt dazu direkt auf der Weboberfläche des Hinweisgebersystems mit einer Identifikationsnummer und Passwort, um bspw. Rückfragen zu beantworten, Informationen einzuholen oder Dokumente auszutauschen.

Ein wesentlicher Vorteil digitaler Hinweisgebersysteme ist, dass die Hinweise in einer separaten, verschlüsselten Plattform liegen und nur die autorisierten Personen der internen Meldestelle Zugriff auf dieses Hinweisgebersystem haben. Erfahrungsgemäß kommen die Systeme ohne zusätzliche Administration seitens der IT aus.[2] Weiterhin erlauben digitale Hinweisgebersysteme die Abgabe von Meldungen in unterschiedlichen Sprachen oder zu unterschiedlichen Themen, mit separaten Fragen und Nutzerführung. Hierzu können Inhalte modifiziert werden, um eine organisationsspezifische Zielgruppenansprache oder explizite Themenbereiche der Organisation abzudecken.

Digitale Hinweisgebersysteme sind hoch verfügbar und weltweit erreichbar, sofern ein störungsfreier Internetzugriff möglich ist. Mittels Schnittstellen können arbeitserleichternde Services eingebunden werden, welche bspw. die Übersetzung eingehender Meldungen oder die Verschriftlichung von Sprachnachrichten vornehmen. Hierdurch werden Risiken der Nutzung unautorisierter Software, wie z. B. Online-Übersetzer, vermieden und ein schneller, unkomplizierter Dialog der Untersuchung des gemeldeten Sachverhalts erleichert. Die Hinweise und begleitenden Untersuchungsinformationen sind

1) Vgl. DICO – Deutsches Institut für Compliance e. V. (2024): A21 – Interne Untersuchungen, S. 31.

2) Digitale Hinweisgebersysteme sind im Rahmen einer Beschaffung auf zertifizierte und gesetzeskonformer Rechenzentren, sowie Nachweise hinsichtlich der Informationssicherheit zu prüfen. Ebenso sind die Möglichkeiten des Berechtigungskonzepts im Hinweisgebersystem mit den eigenen organisationsspezifischen Anforderungen abzugleichen.

i. d. R. revisionssicher in den Systemdatenbanken abgelegt und durch interne oder externe Stellen auditierbar, um die Einhaltung des Datenschutzes, der Sicherheitsanforderungen oder den Schutz gegen Penetration zu prüfen. Digitale Hinweisgebersysteme erfordern für die Abgabe und Bearbeitung von Meldungen lediglich Zugang zum Internet, was nur in wenigen Regionen der Welt noch ein tatsächliches Problem darstellt. Digitale Hinweisgebersysteme besitzen auch Nachteile. Da die Systeme ganze Workflows abbilden können, erzeugen sie bei der Beschaffung und Einrichtung für Organisationen einen höheren Aufwand als die bereits genannten Meldekanäle – der Funktionsumfang geht aber auch über einen reinen Meldekanal hinaus.

Darüber hinaus fehlt einem rein digitalen System die menschliche Komponente und Beratungsbedarf kann nur durch einrahmende Informationen gedeckt werden.[1)] Das HinSchG und die EU-WBRL haben dafür gesorgt, dass der internationale Markt der Anbieter für digitale Hinweisgebersysteme sprunghaft gewachsen ist und nicht immer Standards in der Informationssicherheit und datenschutzrechtliche Vorgaben erfüllt werden.[2)]

Praxistipp:

Um diese Standards bei der Suche nach einem digitalen Hinweisgebersystem zu gewährleisten, empfiehlt es sich, einen Fragebogen an die möglichen Anbieter zu versenden. Eine beispielhafte Ausschreibungunterlage finden Sie im Anhang dieses Buches.

Exkurs Barrierefreiheit:

Das Barrierefreiheitsstärkungsgesetz (BFSG) setzt die Richtlinie (EU) 2019/882 des Europäischen Parlaments über die Barrierefreiheitsanforderungen für Produkte und Dienstleistungen in nationales Recht um.[3)] Offen ist, wie sich Bestimmungen zur Barrierefreiheit, auch im Kontext der niederschwelligen Zugänglichkeit nach i. S. d. LkSG und HinSchG, auf die Ausgestaltung von digitalen Hinweisgebersystemen langfristig auswirken werden. Neben dem BFSG enthalten auch das Behindertengleichstellungsgesetz von 2002 sowie die Barrierefreie-Informationstechnik-Verordnung (BITV 2.0) Bestimmungen zur Barrierefreiheit. In der Praxis existieren bereits Nachfrage und Angebote zu digitalen Hinweisgebersystemen, welche Aspekte wie Kontrastschwäche zwischen Text und Hintergrund, alternative Bildbeschriftungen, Einsatz von Screenreadern oder alternative Navigationselemente berücksichtigen.[4)] Orientierung bietet eine Zertifizierung nach den Web Content Accessibility Guidelines, bspw. im Standard WCAG 2.1, welche einen abgestuften Anforde-

1) Vgl. *Bürkle/Hauschka/Schieffer*, Compliance-Officer, § 9. Zusammenarbeit mit Ombudsleuten und Whistleblower-Systemen, Rn. 110.

2) Vgl. *Hauschka/Moosmayer/Lösler*, Corporate Compliance, 2. Abschnitt. Grundelemente eines Compliance-Systems 6. Kapitel. Compliance-Kommunikation § 42. Ombudsmann und Hinweisgebersysteme, Rn. 115, für eine erste Orientierung der Anforderungen zur Auswahl eines digitalen Hinweisgebersystems.

3) Die Richtlinie (EU) 2019/882 wird auch als European Accessibility Act, kurz: EAA bezeichnet.

4) Vgl. BKR 2023, 293 und ESG 2023, 326.

rungskatalog für Webseiten und digitale Produkte einer Zertifizierung zugrunde legen.[1)]

3.4.10 Case Management

Die Bearbeitung der über die Meldekanälen eingereichten Hinweise erfolgt durch die interne Meldestelle, welche dabei den Verfahrensablauf nach HinSchG sicherstellen muss, siehe Kapitel 5.1, und entsprechende Folgemaßnahmen umsetzen muss, siehe Kapitel 6.

Zu den Grundüberlegungen zählt, wie die eingerichteten Meldekanäle die Bearbeitung und Verwaltung eingehender Hinweise sicherstellen. Hierzu kann ein sogenanntes Case Management genutzt werden, in dem sich ein strukturierter Prozess zur zentralen und effizienten Erfassung, Bearbeitung und Auswertung von Compliance-Verstößen darstellen lässt. Es unterstützt ebenfalls die Dokumentation der Untersuchung und Folgemaßnahmen und die Erstellung von Berichten und Statistiken.[2)] Ein Hinweisgebersystem besteht folglich aus einem oder mehreren Meldekanälen zur Entgegennahme von Hinweisen und der Hinweisgeberkommunikation, sowie einem Case Management für die Fallbearbeitung- und Verwaltung.[3)] Die Bearbeitung und Kommunikation bei Hinweisen in Fremdsprachen werden durch systemunterstützte Übersetzungen, für Schrift und Ton, erheblich erleichtert. Fortschrittliche Systeme erlauben die effiziente Überführung von eingehenden Meldungen aus verschiedenen Kommunikationskanälen, wie in diesem Kapitel erläutert, in einen strukturierten und standardisierten Verfahrensablauf. Dies trägt entscheidend dazu bei, die Integrität und Effizienz des Hinweisgeberprozesses aufrechtzuerhalten und sicherzustellen, dass alle Hinweise unabhängig von ihrer Herkunft schnell und präzise bearbeitet werden können. Das Case Management muss unter Maßgabe des Vertraulichkeitsgebots erfolgen und ein Need-to-know-Prinzip kann durch Begrenzung des involvierten Personenkreises aufseiten der internen Meldestelle erfolgen, welches sich in einem Case Management durch ein entsprechendes Rechte- oder Rollenkonzept realisieren lässt.[4)] Ein Case Management erlaubt auch die Einbindung von internen Personen/-gruppen, welche fallspezifisch involviert werden müssen, oder Externen wie Ombudspersonen.[5)]

Ausblick:

Auch kleine und mittlere Unternehmen profitieren von den Automatisierungsmöglichkeiten und der revisionssicheren Dokumentation, um Anstrengungen in der Compliance messbar zu gestalten, darzulegen und auch zu rechtfertigen. Durch die

---

1) Abrufbar unter *https://www.w3.org/TR/WCAG21/*.

2) Vgl. *Bürkle/Hauschka/Schieffer*, Compliance-Officer, § 9. Zusammenarbeit mit Ombudsleuten und Whistleblower-Systemen, Rn. 107.

3) Die einschlägige Fachliteratur liefert keine einheitliche Definition der Bestandteile eines Hinweisgebersystems.

4) Vgl. *Thüsing HinSchG/Lüneborg*, 1. Aufl. 2024, HinSchG § 7 Rn. 24.

5) Vgl. *Bürkle/Hauschka/Schieffer*, Compliance-Officer, § 9. Zusammenarbeit mit Ombudsleuten und Whistleblower-Systemen, Rn. 104.

erwartbaren ansteigenden Anforderungen an Meldestellen und Beschwerdeverfahren werden auch die Anforderungen an ein Case Management in den kommenden Jahren zwangsläufig steigen. Weitere Regelungen und gesetzliche Erfordernisse werden es erforderlich machen, dass ein zukunftsfähiges Hinweisgebersystem unterschiedlichste Rechtsverstöße konform getrennt behandeln kann. Wohingegen ein Case Management multiple Teams in einem System abbilden und eine Multimandantenfähigkeit aufweisen muss, um bspw. mehrere Gesellschaften auf einer Software abzubilden.

Exkurs: Künstliche Intelligenz im Hinweisgebersystem

Durch den Einsatz von Künstlicher Intelligenz in Hinweisgebersystemen können eingehende Hinweise automatisch analysiert, kategorisiert und priorisiert werden. Fortschrittliche Systeme können bereits jetzt Inhalte einer Meldung auf Muster und Schlüsselbegriffe untersuchen, wodurch themenspezifische Fälle erkannt und an die zuständigen Bearbeiter zugewiesen werden. Dies beschleunigt nicht nur den Bearbeitungsprozess und Reaktionszeiten, sondern stellt auch sicher, dass dringende und kritische Meldungen bei einem hohen Meldungsaufkommen bevorzugt behandelt werden.

Der perspektivische Einsatz von KI zur Auswertung von Dateien und großen Datenmengen, welche durch die hinweisgebenden Personen übermittelt wurden, lehnt sich an Mechanismen der eDiscovery an – siehe hierzu Kapitel 6. Erkenntnisse aus der Identifikation von Mustern und Trends können entsprechend in die Risikoprävention überführt werden, bspw. zur Minimierung häufiger Ursachen für Verstöße oder Beschwerden. Ebenfalls können gemeldete Sachverhalte in eine Risikobewertung überführt werden, auf Basis unternehmensinterner Risikomodelle.

Um Meldungen bereits im Vorfeld richtig zu kanalisieren, kann KI im Meldeprozess die hinweisgebenden Personen auch durch Chatbots und virtuelle Assistenzen unterstützen, Orientierungshilfen bieten und Falschmeldungen reduzieren. Auch der prädiktive Einsatz von KI zur Prognostizierung von Risiken und Verstößen kann künftig zu einer Verbesserung der Compliance-Strategie führen. Die Grundlage für den erfolgreichen Einsatz von KI in Compliance-Systemen werden sicherlich vernetze Systeme bilden, um erzeugte oder vorliegende Daten zu aggregieren und auswertbar zu gestalten.

3.5 Umgang mit informellen Meldekanälen

In der Praxis werden viele Hinweise direkt an Führungskräfte oder Geschäftsführungen sowie Vorstände adressiert, obwohl die einschlägigen Meldekanäle eindeutig benannt und gut an potenzielle hinweisgebende Personen kommuniziert worden sind. Der *Whistleblowing Report 2021* zeigt, dass sich potenzielle hinweisgebende Personen eher an die vertrauten Meldewege, wie ihre Führungskraft oder den Betriebsrat, werden.[1)]

1) Vgl. Whistleblowing Report 2021, FH Graubünden und EQS Group.

Vor diesem Hintergrund ist es essenziell, die vorausgenannte Zielgruppe bei der Kommunikation der einschlägigen Meldekanäle der internen Meldestelle einzubinden. Dies kann in Form einer Informationsveranstaltung, wie Town Hall Meeting oder Führungskräfteversammlung, erfolgen. Außerdem ist darauf hinzuweisen, dass eine hinweisgebende Person keinen Schutz nach HinSchG erhält, wenn sie sich nicht an die einschlägigen Meldekanäle der internen oder externen Meldestelle wendet. Das ist auch der Fall, wenn keine interne Meldestelle beim Beschäftigungsgeber eingerichtet wurde. Zuletzt hat das Arbeitsgericht Hamm (*16.2.24, 2 Ca 1229/23, Abruf-Nr. 241011*) dies so entschieden.

Hintergründe zur Entscheidung des Arbeitsgerichts Hamm (*16.2.24, 2 Ca 1229/23, Abruf-Nr. 241011*): Ein Krankenpfleger klagt gegen seinen Beschäftigungsgeber. Mit seiner Klage wollte er u. a. eine Forderung von Schadensersatz gem. § 37 HinSchG i. H. v. 44.500 EUR gegen den Krankenhausträger durchsetzen. Der Kläger hatte zuvor eine Verlängerung seines befristeten Arbeitsvertrags bis zum Erreichen des 70. Lebensjahres beantragt, der Beschäftigungsgeber hatte den Antrag abgelehnt.

Der Krankenpfleger war der Auffassung, die Absage sei ausschließlich deshalb erfolgt, weil er anlässlich eines Personalgesprächs auf Missstände im Klinikum (Verhalten eines Kollegen gegenüber einem Patienten) hingewiesen habe. In einem weiteren Personalgespräch habe man ihn daraufhin als „unkollegial" bezeichnet. In einem dritten Personalgespräch habe er ein Abordnungsschreiben und die Mitteilung erhalten, man werde das Arbeitsverhältnis nicht erneut verlängern.

4. Konzeptionelle Überlegungen zum Meldeprozess

4.1 Anonymität als Meldeoption

§ 16 Abs. 1 HinSchG sieht vor, dass die interne Meldestelle auch anonym eingehende Meldungen bearbeiten sollte. Es besteht allerdings keine Verpflichtung, die Meldekanäle so zu gestalten, dass sie die Abgabe anonymer Meldungen ermöglichen.

Der Umgang mit anonymen Hinweisen scheint immer noch auf große Vorbehalte zu stoßen. Insbesondere unterstellt man oft den anonymen hinweisgebenden Personen, dass sie nur andere anschwärzen wollen, was sich empirisch jedoch nicht feststellen lässt.[1] Der Grund für die Abgabe von anonymen Hinweisen dürfte eher mangelndes Vertrauen in die Unparteilichkeit der Meldekanäle oder die Angst vor Repressalien sein.[2] Daher überlässt die WBRL den Mitgliedstaaten, wie sie mit solchen Hinweisen umgehen bzw. welche Auflagen sie den internen und externen Meldestellen im Umgang mit solchen Hinweisen machen wollen (Art. 6 Abs. 2 WBRL).

Durch die Intervention des Rechtsausschusses werden heute anonyme genauso wie nicht anonyme Hinweise behandelt (§ 16 Abs. 1 S. 4-6 HinSchG). Andere Gesetze, wie das LkSG und die Corporate Sustainability Due Diligence Directive (CSDDD), die ebenfalls eine Einrichtung eines Meldekanals erforderlich machen, schweigen sich zu der Behandlung von anonymen Hinweisen aus. Die Handreichung des BAFA zum sog. „Beschwerdeverfahren nach dem LkSG" empfiehlt aber, eine anonyme Nutzung des Hinweisgebersystems zu ermöglichen.[3]

Für die Bearbeitung anonymer Hinweise durch die interne Meldestelle bleibt zu berücksichtigen, dass ggf. die Möglichkeiten zur Prüfung des Anwendungsbereichs des HinSchG, insbesondere das Kriterium „Zusammenhang mit ihrer beruflichen Tätigkeit" und Sachverhaltsaufklärung eingeschränkt sein können. So kann es schwierig sein, nachzuvollziehen, ob die anonyme Person in „Zusammenhang mit seiner beruflichen Tätigkeit" Kenntnis von dem Verstoß erlangt hat und somit eine hinweisgebende Person nach § 1 Abs. 1 HinSchG ist.[4] Unbeschadet dessen lässt sich aus den Regelungen des HinSchG ableiten, dass anonyme hinweisgebende Personen auch dann den

---

1) Vgl. *Hauser/Bretti-Rainalter/Blumer*, Whistleblowing Report 2021, S. 11, *https://www.integrityline.com/de/knowhow/white-paper/whistleblowing-report/*.

2) Vgl. *Colneric/Gerdemann*, Die Umsetzung der Whistleblower-Richtlinie in deutsches Recht, 2020, S. 136.

3) Vgl. BAFA, Handreichung „Beschwerdeverfahren nach dem Lieferkettensorgfaltspflichtengesetz", 10.2022, S. 9, *https://www.bafa.de/SharedDocs/Downloads/DE/Lieferketten/handreichung_beschwerdeverfahren.html*; vgl. auch *Hauser/Stühlinger*, CB 2018, 443 (447).

4) Vgl. *Thüsing/Musiol/Peisker*, ZGI 2023, 63, 64.

Schutz nach HinSchG genießen, wenn ihre zunächst verdeckte Identität im Nachhinein bekannt wird und die übrigen Voraussetzungen vorliegen.[1)]

4.2 Vertraulichkeitsgebot

Das in §8 HinSchG statuierte Vertraulichkeitsgebot ist nicht mit der Anonymität gleichzusetzen. Es bestimmt die Pflicht der internen Meldestellen zur umfassenden Wahrung der Vertraulichkeit der Identität sowohl der hinweisgebenden Personen als auch der weiteren von einer Meldung betroffenen Personen und bildet somit ein Kernelement des HinSchG.

Das Vertraulichkeitsgebot erstreckt sich nicht allein auf den Schutz der Identität der hinweisgebenden Personen, sondern auch auf alle weiteren von einer Meldung betroffenen Personen wie diejenigen, die Gegenstand der Meldung sind, und die sonstigen in einer Meldung genannten Personen.

4.2.1 Schutz der Vertraulichkeit der hinweisgebenden Person

Die interne Meldestelle ist dazu verpflichtet, die Identität der hinweisgebenden Person vertraulich zu behandeln. Dies gilt, wenn die gemeldeten Informationen Verstöße betreffen, die in den Anwendungsbereich des HinSchG fallen. Auch wenn die hinweisgebende Person zum Zeitpunkt der Meldung nur glaubte, dass dies der Fall ist, muss die Vertraulichkeit gewahrt bleiben.

Die Meldung darf keine der von §5 Abs. 1 HinSchG erfassten Informationen zum Gegenstand haben und ihr darf auch keine der in §5 Abs. 2 HinSchG genannten Pflichten zur Geheimhaltung von Informationen entgegenstehen. Die Identität einer hinweisgebenden Person, die mit ihrer Meldung etwa gegen ihre ärztliche oder anwaltliche Verschwiegenheitspflicht verstoßen würde, wäre somit z. B. nicht geschützt; jedenfalls nicht nach dem HinSchG.

In der Praxis gestaltet sich die Prüfung der genannten Voraussetzungen als besonders schwierig, insbesondere die Frage, ob die hinweisgebende Person einen hinreichenden Grund zur Annahme der Anwendbarkeit des HinSchG hatte, wenn festgestellt wird, dass dies nach §2 oder §5 tatsächlich nicht der Fall ist. Es empfiehlt sich daher, bis zum Abschluss dieser Prüfung von einer Pflicht zur Wahrung des Vertraulichkeitsgebotes auszugehen. Würde eine hinweisgebende Person erst dann geschützt, wenn das Vorliegen aller Voraussetzungen geklärt und bestätigt ist, entstünde eine Lücke, die dem Zweck des Vertraulichkeitsgebotes deutlich zuwiderlaufen würde. Hinsichtlich der drohenden Sanktionen bei einem Verstoß gegen das Vertraulichkeitsgebot sollte von seiner Nichtanwendbarkeit nur dann ausgegangen werden, wenn der zu beurteilende Sachverhalt klar erkennen lässt, dass dessen Voraussetzungen nicht gegeben sind.

1) Vgl. BT-Drs. 20/3442, S. 81.

Liegen die genannten Voraussetzungen vor, ist von der internen Meldestelle nicht nur die Vertraulichkeit der unmittelbaren Identität der hinweisgebenden Person zu wahren, sondern sind auch alle weiteren Informationen zu schützen, die Rückschlüsse auf die Identität der hinweisgebenden Person erlauben würden.[1] Diese Gefahr ist in der Praxis nicht zu unterschätzen. Dies gilt insbesondere in den Fällen, in denen nur sehr wenige Personen Kenntnis von den konkreten Umständen haben können, die einer Meldung zugrunde liegen. Der Kreis der hiernach vertraulich zu behandelnden Informationen ist anhand der konkreten Umstände im Einzelfall zu bestimmen und im Zweifel eher weit zu fassen.

4.2.2 Schutz der Vertraulichkeit der von einer Meldung betroffenen Personen

Zu den weiteren Personen, deren Identitäten von den Meldestellen zu schützen sind, zählen gem. § 8 Abs. 1 S. 1 Nr. 2 HinSchG diejenigen Personen, die Gegenstand einer Meldung sind, weil ihnen ein Fehlverhalten vorgeworfen wird. Außerdem ist gem. § 8 Abs. 1 S. 1 Nr. 3 HinSchG die Identität aller weiteren Personen zu schützen, die in der Meldung der hinweisgebenden Person aufgeführt werden. Dies gilt unabhängig davon, in welcher Rolle sie Gegenstand einer Meldung sind oder ob sie überhaupt in irgendeiner Form an dem gemeldeten Sachverhalt beteiligt sind. Dazu können etwa als mögliche Zeugen Kolleginnen oder Kollegen, Vorgesetzte oder auch Beschäftigungsgeber selbst, mithin auch juristische Personen gehören.[2]

Der Schutz dieser Personen ist an keine weiteren Voraussetzungen geknüpft. Insoweit genügt es, dass sie Gegenstand einer Meldung geworden sind.

4.2.3 Umgang mit dem Vertraulichkeitsgebot aus der Perspektive der internen Meldestelle

Um den Schutz der Vertraulichkeit der Identität der vorausgenannten Person zu gewährleisten, bestimmt das HinSchG, dass die Identität ausschließlich derjenigen Personen bekannt werden darf, die für die Entgegennahme der betreffenden Meldung (i. d. R. die interne Meldestelle) und für das Ergreifen von Folgemaßnahmen (vgl. Kapitel 6) zuständig sind. Letztgenannte Personengruppe, sog. Hilfskräfte, wird nicht zwangsläufig der internen Meldestelle angehören, sodass hierzu klare Regelungen zu den einzelnen Zuständigkeiten getroffen werden.

Praxistipp:

Verpflichten Sie jedes Teammitglied und auch die sog. Hilfskräfte (z. B. Büro- und IT-Kräfte) zur Vertraulichkeit und dokumentieren Sie dies.

1) Vgl. *Reufels/Soltysiak*, Das neue Whistleblowing-Recht, 1. Aufl . 2023, § 7 Rn. 7.
2) Vgl. BT-Drs. 20/3442, S. 74.

Vorschlag zur Vertraulichkeitsverpflichtung[1]:

„Damit ein Hinweisgeberschutzsystem wirksam und funktionstüchtig ist, ist es unerlässlich, dass nicht nur die Identität der hinweisgebenden Person, sondern auch die Identitäten aller von einer Meldung betroffenen Personen sowie auch alle anderen Informationen, aus denen die Identität dieser Personen abgeleitet werden kann, geschützt werden. Dies ist unabhängig vom Verfahrensstadium.

Ich wurde auf die gesetzlichen Vertraulichkeitsverpflichtungen hingewiesen, die mir hier gesondert als Auszug vorliegen. Ich bin darüber belehrt worden, dass Vertraulichkeitsverletzungen Bußgelder und Schadensersatzforderungen auslösen können."

Zu beachten gilt, dass die Offenlegung der Identität oder solcher Informationen, die Rückschlüsse auf die Identität der hinweisgebenden Person sowie in der Meldung genannten Personen zulassen, auch gegenüber den sog. Hilfskräften nur zulässig ist, soweit diese Informationen für die unterstützende Tätigkeit tatsächlich erforderlich ist.[2] Darüber hinaus ist auch auf die Einhaltung des ebenfalls aus dem IT-Sicherheitsrecht oder dem Datenschutzrecht bereits bekannten Need-to-know-Prinzips zu achten.

Praxistipp:

Zu den sog. Hilfskräften können nach h. M. auch Übersetzer gehören, wenn fremdsprachige Meldungen eingehen, wenn und soweit eine Übersetzung der Meldung ohne Kenntnis der Identität der in dieser genannten Personen oder der Informationen, die Rückschlüsse auf diese zulassen, nicht sinnvoll möglich ist.[3]

Die Vorgabe des § 8 HinSchG sind durch geeignete organisatorische Maßnahmen in Gestalt klarer Zuständigkeitsregelungen zu ergänzen, so sind hinreichende technische Maßnahmen wie z. B. entsprechende Rollen- und Berechtigungskonzepte, mit Blick auf genutzte IT-Infrastruktur zu implementieren.

Praxistipp:

In der Regel ist die IT-Abteilung nicht zuständig für das Entgegennehmen und die Aufklärung von Meldungen, sodass die IT-Abteilung von dem Inhalt etwaiger Meldungen abgeschirmt werden muss. Es empfiehlt sich daher, eine Vertraulichkeitsvereinbarung mit Ihrer IT-Abteilung abzuschließen, die eine Freigabe auf den E-Mail-Account sowie die Dokumentation der internen Meldestelle im Falle einer IT-Störung vorsieht.

---

1) Ein weiteres Muster für die Vertraulichkeitsvereinbarung ist im Anhang zu finden.

2) Vgl. BT-Drs. 20/3442, S. 74.

3) Weitergehende Informationen finden Sie hierzu unter: Die Stellungnahme des BDI zum damaligen HinSchG-E vom 22.9.2022, S. 7, *https://www.bundestag.de/resource/blob/916536/a9e205679986045081ac79ebb485efc8/Stellungnahme_Westphal_BV-der-Deutschen-Industrie.pdf* (zuletzt aufgerufen: 13.6.2024).

4.2.4 Ausnahmen vom Vertraulichkeitsgebot

§ 9 HinSchG sieht Ausnahmen vom Vertraulichkeitsgebot vor.

a. Fehlende Schutzwürdigkeit der hinweisgebenden Person, § 9 Abs. 1 HinSchG

Die Identität einer hinweisgebenden Person wird nicht geschützt, wenn sie vorsätzlich oder grob fahrlässig unrichtige Informationen über Verstöße meldet. Denn in diesem Fall ist die hinweisgebende Person von vornherein nicht schutzwürdig. Die Feststellung, ob einer Meldung unrichtige Informationen zugrunde lagen und ob die hinweisgebende Person insoweit vorsätzlich oder zumindest grob fahrlässig gehandelt hat, wird sich im Regelfall erst nach weiteren Untersuchungen der internen Meldestelle gesichert treffen lassen. Bis dahin muss die hinweisgebende Person als schutzwürdig gelten. In der Praxis bereitet die Frage Schwierigkeiten, ob die hinweisgebende Person grob oder lediglich einfach fahrlässig davon ausgegangen ist, dass die von ihr gemeldeten Informationen im Zeitpunkt der Meldung der Wahrheit entsprachen. Aufgrund der drohenden Sanktionen bei Verstößen gegen das Vertraulichkeitsgebot ist der internen Meldestelle anzuraten, wenn sich ein Sachverhalt als unzutreffend erweist, nur auf der Basis gründlicher und gut dokumentierter Erwägungen zur Annahme eines vorsätzlichen oder grob fahrlässigen Handelns der hinweisgebenden Person zu gelangen.

Kommt die interne Meldestelle zu dem Ergebnis, dass die hinweisgebende Person eine vorsätzliche oder fahrlässige Meldung abgegeben hat, so ist diese Person nicht schutzwürdig i. S. d. HinSchG. Das bedeutet jedoch nicht zwangsläufig, dass die Identität der hinweisgebenden Person weitergegeben werden darf. Denn auch in einem solchen Fall kann nicht von vornherein ausgeschlossen werden, dass etwa eine aus datenschutzrechtlicher Sicht anzustellende Interessenabwägung bei der Berufung auf Art. 6 Abs. 1 S. 1 lit. f DSGVO als Rechtsgrundlage für die Weitergabe zu einem anderen Ergebnis gelangt.

b. Weitergabe für Zwecke behördlicher Untersuchungen oder Gerichtsverfahren, § 9 Abs. 2 HinSchG

Informationen zur Identität der hinweisgebenden Person oder Informationen, die Rückschlüsse auf deren Identität zulassen, dürfen von der internen Meldestelle abweichend von dem Vertraulichkeitsgebot in § 8 HinSchG an Behörden oder ein Gericht weitergegeben werden. Hiervon erfasst ist die Weitergabe im Rahmen von Strafverfahren auf Verlangen der Strafverfolgungsbehörden, aufgrund einer behördlichen Anordnung in einem einer Meldung nachfolgenden Verwaltungsverfahren, einschließlich verwaltungsbehördlicher Bußgeldverfahren oder aufgrund einer gerichtlichen Anordnung. In diesen Fällen setzt die Weitergabe stets ein entsprechendes behördliches Verlangen oder eine entsprechende gerichtliche Anordnung voraus.

Die interne Meldestelle ist verpflichtet, die hinweisgebenden Personen über eine beabsichtigte Weitergabe von Informationen zu ihrer Person an eine Behörde oder ein Gericht im Vorhinein zu informieren. Die hinweisgebende Person soll so in die Lage versetzt werden, sich auf die Weitergabe und die damit möglicherweise verbundenen Folgen einstellen und sich ggf. auch beraten oder sonst unterstützen lassen zu können.[1] Die Vorabinformation muss gem. § 9 Abs. 2 S. 4 HinSchG schriftlich oder zumindest elektronisch erfolgen und auch die Gründe für die Weitergabe der Information zur Identität der hinweisgebenden Person enthalten. In vielen Fällen muss jedoch die Vorabinformation an die hinweisgebende Person unterbleiben, wenn die anfordernde Behörde oder das die Weitergabe anordnende Gericht der internen Meldestelle mitgeteilt hat, dass durch die Information die auf der Meldung beruhenden Ermittlungen, Untersuchungen oder Gerichtsverfahren gefährdet würden. Soweit eine solche Aufforderung von der betreffenden Behörde oder dem Gericht nicht bereits mit einer Begründung versehen ist, sollten die internen Meldestellen diese erfragen.

c. Weitergabe von Informationen zur hinweisgebenden Person für Folgemaßnahmen, § 9 Abs. 3 HinSchG

Informationen zur hinweisgebenden Person oder Informationen, die sonst Rückschlüsse auf deren Identität zulassen, dürfen nur dann weitergegeben werden, wenn dies für die Durchführung von Folgemaßnahmen erforderlich ist und die hinweisgebende Person zuvor in die Weitergabe eingewilligt hat. Beide Voraussetzungen müssen kumulativ vorliegen.

Bei der Frage nach der Erforderlichkeit der Weitergabe von Informationen zur hinweisgebenden Person kann auf die entsprechenden datenschutzrechtlichen Erwägungen zur Erforderlichkeit einer Datenverarbeitung zurückgegriffen werden. Danach gilt ein eher strenger Maßstab und ist eine Verarbeitung personenbezogener Daten nur dann erforderlich, wenn kein milderes, wirtschaftlich gleich effizientes Mittel zur Verfügung steht, mit dem der verfolgte legitime Zweck mit gleicher Sicherheit erreicht werden kann.[2] Ist somit für das Ergreifen einzelner Folgemaßnahmen die Kenntnis der Identität der hinweisgebenden Person oder die Kenntnis solcher Informationen, die Rückschlüsse auf diese zulassen, notwendig, kann die Weitergabe als hinreichend erforderlich angesehen werden.

Die hinweisgebende Person muss zudem vor einer Weitergabe wirksam in diese eingewilligt haben.[3] Da die Regelung des § 26 Abs. 2 BDSG in diesem Zusammenhang unberührt bleiben soll, gibt der Gesetzgeber damit zu erkennen, dass er mit der Einwilligung der hinweisgebenden Person eine Einwilligung im datenschutzrechtlichen Sinne vor Augen hatte. Das bedeutet somit, dass die Einwilligung der hinweisgebenden Person vollumfänglich den

1) Vgl. BT-Drs. 20/3442, S. 76.

2) Vgl. *Plath/Struck*, in: Plath, DSGVO/BDSG, 4. Aufl. 2023, Art. 6 DSGVO Rn. 64.

3) Vgl. Anlage: Muster Einwilligung.

Anforderungen des Art. 4 Nr. 11 und Art. 7 DSGVO an eine wirksame Einwilligung entsprechen muss. Danach ist eine Einwilligung nur wirksam, wenn sie freiwillig, für einen konkreten Fall und in Kenntnis der Sachlage (sog. informierte Einwilligung) unmissverständlich erteilt wird. Sie muss zudem jederzeit mit Wirkung für die Zukunft widerrufbar sein, worüber der Einwilligende ebenfalls im Vorhinein zu informieren ist.

Praxistipp:

Es ist ratsam, dass Folgemaßnahmen auch ohne eine solche Preisgabe der vorausgegangenen Informationen ergriffen werden. In der Regel ist es nicht notwendig, dass die Personen, die mit den Folgemaßnahmen betraut sind, die Identität der hinweisgebenden Person kennen.

d. Weitergabe von Informationen zu den betroffenen und sonstigen Personen, § 9 Abs. 4 HinSchG

Die Identität der betroffenen und sonstigen Personen unterliegt grundsätzlich keinem geringeren Schutz als die der hinweisgebenden Person.[1] Eine Weitergabe an die jeweils zuständigen Stellen kann mit Einwilligung der betroffenen oder sonstigen Personen erfolgen. Die Anforderungen an eine wirksame Einwilligung orientieren sich auch hier an den Vorgaben des Art. 4 Nr. 11 und Art. 7 DSGVO.

Auch ohne Einwilligung können Informationen zur Identität der von der Meldung betroffenen Person oder sonstiger Personen von internen Meldestellen weitergegeben werden, wenn und soweit dies im Rahmen von Folgemaßnahmen erforderlich ist.

Schließlich können Informationen zur Identität der von einer Meldung betroffenen und von sonstigen Personen ohne deren Einwilligung für Zwecke behördlicher Untersuchungen und Maßnahmen unter den gleichen Voraussetzungen weitergegeben werden. Die Vorschriften des § 9 Abs. 2 HinSchG finden hier analog Anwendung.

4.3 Datenschutzrechtliche Anforderungen

In nahezu allen Meldungen im Meldekanal ergibt sich ein Personenbezug. Dieser eröffnet somit den Anwendungsbereich des Datenschutzrechts mit all seinen Anforderungen und Verpflichtungen. § 10 HinSchG stellt eine Erlaubnisnorm dar, d. h. die Meldestellen sind befugt, personenbezogene Daten zu verarbeiten, soweit dies zur Erfüllung ihrer in den §§ 13 und 24 HinSchG bezeichneten Aufgaben erforderlich ist.

1) Vgl. BT-Drs. 20/3442, S. 76.

4.3.1 Datenflüsse im Meldeprozess

Die Datenerhebung umfasst Angaben über die betroffene Person, das (potenzielle) non-compliante Verhalten sowie die entsprechenden Sachverhalte. Sofern ein Meldeverfahren regelt, dass Meldungen anonym erfolgen können, werden, falls die hinweisgebenden Personen sich nicht selbst anders äußern, keine personenbezogenen Daten über sie erhoben. Andernfalls kommen personenbezogene Angaben, wie Name der meldenden Person, ihre Funktion und gegebenenfalls auch die Umstände ihrer Beobachtung, in Betracht.[1] Gleiches gilt auch für mögliche Zeugen. Im Laufe des Prozesses wird der zu ermittelnde Sachverhalt ggf. um weitere personenbezogene Daten angereichert. Dies geschieht, um u. a. Vorgehen und Entscheidung zu dokumentieren.

Von dem folgenden Datenfluss von personenbezogenen Daten ist im Rahmen des Hinweisgebermanagements auszugehen:

Abbildung 4: Datenflüsse im Meldeprozess [eigene Darstellung]

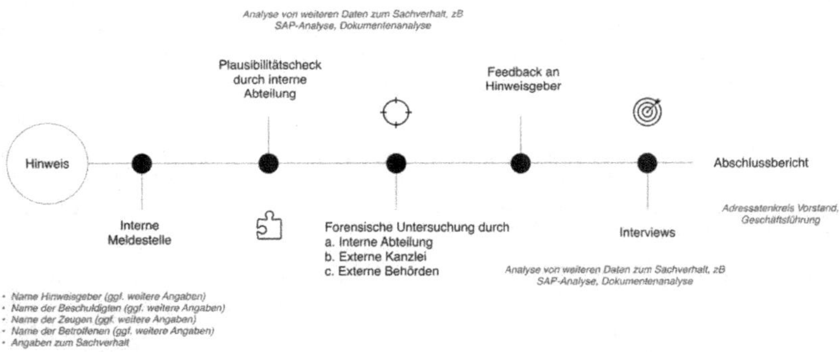

4.3.2 Rechtsgrundlagen zur Entgegennahme und Bearbeitung von Meldungen

Die Verarbeitung personenbezogener Daten im Rahmen eines Hinweisgebersystems ist nur rechtmäßig, wenn eine der Bedingungen gem. Art. 6 Abs. 1 DSGVO erfüllt ist. Personenbezogene Daten in Meldungen, die in den sachlichen Anwendungsbereich des HinSchG fallen, können gem. Art. 6 Abs. 1 lit. c DSGVO verarbeitet werden, weil dazu eine rechtliche Verpflichtung nach dem HinSchG besteht. In § 10 HinSchG hat der Gesetzgeber zudem explizit auch eine Datenverarbeitungsbefugnis geschaffen. Die Meldestellen sind befugt, personenbezogene Daten zu verarbeiten, soweit dies zur Erfüllung ihrer in den §§ 13 und 24 HinSchG bezeichneten Aufgaben erforderlich ist. Im Rechtsausschuss wurde zusätzlich ein S. 2 eingefügt, der abweichend von

1) Vgl. Datenschutzkonferenz, Orientierungshilfe der Datenschutzaufsichtsbehörden zu Whistleblowing-Hotlines: Firmeninterne Warnsysteme und Beschäftigtendatenschutz, S. 4. In: *https://www.datenschutzkonferenz-online.de/media/oh/20181114_oh_whistleblowing_hotlines.pdf*.

Art. 9 DSGVO auch die Verarbeitung von besonderen Kategorien personenbezogener Daten durch eine Meldestelle zulässt.[1)]

Unternehmen, die weniger als 50 Mitarbeiter haben und die nicht aufgrund anderweitiger gesetzlicher Pflichten ein Hinweisgebersystem einrichten müssen,[2)] können sich nicht darauf berufen, dass die Datenverarbeitung zur Erfüllung einer rechtlichen Verpflichtung erforderlich ist. Für diese oder auch Unternehmen, die andere Meldungen wie, z. B. zu Verstößen gegen ethische Grundsätze zulassen wollen, gibt es die Möglichkeit einer Interessenabwägung nach Art. 6 Abs. 1 S. 1 lit. f DSGVO.[3)] Die Verhütung von strafbarem und sonstigem Fehlverhalten kann grds. ein berechtigtes Interesse des datenverarbeitenden Unternehmens darstellen.[4)] Die Interessen oder Grundrechte und Grundfreiheiten der betroffenen Person dürfen aber nicht überwiegen. Dabei ist zu bedenken, dass die Persönlichkeitsinteressen der Person, die Gegenstand einer Meldung ist, durch den Vorwurf von Fehlverhalten erheblich beeinträchtigt werden und im Zeitpunkt der Meldung noch nicht feststeht, ob der Vorwurf berechtigt ist.

4.3.3 Datenschutzfolgeabschätzung gem. Art. 35 DSGVO

Hat eine Form der Verarbeitung, insbesondere bei Verwendung neuer Technologien, aufgrund der Art, des Umfangs, der Umstände und der Zwecke der Verarbeitung voraussichtlich ein hohes Risiko für die Rechte und Freiheiten natürlicher Personen zur Folge, ist von dem Verfahrensverantwortlichen vorab eine Abschätzung der Folgen der vorgesehenen Verarbeitungsvorgänge für den Schutz personenbezogener Daten durchzuführen (Datenschutzfolgenabschätzung nach Art. 35 Abs. 1 DSGVO).[5)] Die Meldungen können sensible Daten enthalten. Sie können Informationen über mutmaßliche Gesetzesverstöße beinhalten und massive Folgen für den Betroffenen und die hinweisgebenden Personen und sonstige in dem Hinweis genannte Personen wie Zeugen haben. Damit bestehen besondere Risiken für die Rechte und Freiheiten der betroffenen Personen. Ein Verfahren zur Meldung von Noncompliance-Verhalten unterliegt somit einer Datenschutzfolgenabschätzung.

Die Betreibergesellschaft des Aeroporto Guglielmo Marconi di Bologna S. pa. hatte u. a. eine Datenschutzfolgeabschätzung für ihren Meldekanal versäumt durchzuführen und wurde hierfür von der italienischen Datenschutzbehörde gebußt. Ferner sah die Behörde einen Verstoß gegen die verpflichtende Implementierung von technischen und organisatorischen Maßnahmen gem. Art. 32 Abs. 1 lit. A und Art. 5 Abs. 1 lit. F) DSGVO, indem das Unternehmen keine geeigneten Verschlüsselungsmechanismen für den Transport und die Speiche-

---

1) Vgl. Beschlussempfehlung und Bericht des Rechtsausschusses, BT-Drucks. 20/4909 S. 59.

2) Z. B. gem. § 25a Abs. 1 S. 6 Nr. 3 KWG, § 23 Abs. 6 VAG, § 28 Abs. 1 S. 2 Nr. 9 KAGB, § 4d FinDAG.

3) Vgl. *Weidmann*, DB 2019, S. 2393 (2394).

4) Vgl. *Rieken*, in: Ruhmannseder/Behr/Krakow, Hinweisgebersysteme, 2. Aufl. 2021, Rn. 416.

5) Vgl. Datenschutzkonferenz, Orientierungshilfe der Datenschutzaufsichtsbehörden zu Whistleblowing-Hotlines: Firmeninterne Warnsysteme und Beschäftigtendatenschutz, S. 12. In: *https://www.datenschutzkonferenz-online.de/media/oh/20181114_oh_whistleblowing_hotlines.pdf.*

rung der Meldungen implementiert hatte. Das http-Protokoll (Hypertext Transfer Protocol) konnte die Vertraulichkeit sowie Integrität der Daten in den Meldungen, die zwischen dem Browser der hinweisgebenden Person und dem Server des Meldekanal-Anbieters ausgetauscht wurden, nicht gewährleisten. Ferner konnte die Authentizität der Webseite des Meldekanals durch die hinweisgebende Person nicht überprüft werden. Es wurde außerdem beanstandet, dass die Daten der Meldungen in der Datenbank des Meldesystems unverschlüsselt gespeichert wurden. Die italienische Datenschutzbehörde hob dabei insbesondere hervor, dass die Art der Daten des Hinweises und der hohen Risiken, die sich aus einem Missbrauch dieser Daten ergeben können, einen hohen Verschlüsselungsmechanismus erforderlich machen.[1)]

Auch der Anbieter der Whistleblowing-Software, aiComply S. rl., wurde mit einem Bußgeld belegt. Hier fehlte u. a. der notwendige Abschluss von Auftragverarbeitungsvereinbarungen.[1)]

Das durch die italienische Datenschutzbehörde GARANTE PER LA PROTEZIONE DIE DATI PERSONALI (GPDP) verhängte Bußgeld belief sich für beide Parteien auf 60.000 EUR (aiComply S. rl.: 20.000 EUR, Aeroporto Guglielmo Marconi di Bologna S. pa.: 40.000 EUR).[1)]

4.3.4 Unterrichtungs- und Aufklärungspflichten gem. DSGVO und HinSchG

Da in nahezu allen Meldungen von einem Personenbezug auszugehen ist, sind neben der Datenschutzfolgeabschätzung die nachfolgenden Themen zu betrachten.

4.3.4.1 Unterrichtungspflicht nach Art. 14 DSGVO

Werden personenbezogene Daten in den Meldungen ohne Kenntnis der betroffenen Person erhoben, so ist diese Person grundsätzlich nach Art. 14 DSGVO über sämtliche Umstände (Speicherung ihrer Daten, Art dieser Daten, Zweckbestimmung der Datenverarbeitung, Identität des Verantwortlichen und ggf. der hinweisgebenden Person) zu informieren. Art. 14 Abs. 3 lit. a DSGVO knüpft an diese Unterrichtung eine Höchstfrist von einem Monat ab Erhalt der Meldung mit den personenbezogenen Daten, d. h. zu diesem Zeitpunkt sind die betroffenen Personen durch die Meldestelle zu informieren.

Die Unterrichtungspflicht könnte jedoch die Sachverhaltsaufklärung im Rahmen des Meldeprozesses konterkarieren. Diesem Umstand wird die Ausnahmevorschrift in Art. 14 Abs. 5 DSGVO gerecht. Die Unterrichtungspflicht der betroffenen Person kann nach Art. 14 Abs. 5 lit. B DSGVO („soweit die … [Unterrichtungs-]Pflicht voraussichtlich die Verwirklichung der Ziele dieser Verarbeitung unmöglich macht oder ernsthaft beeinträchtigt“) so lange hinausgezögert werden, wie eine Verdunklungsgefahr bestätigt und die Beweise nicht abschließend gesichert sind. Diese Ausnahme kann jedoch

1) GARANTE PER LA PROTEZIONE DIE DATI PERSONALI (GPDP), Az. 9685922, 10.6.2021.

nicht auf die Dauer der Sachverhaltsaufklärung ausgelegt sein, da eine Verletzung der Unterrichtungspflicht nach Art. 83 Abs. 5 lit. b DSGVO bußgeldbewehrt ist. In der Praxis kommt man dieser Verpflichtung oftmals im Rahmen der sachverhaltsaufklärenden Erstgespräche nach.

Darüber hinaus kann die Identität der hinweisgebenden Person sowie die genannten Informationen durch § 8 HinSchG i. V. m. Art. 14 Abs. 5 lit. c DSGVO im Rahmen der Unterrichtungspflicht eingeschränkt werden. Beschäftigungsgeber müssen dadurch ihrer Vertraulichkeitsverpflichtung nachkommen und können solche Informationen, die Rückschlüsse auf die hinweisgebende Person geben, nicht im Rahmen der Unterrichtspflicht offenlegen.

4.3.4.2 Auskunftsersuchen nach Art. 15 DSGVO

Dieser arbeitnehmerseitige Auskunftsanspruch basiert auf Art. 15 Abs. 1 Hs. 2 DSGVO und korrespondiert mit dem Recht auf Kopie gem. Art. 15 Abs. 3 DSGVO. Das Recht bezieht sich auf alle Informationen über die Herkunft der Daten und eröffnet somit ein Spannungsfeld zur zugesicherten Vertraulichkeit der Identität der hinweisgebenden Person.

In diesem Zusammenhang ist das viel diskutierte Urteil des LAG Stuttgart v. 20.12.2018 zu erwähnen, das sich mit dem Auskunftsanspruch in Bezug auf die Hinweise Dritter im Meldekanal auseinandersetzt hat: Arbeitnehmer haben grundsätzlich einen Anspruch auf Einsicht in die sie betreffenden Fallakten im Meldekanal.

Bestehen nur vereinbarte – jedoch keine gesetzlichen – Geheimhaltungspflichten, ist eine umfassende Einzelfallabwägung zwischen dem Geheimhaltungsinteresse der hinweisgebenden Person einerseits und dem Auskunftsinteresse des Betroffenen andererseits vorzunehmen, die dem Anspruchsberechtigten substantiiert darzulegen ist. In dem Urteil des BAG v. 18.12.2021 wurde bestätigt, dass ein Arbeitnehmer nicht pauschal die Kopie sämtlicher E-Mails verlangen kann.

Auch in diesem Punkt schafft § 8 HinSchG eine Art Geheimhaltungspflicht zumindest in Bezug auf die Identität der hinweisgebenden Person, solange die Meldung in den Anwendungsbereich des HinSchG fällt.

4.3.5 Löschungspflichten aus Art. 17 Abs. 1 DSGVO vs. Dokumentationserfordernis gem. § 11 HinSchG

Eines der größten Spannungsverhältnisse im Meldeprozess existiert aufgrund der Löschungspflichten aus Art. 17 Abs. 1 DSGVO vs. Dokumentationserfordernis gem. § 11 HinSchG. Nach § 11 HinSchG ist die Dokumentation drei Jahre nach Abschluss des Verfahrens zu löschen. Die Dokumentation kann auch länger aufbewahrt werden, wenn andere Rechtsvorschriften dies vorsehen.

In der Praxis stellt dies die Schwierigkeit dar, da zu einem späteren Zeitpunkt weitere Informationen durch z. B. eine andere hinweisgebende Person eingereicht und/oder mehr Informationen sogar durch Dritte an das Unternehmen herangetragen werden können, z. B. Presse oder externe Ermittler. Die einzige Ausnahme, die der Gesetzgeber vorsieht, ergibt sich aus Art. 17 Abs. 3 lit. e DSGVO und soll die Geltendmachung eigener Rechtsansprüche sowie die Verteidigung gegen Rechtsansprüche Dritter sichern, indem ein benachteiligendes Beweismitteldefizit infolge der Löschungsverpflichtung verhindert wird.

Praxistipp:

Nach Abschluss der Ermittlungen könnte sich beim Beschäftigungsgeber ein Personenkreis aus Compliance, Revision, Datenschutz, HR oder ähnlichen Funktionen als „Löschgruppe" zusammenfinden und die Meldung entweder anonymisieren oder pseudonymisieren. Hierbei ist jedoch im Vorfeld zu beachten, dass der Sachverhalt und die ergriffenen Schritte eindeutig benannt sind. Im weiteren Verlauf der Zeit kann die „Löschgruppe" noch einmal zu einem Archivierungsvorgang der Meldung zusammenkommen. Im darauf späteren Zeitpunkt nach der Archivierung ist eine Löschung der Meldung (zwingend) in Erwägung zu ziehen.

4.3.6 Praxisbeispiel: Datenschutzrechtliche Anforderungen am Beispiel von E-Mail-Screenings als Folgemaßnahme i. S. d. § 18 HinSchG

Im Rahmen des Hinweisgebermanagements hat die interne Meldestelle folgenden Hinweis erhalten: *„ein namentlich genannter Vertriebsmitarbeiter soll Dual-Use Güter nach Russland verkauft haben"*. Die interne Meldestelle hat nun die Prozessschritte i. S. d. § 17 HinSchG durchgeführt. Zur weiteren Aufklärung des Sachverhaltes hat die interne Meldestelle die interne Revision hinzugezogen, die ein E-Mail-Screening als weiteren Ermittlungsschritt empfiehlt, um in der E-Mail-Kommunikation nachzuvollziehen, welche Details mit dem Kunden zur Lieferung abgestimmt worden sind.

Abbildung 5: Beispielhafter Prozess eines E-Mail-Screenings im Rahmen des Hinweisgebermanagements

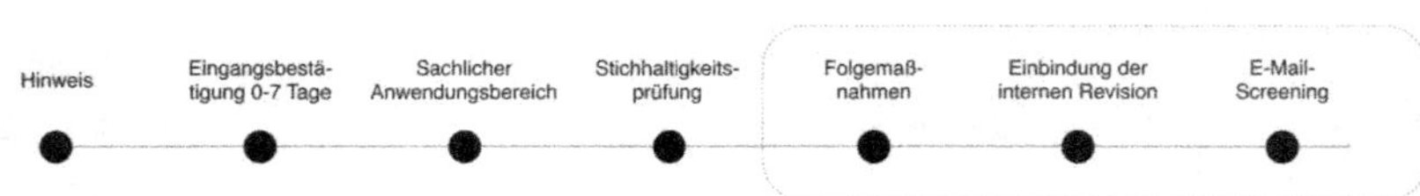

Als E-Mail-Screening wird die Kontrolle und Durchsicht aller ein- und ausgehenden E-Mails ausgewählter Mitarbeitenden im Hinblick auf einem bestimmten Verdachtsmoment zur Sachverhaltsaufklärung verstanden. [1]

Als Rechtsgrundlage für die Durchführung eines E-Mail-Screenings sind die §§ 10, 13 HinSchG („soweit erforderlich" und „Aufgaben der internen Meldestellen") sowie der § 26 Abs. 1 S. 2 BDSG zu beachten. Die internen Melde-

1) Vgl. *Scharnberg*, Illegale Internal Investigations (2014) 124; *Dangl*, Unternehmensinterne Untersuchungen, 81.

stelle ist i. S. d. HinSchG befugt, personenbezogene Daten zu verarbeiten, soweit dies zur Erfüllung ihrer in den §§ 13 und 24 bezeichneten Aufgaben erforderlich ist. Der § 10 HinSchG gilt auch für die Verarbeitung personenbezogener Daten besonderer Kategorien. Stellt sich im Laufe der Bearbeitung des Hinweises heraus, dass der Anwendungsbereich des HinSchG jedoch nicht eröffnet ist, entfällt der § 10 HinSchG als Rechtsgrundlage. Dann werden andere Rechtsgrundlagen benötigt, sollte die Untersuchung fortgesetzt werden. Weiter kommt das berechtigte Interesse nach Art. 6 Abs. 1 lit. f) DSGVO infrage und ggf. eine Betriebsvereinbarung nach Art. 88 DSGVO i. V. m. § 26 Abs. 4 BDSG.

Bei einem E-Mail-Screening ist der Sonderfall einer möglichen Privatnutzung des E-Mail-Zugangs zu betrachten. Für den Zugriff auf dienstliche E-Mails und deren Inhalt hat der Beschäftigungsgeber umfassende Kontrollrechte. Dies gilt jedoch nur, wenn die Privatnutzung innerhalb des Unternehmens verboten ist. Vor dem Hintergrund der in der Regel zulässigen Privatnutzung des E-Mail-Systems stellt sich dann die Frage, ob das E-Mail-Screening gemessen an § 206 StGB und §§ 32, 28 ff. BDSG rechtlich zulässig ist.

Bis zur Entscheidung des Bundesverfassungsgerichts vom 16.6.2009[1)] war das E-Mail-Screening in der praktischen Durchführung und in Absprache mit der Datenschutzaufsicht auf Grundlage der Entscheidung des Bundesverfassungsgerichts vom 2.3.2006[2)] an den Maßstäben des Datenschutzrechts (insbesondere § 28 Abs. 1 S. 1 Nr. 2 BDSG) gemessen worden.

Auf Basis des Bundesverfassungsgerichts vom 16.6.2009[1)] hat sich die interne Meldestelle an den rechtlichen Rahmen bei dem durchzuführenden E-Mail-Screening danach zu richten,

- ob die vom E-Mail-Screening (potenziell) betroffenen privaten E-Mails noch unter den Schutz des Fernmeldegeheimnisses fallen, weil sie beim jeweiligen Empfänger noch nicht angekommen und noch nicht in seinem Herrschaftsbereich abgespeichert sind, oder
- ob dieser Zustand (d. h. Ankunft beim Adressaten und Abspeichern im eigenen Herrschaftsbereich) bereits erreicht und damit der durch das Fernmeldegeheimnis begründete Schutz beendet ist.[3)]

Als Tatsache unter Variante a., die dem Fernmeldegeheimnis unterliegt, kommt eine private E-Mail auf dem Server des Unternehmens in Betracht. Nach der (wohl) noch herrschenden Meinung erbringt ein Unternehmen bei Zulassung der Privatnutzung des E-Mail-Systems zudem geschäftsmäßig Telekommunikationsdienste, wobei es hierfür nicht auf die Entgeltlichkeit der Dienste ankommt. Für ein Mitteilen i. S. d. § 206 Abs. 1 StGB genügt jede schriftliche, mündliche oder sonstige Bekanntgabe außerhalb der Normalabwicklung des Fernmeldedienstes, wobei der Empfänger nicht notwendig

1) Vgl. BVerfG NJW 2009, 2431.
2) Vgl. BVerfG NJW 2006, 976.
3) Siehe dazu auch *Durner*, in: Maunz/Dürig, Art. 10 Rn. 96 f.

außerhalb des Fernmeldedienstes stehen muss, sodass auch Mitteilungen unter den Beschäftigten selbst den Tatbestand erfüllen können.[1] So könnte beispielsweise das durch die interne Meldestelle durchgeführte E-Mail-Screening der privaten E-Mails des in dem Hinweis genannten Mitarbeiters, dessen Ergebnisse anschließend der Geschäftsleitung mitgeteilt werden, den Tatbestand von §206 Abs. 1 StGB erfüllen.

In der Variante b. ist ein E-Mail-Screening an den Maßstäben des Datenschutzrechts – wegen der nach Ankunft beim Adressaten und Abspeichern im eigenen Herrschaftsbereich endgültigen Beendigung des Übermittlungsvorgangs nicht an den Maßstäben des Telekommunikationsrechts – zu messen, sodass § 206 StGB keine Anwendung mehr findet.[2] Das E-Mail-Screening und die damit verbundene Verarbeitung und Nutzung von personenbezogenen Daten über den im Hinweis genannten Mitarbeiter könnte dann gem. §28 Abs. 1 S. 1 Nr. 2 BDSG zulässig sein, weil die Aufdeckung einer sicherheitsrelevanten Pflichtverletzung ein berechtigtes Interesse des Unternehmens gem. §28 Abs. 1 S. 1 Nr. 2 BDSG an der Durchführung des E-Mail-Screenings und der damit verbundenen Verarbeitung und Nutzung von personenbezogenen Daten über den im Hinweis genannten Mitarbeiter darstellen kann.

Unter der Voraussetzung, dass sich das E-Mail-Screening gleichwohl auf den „Herrschaftsbereich des Adressaten" bezieht, muss es zudem sowohl gem. §28 Abs. 1 S. 1 Nr. 2 als auch gem. §32 Abs. 1 BDSG erforderlich sein.[3] Auch wenn dies eine Frage des Einzelfalls ist, ist gut denkbar, dass vergleichbar aufschlussreiche Maßnahmen mit geringerer Eingriffswirkung für den im Hinweis genannten Mitarbeiter nicht ersichtlich sind. Die Interessensabwägung gem. §28 Abs. 1 S. 1 Nr. 2 oder §32 Abs. 1 BDSG kann im Hinblick auf einen konkreten Verdacht der Begehung einer sicherheitsrelevanten Pflichtverletzung durch diese Person, deren E-Mails untersucht werden, und die Auswahl von Suchbegriffen, die eine Involvierung privater Nachrichten mit hoher Wahrscheinlichkeit verhindern, sowie die Anweisung an die interne Meldestelle, im Rahmen des Screenings gleichwohl gefundene, geöffnete private E-Mails sofort wieder zu schließen, nicht auszudrucken und nicht zu verwerten, zugunsten des Unternehmens und der Durchführung des E-Mail-Screenings ausfallen.

Besondere Bedeutung kommt im Rahmen der Interessenabwägung der Gewichtung der unterschiedlichen Interessen anhand der für sie jeweils drohenden Verletzungsrisiken zu. Durch die Auswahl geeigneter Stichworte für das E-Mail- Screening kann das Risiko der Verletzung des Rechts auf informationelle Selbstbestimmung stark reduziert werden. Der vollständige Ausschluss eines Verletzungsrisikos wird allerdings i. d. R. nicht gelingen.

1) Vgl. *Schönke/Schröder/Lenckner/Eisele*, §206 Rn. 10.

2) Nach BVerfG NJW 2006, 976 ist der von Art. 10 GG eröffnete Schutzbereich nicht betroffen, wenn der Telekommunikationsvorgang als solcher abgeschlossen ist und die Daten nurmehr als „Rückstand" des Kommunikationsaktes auf dem Privatcomputer des Betroffenen liegen. Ausführlich dazu *Schlegel*, Beschlagnahme; vgl. auch LG Hamburg MMR 2008, 186: Beschlagnahme nur unter den Voraussetzungen des §100a StPO.

3) Vgl. *Wybitul*, BB 2010, 1085.

Praxistipp:

Hinsichtlich der Ausgestaltung der Analyse von (elektronischen) Kommunikationsinhalten empfiehlt es sich insbesondere, folgende Aspekte zu berücksichtigen:

- Der Zeitraum der analysierten Kommunikation sollte auf das absolut erforderliche Maß begrenzt werden.
- Eine gezielte Stichwortsuche ist einer umfassenden Gesamtauswertung der Kommunikationsinhalte stets vorzuziehen (Datenminimierungsgrundsatz).
- Private Kommunikationsinhalte sind von der Analyse (möglichst) auszunehmen und von dienstlichen Inhalten zu trennen.
- Der Personenkreis des Ermittlungsteams sollte so klein wie möglich sein (Vertraulichkeit).
- Der Datenschutzbeauftragte sollte frühzeitig hinzugezogen werden.
- Die betroffene Person ist über die Maßnahme frühestmöglich, bestenfalls vorab, zu informieren bzw. daran zu beteiligen, sofern hierdurch der Ermittlungserfolg nicht gefährdet wird.
- Die Mitbestimmungsrechte des Betriebsrates sind zu berücksichtigen.
- Die Ergebnisse der Auswertung bzw. der internen Ermittlung müssen sicher verwahrt werden (adäquate Zugangs- und Zugriffskontrollmaßnahmen).

Gibt es klar definierte Prozesse und Rahmenbedingungen für die Durchführung von internen Untersuchungen, z. B. in Betriebsvereinbarungen, erscheint es sinnvoll, für diese Prozesse eine einheitliche Datenschutz-Folgenabschätzung nach Art. 35 DSGVO durchzuführen. Da es sich bei internen Untersuchungen im Regelfall jedoch um Ad-hoc-Maßnahmen handelt, wird in Abhängigkeit des Untersuchungsgegenstandes und der Eingriffsintensität der Maßnahme eine Verhältnismäßigkeitsprüfung bzw. einzelfallbezogene Bewertung unumgänglich sein.

4.4 Speak-up-Kultur

4.4.1 Schulung aller Beschäftigten: Handlungsempfehlungen und Best Practices

IDW PS 9802, ComplianceProgramMonitor[1] und ISO 37301 zeigen: Compliance und Kommunikation sind untrennbar verknüpft. Doch auch der beste Standard nützt wenig, wenn er in der Unternehmenskultur keine Akzeptanz findet. So verhält es sich auch mit der Kommunikation der internen Meldestelle. Für viele Mitarbeitende ist die Möglichkeit, einen speziellen Kanal zur Abgabe von anonymisierten oder namentlichen Meldungen über Rechtsverstöße zu nutzen, neu. Daher sind Maßnahmen für eine positive Akzeptanz der internen Meldestelle besonders wichtig, um einen Mehrwert aus diesem Kommunikationskanal zu erzielen.

1) Vgl. ComplianceProgramMonitorZfW – DNWE.

Die schwierige Aufgabe, die die Kommunikation zur internen Meldestelle zu erfüllen hat, liegt darin, die mitunter komplexen Sachthemen mit den richtigen Kommunikationsmaßnahmen und -mitteln fach- und zielgruppengerecht aufzubereiten.[1] Dies erfolgt meist durch die Kundgabe: Welche Hinweise dürfen gemeldet werden, auf welchem Weg können Hinweise eingehen und was passiert mit den Hinweisen? Neben einer intern ausgerichteten Kommunikationsebene gibt es oft auch eine externe, die die verschiedenen Stakeholder des Beschäftigungsgebers und die interessierte Öffentlichkeit über die Möglichkeiten, Hinweise abzugeben, anlassunabhängig unterrichtet, z. B. über die Homepage, Lieferantenkodex. Im besten Fall trägt dies dazu bei, dass der Beschäftigungsgeber eine Reputation für Vertrauenswürdigkeit aufbaut, die zur langfristigen Stabilisierung von Geschäftsbeziehungen beiträgt.[2]

Wirksame Kommunikation der internen Meldestelle ist eng verbunden mit Schulungen und Trainings auf dem Gebiet Compliance und Integrität, da die Inhalte bekannt gemacht, also vermittelt werden müssen. Dabei muss es das Ziel von Schulungen – neben der reinen Wissensvermittlung – sein, den Mitarbeitenden und Führungskräften Handlungsorientierung zu geben und sie zu integrem und selbstverantwortlichem Handeln im Geschäftsalltag anzuleiten.[3] Bezüglich der Ausgestaltung der Schulungs- und Trainingsmaßnahmen sind dem Beschäftigungsgeber keine Grenzen gesetzt. Die Bandbreite der Möglichkeiten reicht hier von E-Learning, Grundlagenschulungen zu den Compliance-Themen für die gesamte Belegschaft, über Schulungen ausschließlich zum Hinweisgebermanagement bis hin zu speziellen Schulungen für Führungskräfte oder Mitarbeitende in Compliance-sensiblen Bereichen. Ferner bietet sich die Besprechung konkreter Fälle bzw. möglicher Fallkonstellationen an, damit die Zielgruppe ein Gefühl dafür erhält, welche Themen von „Hinweis-Relevanz“ sind. Auch ausgefallenere Methoden kommen in Betracht, wie bspw. ein „Lunch and Learn“, ein Meeting in der Mittagspause, währenddessen die Mitarbeitenden ihre Fragen zum Thema interne Meldestelle stellen können.[4] Denn nur Beschäftigte, die mit den Grundzügen des Gesetzes und den unternehmensinternen Regelungen sowie dem internen Meldekanal vertraut sind, werden dazu beitragen, eine integre Unternehmenskultur zu etablieren und aktiv an einer Compliance-Kultur mitwirken, indem Missstände frühzeitig gemeldet werden.[5] Die Schulungen sollten bedarfsgerecht sein und sich am Arbeitsumfeld der Teilnehmenden orientieren. Hierbei bieten sich Präsenzschulungen an. Weiter sind auch E-Learning-Programme relevant, die einen Überblick bieten können. Zusätzlich sind

1) Vgl. *Adam*, ZRFC 2/13, S. 92.

2) Vgl. *Viebranz/Oppitz/Müller* (2014), Kommunikation und eLearning als integrale Bestandteile eines erfolgreichen Compliance-Prozesses; *Wieland/Steinmeyer/Grüninger*, Handbuch Compliance-Management, 2. Auflage, S. 728.

3) Vgl. *Grüninger/Jantz/Schweikert/Steinmeyer* (2014), Empfehlungen für die Ausgestaltung und Beurteilung von Compliance-Management-Systemen, CMS-Guidance, S. 87.

4) Vgl. *Steßl*, Betriebs Berater 41/2012, S. VI.

5) Vgl. *Fersch*, ArbRAktuell 2024, 5.

Handouts, Aushänge und weitere Veröffentlichungen durch interne Informationskanäle empfehlenswert,[1], aber auch wichtige Kurzfassungen von Regelungen in Form von „Dos and Don'ts".[2] Ergänzend zu den Schulungen bietet es sich an, eine „Helpline" zu etablieren, um häufige Fragen ordnungsgemäß zu beantworten,[3] aber auch wichtige Inhalte über z. B. eine Mitarbeitenden-App bereitzustellen, die auch bei mobilen Arbeiten den Zugriff auf die für den Mitarbeitenden wichtigsten Regelungen erleichtert.[2]

Die substanzielle Aufgabe der Kommunikation ist es, alle Mitarbeitenden zu erreichen und Akzeptanz für das Thema „Hinweisgebermanagement bzw. interne Meldestelle" zu schaffen. Denn falsche oder mangelhafte Kommunikation kann falsch verstandene Erwartungen an das Verhalten bei den Empfängern bzw. den Mitarbeitenden hervorrufen und im schlimmsten Fall – aus Angst vor jedem „denkbaren Verstoß" – den Arbeitsablauf lähmen.[4] Aktuelle Untersuchungen belegen, dass die unternehmensweite Akzeptanz von Compliance-Maßnahmen in entscheidendem Maße von der Unternehmenskultur abhängt.[5] Die Unternehmenskultur kann eine spezifische Unternehmensidentität fördern und den Mitarbeitenden die notwendige Handlungsorientierung und -sicherheit hinsichtlich der vielfältigen schwierigen Entscheidungen im beruflichen Alltag geben,[6] wie in dem Fall, ob sie einen Hinweis an die interne Meldestelle adressieren oder eben nicht. In diesem Zusammenhang ist einer der wichtigsten Erfolgsfaktoren einer erfolgreichen Kommunikation das klare Bekenntnis der Geschäftsführung, Behördenleitung o. Ä. und des mittleren Managements (Tone from the Top & Tone from the Middle) zur internen Meldestelle. Nur die Kommunikation klarer Erwartungen seitens der Führung der Organisation in Verbindung mit einer konsequenten Sanktionierung von Regelverstößen ermöglicht eine stringente Ausrichtung der gesamten Organisation auf die Einhaltung von externen und internen Vorgaben.[7] Nichts ist für den Erfolg von internen Meldestellen misslicher als zweideutige Aussagen der Führung der Organisation. Das Vorleben von Richtlinien und Verhaltensmaximen durch das Management ist wichtiger als das, was schriftlich niedergelegt oder mittels Regelungen angestrebt wird,[8] da sich die Mitarbeitenden in ihrem Verhalten an ihren Vorgesetzten orientieren.[9]

---

1) Vgl. *Wabnitz/Janovsky/Schmitt*, Handbuch Wirtschafts- und Steuerstrafrecht, 5. Auflage 2020, Rn. 394.

2) Vgl. *Moosmayer*, Compliance-Risikoanalyse, 2. Auflage 2020, Rn. 33.

3) Vgl. *Bürkle/Hauschka/Schieffer*, Der Compliance Officer, 2. Auflage 2024, Rn. 144–146.

4) Vgl. *Steßl*, Betriebs Berater 41/2012, S. VI.

5) Vgl. *Wendt* (2012), Compliance Management und Unternehmenskultur in mittelständischen Unternehmen; *Behringer*, Compliance für KMU, S. 209.

6) Vgl. Zentrum für Wirtschaftsethik (2009), ComplianceProgramMonitorZfW, S. 7.

7) Vgl. dazu grundlegend und statt vieler *Wieland/Grüninger* (2000), EthikManagementSysteme und ihre Auditierung – Theoretische Einordnung und praktische Erfahrungen, in: Bausch/Kleinfeld/Steinmann (Hrsg.), Unternehmensethik in der Wirtschaftspraxis. DNWE-Schriftenreihe, Bd. 7, S. 155–189; *Grüninger* (2014), Werteorientiertes Compliance-Management-System, in: Wieland/Steinmeyer/Grüninger (Hrsg.), Handbuch Compliance-Management, 2. Auflage, S. 41–70.

8) Vgl. *Helisch*, Compliance Berater 7/2014, S. 226.

9) Vgl. u. a. *Frisch/Huppenbauer* (2013), New Insights into Ethical Leadership: A Qualitative Investigation of the Expens. Organizational Dynamics 34 (4), S. 314.

4.4.2 Kommunikation von Meldekanälen

Der beste Meldekanal nützt nur wenig, wenn diejenigen, die sich an ihn wenden können, nicht wissen, dass es ihn überhaupt gibt oder aber inhaltlich nicht verstehen, welche Meldungen abgegeben werden dürfen und welche Konsequenz es für die hinweisgebende Person hat. Daher ist nicht die Frage, „ob" Kommunikation zum Erfolg eines Meldekanals beitragen kann, sondern vielmehr, „wie" erfolgreiche Kommunikation zu den Meldekanälen zu gestalten ist.

Um die Kommunikation zu Meldekanälen zielgerichtet und effektiv zu gestalten, ist ein Blick auf die unterschiedlichen Zielgruppen innerhalb der Organisation essenziell. Denn nicht nur Arbeitnehmer prägen das Gelingen eines guten Hinweisgebermanagements, auch Führungskräfte, interne Meldestellenbeauftragte, Compliance-Verantwortliche, Geschäftspartner und sogar die Öffentlichkeit sind ausschlaggebend für den Erfolg.

Betrachtet man zunächst die Zielgruppe der Arbeitsnehmer. Sie ist die größte und wichtigste Gruppe, die die Kommunikation zu den Meldekanälen aktiv anspricht. Innerhalb dieser Zielgruppe gibt es große Unterschiede aufgrund des „Non-Compliance"-Risikopotentials: Arbeitnehmer der Abteilungen Vertrieb oder Einkauf sind z. B. weitaus häufiger von wirtschaftskriminellen Handlungen betroffen als Kollegen aus der Produktion, denn sie unterliegen einem höheren Compliance-Risiko. Führungskräfte haben, neben ihrer persönlichen Verantwortung, sich rechtskonform zu verhalten, auch die Aufgabe, ihre Mitarbeiter zu motivieren, auf Verstöße hinzuweisen. Dies sollte den Führungskräften bewusst sein. Daher muss die Kommunikation hier eine zusätzliche Aufgabe wahrnehmen. Des Weiteren müssen auch die internen Meldestellenbeauftragten geschult werden, um als Experten und Vertrauenspersonen im Unternehmen wahrgenommen zu werden. Alle Zielgruppen benötigen eine eigene Ansprache, die den Ton der Unternehmenskultur trifft. Daher ist eine Integration der Unternehmenskommunikation in den gesamten Prozess essenziell.

Praxistipp:

Zur Einführung eines Meldekanals bietet es sich an, kleine Informationskarten mit den wichtigsten Informationen zum Meldekanal den Arbeitnehmern im Office auf den Schreibtisch zu legen. In Bereichen, die keinen Büro-Arbeitsplatz haben, empfiehlt es sich, an zentraler Stelle ein Poster mit den wichtigsten Informationen zum Meldekanal aufzuhängen, z. B. im Pausenraum oder WC-Bereich.

Eine weitere wichtige Zielgruppe, die in die Kommunikation der Meldekanäle jedes Beschäftigungsgebers integriert werden muss, sind die Geschäftspartner. Darunter fallen nicht nur Partnerunternehmen, sondern auch Zulieferer, Kooperationspartner, Subunternehmer oder freie Mitarbeiter.

Neben einer intern ausgerichteten Kommunikationsebene gibt es oft auch eine externe, die die verschiedenen Stakeholder eines Beschäftigungsgebers und die interessierte Öffentlichkeit über die Meldekanäle unterrichtet. Hierzu wird i. d. R. die Homepage des Beschäftigungsgebers als Kommunikationsmittel eingesetzt. Im besten Fall trägt dies dazu bei, dass der Beschäftigungsgeber eine Reputation für Vertrauenswürdigkeit aufbaut, die zur langfristigen Stabilisierung von Geschäftsbeziehungen beiträgt.[1)]

4.4.3 Richtlinien sowie Policies zum Hinweisgebermanagement

Eine Richtlinie zum Hinweisgebermanagement ist eine interne Richtlinie, mit der ein Beschäftigungsgeber definiert, wie er den Schutz von hinweisgebenden Personen regelt. Sie soll die Beschäftigten dazu ermutigen, potenzielle Compliance-Verstöße aufzudecken. Das Dokument stellt i. d. R. eine Art „Anleitung zum Hinweisgebermanagement" dar und beinhaltet typischerweise Informationen darüber, an wen sich Mitarbeitende wenden können, um Fehlverhalten zu melden. Das Dokument klärt auf, wie das Verfahren abläuft, wie die Organisation auf solche Meldungen reagiert und welche Schutzmaßnahmen für die hinweisgebende Personen vorgesehen sind.

Die Notwendigkeit, eine Richtlinie zum Hinweisgebermanagement zu verfassen und zu veröffentlichen, ergibt sich aus § 7 Abs. 3 HinSchG: „Beschäftigungsgeber sollen Anreize schaffen, dass sich hinweisgebende Personen an die interne Meldestelle wenden." Dafür sollen sie den Mitarbeitenden klare und leicht zugängliche Informationen über die Nutzung des internen Meldeverfahrens bereitstellen.

Unabhängig von rechtlichen Anforderungen bekennt sich ein Beschäftigungsgeber mit einer Richtlinie aktiv zum Hinweisgebermanagement sowie explizit zum Hinweisgeberschutz. Er zeigt damit auf, dass er das Thema ernst nimmt und Interesse daran hat, Verstöße aufzudecken. Eine Richtlinie trägt somit auch zu einem positiven Beschäftigungsgeber-Image bei, indem sie hinweisgebende Personen ermutigt, Missstände frühzeitig zu melden und gegenzusteuern, bevor größerer Schaden entsteht. Beschäftigungsgeber können finanzielle Risiken mindern und sich vor Rechtsstreitigkeiten schützen.

Eine Richtlinie zum Hinweisgebermanagement schafft bei der Zielgruppe vertrauen, indem sie ...

- Mitarbeiter und andere Dritte über die Unternehmensstandards aufklärt.
- eine klare Anleitung für den Hinweisgeber-Prozess liefert.
- erklärt, wie die hinweisgebenden Personen ihre Meldung platzieren.
- definiert, welche Arten von Hinweisen möglich sind.
- rechtliche Schutzmaßnahmen oder Einschränkungen erläutert.

Eine der größten Herausforderungen im Rahmen des Hinweisgebermanagements ist die verständliche Formulierung von Richtlinien. Die Schwierigkeit besteht darin, den juristischen Fachjargon auf einfache, umsetzbare Stichwörter zu reduzieren. Doch auch die Kommunikation der Richtlinien stellt eine

1) Vgl. dazu grundlegend *Grüninger* (2001), Vertrauensmanagement – Kooperation, Moral und Governance.

herausfordernde Aufgabe dar, denn idealerweise sollten diese die Beschäftigten motivieren und – was besonders wichtig ist – die Beschäftigen sollten sich die Informationen darin merken können.

Eine Whistleblowing-Policy sollte vor allem die folgende Frage beantworten:

- Wer kann die hinweisgebende Person sein und wer ist geschützt?
- Welche Art von Verstößen darf gemeldet werden?
- Was ist kein Whistleblowing?
- Welche internen Meldekanäle gibt es?
- Welche externen Meldemöglichkeiten hat die hinweisgebende Person?
- Wie läuft der Prozess des Hinweisgebermanagements ab?
- Wie wird die hinweisgebende Person geschützt?

Es empfiehlt sich, den Personal- und Betriebsrat bereits bei der Ausgestaltung der Richtlinie einzubinden, um ggf. Synergien für eine Betriebs- bzw. Dienstvereinbarung zu nutzen.

5. Implementierung eines Hinweisgebermanagements

5.1 Übersicht des Meldeprozesses

Der Prozess nach Eingang einer Meldung wird grundsätzlich in § 17 HinSchG geregelt und sieht dabei sechs aufeinander aufbauende Verfahrensschritte vor:

Abbildung 6: Verfahrensablauf der internen Meldestelle, in Anlehnung an § 17 HinSchG [eigene Darstellung]

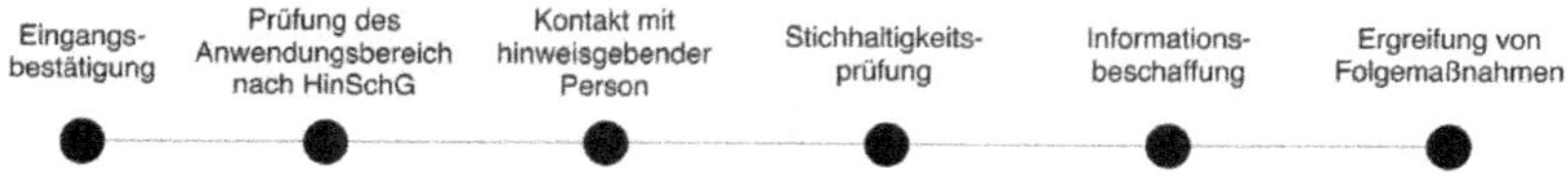

Es folgt die Prüfung des Anwendungsbereiches, also ob der gemeldete Verstoß in den sachlichen Anwendungsbereich nach § 2 HinSchG fällt. Weiter prüft der interne Meldestellenbeauftragte die Stichhaltigkeit der eingegangenen Meldung. Damit ist gemeint, dass die eingegangene Meldung für den internen Meldestellenbeauftragten plausibel, d. h. nachvollziehbar und widerspruchsfrei, ist.[1)]

Die Folgemaßnahmen der internen Meldestelle (§ 18 HinSchG) können insbesondere die interne Untersuchung, den Verweis auf eine andere zuständige Stelle, den Abschluss des Verfahrens aus Mangel an Beweisen oder anderen Gründen oder die Abgabe des Verfahrens zwecks weiterer Untersuchung intern oder an eine zuständige Behörde umfassen.

Zuletzt wurden einheitliche Vorgaben zur Durchführung interner Untersuchungen im Entwurf des gescheiterten Verbandssanktionengesetz formuliert. Eine Regelung, welche Schritte und/oder Maßnahmen eine interne Untersuchung nach dem HinSchG beinhaltet, existiert aber nicht.[2)] Eine detaillierte Betrachtung nimmt Kapitel 6 vor.

5.2 Eingangsbestätigung

Die interne Meldestelle hat den Eingang der Meldung innerhalb von maximal sieben Tagen der hinweisgebenden Person zu bestätigen (§ 17 Abs. 1 Nr. 1 HinSchG). Diese Bestätigung informiert die hinweisgebende Person darüber, dass ihre Meldung eingegangen und in Bearbeitung ist. Das HinSchG spezifiziert diese Bestätigung nicht weiter. Maßgeblich wird in der Praxis vor allem sein, welche Kontaktinformationen die hinweisgebende Person zur Verfü-

1) Vgl. *Bruns*, NJW 2023, 1609 Rn. 32.

2) Vgl. *Knaup/Vogel*, CB 2023, 211.

gung gestellt hat. Sofern die hinweisgebende Person eine E-Mail-Adresse oder eine Postanschrift hinterlassen hat, sollte die Eingangsbestätigung grundsätzlich auch auf diesem Wege durch die interne Meldestelle versendet werden.[1)]

Auch anonyme Meldungen sollten entsprechend bearbeitet werden (§ 16 Abs. 1 Nr. 5 HinSchG). Die Möglichkeit der anonymen Abgabe von Meldungen und eines anonymen Dialogs zwischen hinweisgebender Person und interner Meldestelle kann durch entsprechende Meldekanäle gefördert werden.[2)] Es bietet sich an, der hinweisgebenden Person, je nach Inhalt der Meldung, mit der Eingangsbestätigung, eine Information nach Art. 13 DSGVO zukommen zu lassen.[3)]

5.3 Rückmeldung

Gemäß § 17 Abs. 2 HinSchG gibt die interne Meldestelle der hinweisgebenden Person innerhalb von drei Monaten nach Eingangsbestätigung eine Rückmeldung.

Diese Rückmeldung beinhaltet Informationen über geplante oder bereits ergriffene Folgemaßnahmen sowie die relevanten Gründe dafür.

Die Rückmeldung darf keine internen Ermittlungen beeinträchtigen und die Rechte von Personen, die durch die Meldung betroffen oder in der Meldung genannt sind, nicht verletzen.[4)] Inhaltlich muss dargelegt werden, ob Folgemaßnahmen geplant oder bereits ergriffen wurden, welche Art von Folgemaßnahmen dies sind und welche Beweggründe für das jeweilige Vorgehen maßgeblich waren (§ 17 Abs. 2 HinSchG). Bei ergriffenen Folgemaßnahmen sollte eine kurze Information der internen Meldestelle an die hinweisgebende Person signalisieren, dass dem vorgebrachten Hinweis nachgegangen wird. Eine ausführliche Begründung kollidiert mit dem Geheimhaltungsinteresse und ist in solchen Fällen nicht notwendig. Wird hingegen ein Verfahren ohne Folgemaßnahmen abgeschlossen, bietet sich aus Transparenzgründen eine nachvollziehbare Erläuterung an – auch wenn zu erwarten ist, dass die hinweisgebende Person sich sonst an externe Stellen oder die Öffentlichkeit wenden könnte.

Die Hinwendung an externe Stellen oder die Öffentlichkeit kann auch bei stark verzögerten Rückmeldungen in Erwägung gezogen werden, wenn mangels Reaktionen die hinweisgebende Person die Ernsthaftigkeit der Meldestelle infrage stellt. Hier kann nicht nur das Vertrauen in die interne Meldestelle beschädigt werden, sondern es dürfen auch rechtliche und reputative Risiken für das Unternehmen drohen.

---

1) Vgl. *Krebs*, Kommentar HinSchG, § 17 HinSchG Rn. 2.

2) Vgl. CB 2023, *Fehr/Refenius*, S. 289.

3) Vgl. CB 2022, *Nickel*, Datenschutzrechtliche Informationspflichten im Compliance-Hinweismanagement, S. 20.

4) Vgl. *Dzida/Seibt*, Neues Hinweisgeberschutzgesetz: Analyse und Antworten auf Praxisfragen, NZA 2023, S. 657.

Verzögerungen oder Einschränkungen der Rückmeldung sollten gut begründet und nur in Ausnahmefällen vorgenommen werden. § 17 Abs. 2 S. 3 HinSchG benennt hier die mögliche Beeinträchtigung laufender Nachforschungen oder Ermittlungen oder die Gefährdung der Rechte anderer Personen.

Eine vollständige Aufhebung der Rückmeldepflicht ist nicht vorgesehen, sondern nur insoweit begrenzt, wie es notwendig ist, um den genannten Geheimhaltungsgründen gerecht zu werden. Dies bedeutet, dass zumindest eine grundlegende Rückmeldung erfolgen sollte, um die hinweisgebende Person zu informieren und gleichzeitig die Integrität der Ermittlungen zu schützen.[1)]

5.4 Prüfung des sachlichen Anwendungsbereichs

Die Meldung ist einer Prüfung hinsichtlich des sachlichen Anwendungsbereichs durch die interne Meldestelle zu unterziehen. Es gilt, die Zuständigkeit zu ermitteln, sodann der gemeldete Verstoß in den sachlichen Anwendungsbereich nach § 2 HinSchG fällt und die übrigen Vorschriften des HinSchG anwendbar sind (§ 17 Abs. 1 Nr. 3 HinSchG). Dieser verpflichtende Schritt dient der rechtlichen Prüfung, ob der Anwendungsbereich des HinSchG für die hinweisgebende Person eröffnet ist und ein Schutz der hinweisgebenden Person vor Repressionen bestehen kann. Sofern die interne Meldestelle zu dem Ergebnis kommt, dass der Verstoß nicht in den sachlichen Anwendungsbereich des § 2 HinSchG fällt, darf sie die weitere Bearbeitung der Meldung nicht ablehnen bzw. einstellen.[2)]

Kapitel 1.4.2 skizziert die inhaltliche Problematik des sachlichen Anwendungsbereichs nach dem HinSchG.

5.5 Kontakt mit hinweisgebender Person

Zusätzlich zur Bestätigung des Meldungseingangs hält die interne Meldestelle während des gesamten Bearbeitungsprozesses Kontakt mit der hinweisgebenden Person.

Der Umfang wird in § 17 Abs. 1 Nr. 5 HinSchG nicht weiter spezifiziert, jedoch fördern der Kontakt und regelmäßige Rückmeldungen zum aktuellen Verfahrensstand das Vertrauen in den internen Meldeprozess und ermöglichen so die Informationsbeschaffung bei fehlenden Angaben durch die hinweisgebende Person.

Insbesondere bei sensiblen Sachverhalten oder langwierigen Verfahren erscheint es angemessen, den Kontakt mit der hinweisgebenden Person zu halten.[3)] Denn Zweck dieser Regelung ist unter anderem, ein Vertrauensver-

1) Vgl. BT-Drs. 20/3442, S. 82.

2) Vgl. *Krebs*, Kommentar HinSchG, § 17 HinSchG Rn. 4.

3) Vgl. *Fischbach*, in: Thüsing HinSchG/Fischbach, 1. Aufl. 2024, HinSchG § 17 Rn. 7.

hältnis zwischen der unabhängigen Meldestelle und der hinweisgebenden Person sowie Vertrauen in die Wirksamkeit des allgemeinen Hinweisgeberschutzes aufzubauen.[1)]

Die Kontaktaufnahme mit der hinweisgebenden Person kann – auch je nach Bereitschaft der hinweisgebenden Person – telefonisch, durch ein persönliches und vertrauliches Gespräch, postalisch, per E-Mail oder elektronisch über z. B. ein digitales Hinweisgebersystem erfolgen, sofern die datenschutzrechtlichen Vorgaben sowie die Bestimmungen des Vertraulichkeitsschutzes i. S. d. HinSchG eingehalten werden. Die gesamte Korrespondenz ist auch entsprechend dieser Vorgaben zu dokumentieren.[2)]

5.6 Stichhaltigkeitsprüfung

Ist der sachliche Anwendungsbereich nach § 2 HinSchG eröffnet, ist die Stichhaltigkeit der Meldung durch die interne Meldestelle zu prüfen. Hierzu ist die Plausibilität der Meldung zu beurteilen und ob diese weitere Untersuchung rechtfertigt.[3)] Dieser logische Schritt soll prüfen, ob die in der Meldung genannten Informationen ausreichend begründete Verdachtsmomente oder Wissen über tatsächliche oder mögliche Verstöße beinhalten, die bei dem Beschäftigungsgeber, bei dem die hinweisgebende Person tätig ist oder war, oder bei einer anderen Stelle, mit der die hinweisgebende Person aufgrund ihrer beruflichen Tätigkeit im Kontakt steht oder stand, bereits begangen wurden oder sehr wahrscheinlich erfolgen werden, sowie über Versuche der Verschleierung solcher Verstöße.

Die Stichhaltigkeitsprüfung umfasst die Prüfung der Meldung und weiterer übermittelter Beweismittel sowie den Austausch mit der hinweisgebenden Person.[4)] Anhand dieser übermittelten Informationen hat die interne Meldestelle zu überprüfen, ob stichhaltige bzw. plausibel begründete Verdachtsmomente oder Wissen über tatsächliche oder mögliche Verstöße vorliegen. Die in einer Meldung enthaltenen Vorwürfe sind stichhaltig, wenn sie plausibel, nachvollziehbar, schlüssig und begründet sind.[5)]

Sollte sich ein weiterer Informations- und Aufklärungsbedarf ergeben, so werden mit der Informationsbeschaffung innerhalb der Organisation oder bei externen Stellen bereits Folgemaßnahmen durchgeführt, die über den Umfang einer Stichhaltigkeitsprüfung hinausgehen.[6)]

1) Vgl. Erwägungsgrund 57 S. 1 WBRL
2) Vgl. *Krebs*, Kommentar HinSchG, § 17 HinSchG Rn. 5.
3) Vgl. *Fischbach*, in: Thüsing HinSchG/Fischbach, 1. Aufl. 2024, HinSchG § 17 Rn. 8.
4) Vgl. *Fischbach*, in: Thüsing HinSchG/Fischbach, 1. Aufl. 2024, HinSchG § 17 Rn. 9, Rn. 13.
5) Vgl. *Bruns*, in: BeckOK Arbeitsrecht, 68. Edition, § 17 HinSchG Rn. 3.
6) Vgl. *Fischbach*, in: Thüsing HinSchG/Fischbach, 1. Aufl. 2024, HinSchG § 17 Rn. 13.

5.7 Informationsbeschaffung

Falls erforderlich, ersucht die interne Meldestelle die hinweisgebende Person auch um weitere Informationen.[1] Das Erfordernis selbst ist nicht näher spezifiziert und es existieren keine inhaltlichen oder formellen Anforderungen. Ziel der Informationsbeschaffung ist es, durch eine Informationsverdichtung Lücken bei der Sachverhaltsaufklärung zu schließen und Widersprüche zu identifizieren bzw. auszuschließen, bevor mögliche Folgemaßnahmen eingeleitet werden.[2]

Der Verfahrensschritt „Informationsbeschaffung" ist optional. Nach § 17 HinSchG ist die Informationsbeschaffung auch chronologisch nach der Stichhaltigkeitsprüfung aufgeführt. Dennoch werden weiterführende Informationen, welche zur Stichhaltigkeitsprüfung benötigt werden, ggf. vorab eingeholt werden müssen.[3]

Die Informationsbeschaffung über/oder Einbeziehung anderer Stellen ist nicht Bestandteil des Verfahrensschritts, sondern der Folgemaßnahmen nach § 18 HinSchG.

5.8 Folgemaßnahmen

Als letzten Verfahrensschritt sieht § 17 HinSchG Nr. 6 vor, dass die interne Meldestelle angemessene Folgemaßnahmen ergreift. Als Folgemaßnahmen versteht der Gesetzgeber die Handlungsmöglichkeiten, um das weitere Vorgehen gegen den gemeldeten Verstoß zu planen oder das Verfahren abzuschließen.

Die Ergreifung geeigneter Folgemaßnahmen ist eine zentrale Aufgabe der internen Meldestelle und in § 18 HinSchG geregelt.[4]

Dazu zählen:

- die Durchführung interner Untersuchungen sowie Kontaktaufnahme mit betroffenen Personen und Arbeitseinheiten zur Informationsgewinnung zur Aufklärung des Sachverhalts,
- die hinweisgebende Person an andere zuständige Stellen zu verweisen, wenn die Meldung nicht in den sachlichen Anwendungsbereich fällt oder diese Stelle für den gemeldeten Sachverhalt tatsächlich nicht zuständig ist,[5]
- der Abschluss des Verfahrens aus Mangel an Beweisen oder aus anderen Gründen, wie der Nichtbestätigung des gemeldeten Sachverhalts oder der Unmöglichkeit, die Meldung trotz Untersuchung aufzuklären,

1) Vgl. § 17 Abs. 1 Nr. 5 HinSchG.

2) Vgl. *Fischbach*, in: Thüsing HinSchG/Fischbach, 1. Aufl. 2024, HinSchG § 17 Rn. 13.

3) Vgl. *Gerdemann/Johnson*, 2024, Praxishandbuch Hinweisgeberschutzgesetz, Rn. 271 f.

4) Vgl. *Thüsing HinSchG/Fischbach*, 1. Aufl. 2024, HinSchG § 15 Rn. 12, 13; siehe auch § 13 Abs. 1 HinSchG.

5) Vgl. *Gerdemann/Johnson*, 2024, Praxishandbuch Hinweisgeberschutzgesetz, Rn. 325.

- die Abgabe des Verfahrens an eine für interne Ermittlungen zuständige Arbeitseinheit innerhalb der Organisation,
- die Abgabe des Verfahrens an eine zuständige Behörde.

Eine detailliertere Erläuterung dieses Themas, insbesondere die Durchführung einer internen Untersuchung, erfolgt in Kapitel 6.

5.9 Dokumentation

Nach § 11 Abs. 1 HinSchG muss die interne Meldestelle alle eingehenden Meldungen in dauerhaft abrufbarer Weise dokumentieren. Bei der Erstellung und Aufbewahrung der Dokumentation ist das Vertraulichkeitsgebot zu wahren, insbesondere dir Identität der hinweisgebenden Person, der Personen, die Gegenstand der Meldung sind, und der sonstigen in der Meldung genannten Personen durch die interne Meldestelle. Die Dokumentation unterliegt dem Personenkreis, welcher für die Entgegennahme und Bearbeitung und für die Erstellung, Aufbewahrung und Löschung der Dokumentation zuständig ist.[1)]

Die Form der Dokumentation ist bei telefonischen Meldungen oder Meldungen mittels einer anderen Art der Sprachübermittlung geregelt (§ 11 Abs. 2 HinSchG). Telefonische Meldungen stellen die Übermittlung von Informationen über klassische fernmündliche Netze dar. Unter „andere Arten der Sprachübermittlung" lassen sich IP-Telefonie oder Videotelefonie einordnen. Wird eine abrufbare Dokumentation des Gesprächs angefertigt, bspw. eine Tonaufzeichnung, oder ein detailliertes, vollständiges Wortprotokoll erstellt, ist die Einwilligung der hinweisgebenden Person hierzu erforderlich. Bei fehlender Einwilligung ist eine Zusammenfassung in Form eines Inhaltsprotokolls durch die interne Meldestelle zu erstellen.[2)] Zu beachten ist, dass beim Einsatz von aufzeichnenden Systemen, wie Anrufbeantwortern, Voicemails, software-basierten Aufzeichnungssystemen oder Aufzeichnungsmöglichkeiten, innerhalb von Videokonferenzsystemen, die Einholung der Einwilligung mitberücksichtigt werden muss.[3)] Es muss eine Wahlmöglichkeit zwischen Wortprotokoll und Inhaltsprotokoll für die hinweisgebende Person existieren.[4)] Weitere Anforderungen an den inhaltlichen Umfang des Wort- oder Inhaltsprotokolls existieren nicht.[5)]

Praxistipp:

Bei der Gestaltung von Meldekanälen mittels Telefon oder einer anderen Art der Sprachübermittlung sind entsprechende Opt-Ins, also aktive Zustimmungen, zur Einholung der Einwilligung der hinweisgebenden Person umzusetzen. Ansätze

1) Vgl. BT-Drs. 20/3442, S. 76.
2) Vgl. § 11 Abs. 2 HinSchG.
3) Eine Konkretisierung der Technologien nimmt das Gesetz nicht vor und ist ggf. bewusst offen formuliert.
4) Vgl. *Gola/Heckmann*, DSGVO/BDSG/Schulz DSGVO Art. 7 Rn. 19; *Fischbach*, in: Thüsing HinSchG/Fischer, 1. Aufl. 2024, HinSchG § 11 Rn. 11.
5) Vgl. *Fischbach*, in: Thüsing HinSchG/Fischer, 1. Aufl. 2024, HinSchG § 11 Rn. 13 f.

könnten Abfragen in einem Sprachmenü oder durch Tastendruck bei telefonischen Lösungen sein oder Checkboxen bei digitalen Meldekanälen. Ebenso sollte bei der Gestaltung der Prozesse der internen Meldestelle der Widerruf einer erteilten Zustimmung bedacht werden.

Erfolgt eine Meldung im Rahmen einer Zusammenkunft, so darf mit Zustimmung der hinweisgebenden Person eine vollständige und genaue Aufzeichnung der Zusammenkunft erstellt und aufbewahrt werden. Die Tonaufzeichnung oder das Wortprotokoll sind durch die für die Bearbeitung der Meldung verantwortlichen Person zu erstellen, bei fehlender Einwilligung besteht analog zu § 11 Abs. 2 HinSchG die Option, ein Inhaltsprotokoll anzufertigen.

Der hinweisgebenden Person sollte die Gelegenheit gegeben werden, das Protokoll zu prüfen, bei Bedarf zu korrigieren und durch Unterschrift zu bestätigen. Eine angefertigte Tonaufzeichnung ist nach Fertigstellung des Protokolls zu löschen. Nicht näher definiert wird, ob die Zustimmung nur das Wortprotokoll nach § 11 Abs. 2 S. 1 HinschG betrifft oder auch das Inhaltsprotokoll nach § 11 Abs. 2 S. 2 HinSchG einschließt.

Damit würde die finale Deutungshoheit eines Protokolls bei der hinweisgebenden Person liegen, unabhängig, ob es sich um ein Inhalts- oder Wortprotokoll handelt, und die Dokumentationspflicht der internen Meldestelle dem Belieben der hinweisgebenden Person aussetzen. Auch ist nicht geregelt, wie unterschiedliche Wahrnehmungen in Gesprächen zwischen Hinweisgeber und internen Meldestelle, welche sich in Korrekturwünschen der hinweisgebenden Person äußern, zu behandeln sind. Im Sinne künftiger Beweisdarlegung könnte hier der erste unbestätigte Protokollentwurf aufbewahrt werden.[1)]

Der § 11 Abs. 5 HinSchG regelt, dass eine Dokumentation drei Jahre nach Abschluss des Verfahrens löschbar sein muss und daher im Umkehrschluss mindestens drei Jahre aufzubewahren ist. Die Dokumentation kann jedoch länger aufbewahrt werden, um den Anforderungen nach dem HinSchG oder anderen Rechtsvorschriften Genüge zu tun, solange dies erforderlich und verhältnismäßig ist. Die Löschpflicht bezieht sich, bei einer gesetzeskonformen Auslegung, auf die Meldung selbst und nicht pauschal auf die gesamte angefertigte Dokumentation einer Meldung.[2)] Bei der Auslegung, dass die Löschung sich auf alle begleitenden Unterlagen einer Meldung bezieht, nimmt sich das Unternehmen die Möglichkeit, darzulegen, ob eine Person die hinweisgebende Person war und im Zweifel noch den Schutzmaßnahmen des HinSchG unterliegt.[3)] Auch ist das Unternehmen nicht mehr in der Lage, darzulegen, ob eine Person die hinweisgebende Person war und damit im

---

1) Vgl. *Fischbach*, in: Thüsing HinSchG/Fischer, 1. Aufl. 2024, HinSchG § 11 Rn. 18.

2) Vgl. *Fischbach*, in: Thüsing HinSchG/Fischer, 1. Aufl. 2024, HinSchG § 11 Rn. 26 f. und *Musiol*, Hinweisgeberschutz und Datenschutz, S. 398.

3) Vgl. *Dzida/Seibt*, Neues Hinweisgeberschutzgesetz: Analyse und Antworten auf Praxisfragen (NZA 2023, 657).

Zweifel von benachteiligenden Maßnahmen ausgenommen wird.[1] Der „Abschluss des Verfahrens" ist im Gesetz nicht näher konkretisiert, anzunehmen ist aber hier, dass der Abschlussbericht einer internen Untersuchung oder „die Einstellung aus Mangel an Beweisen" den Fristbeginn markieren kann.[2]

Um Fehlverhalten aufzuklären, sollten Meldungen nicht zu früh gelöscht werden, da häufig über einen längeren Zeitraum verschiedene Meldungen zu einem Sachverhalt eingehen. Solange erforderlich und verhältnismäßig, können daher abweichende Löschfristen begründet werden, exemplarisch sei hier die Nähe zu den Dokumentationsanforderungen nach § 10 Abs. 1 LkSG genannt.[3] Die datenschutzrechtlichen Anforderungen an die Löschung der Dokumentation werden detaillierter in Kapitel 4.3.5 dargestellt.

Praxistipp:

In der Praxis bedeutet dies, dass jede digitale Speicherung den entsprechenden Dokumentationsanforderungen entsprechen sollte, auch unter Berücksichtigung des Vertraulichkeitsgebots und Art. 32 Abs. 1 DSGVO, dass mobile Datenträger, wie USB-Sticks, DVDs, wiederum gesonderte Risiken hinsichtlich Lagerung und Zugriffsschutz mit sich bringen, dass Netzwerkspeicher auf entsprechende Berechtigungen zu prüfen sind, um das Need-to-know-Prinzip sicherzustellen.

Zukünftige Urteile werden zeigen, wie eine umfassende Dokumentation innerhalb eines Unternehmens, vorrangig der internen Meldestelle, von Meldungen und Sachverhaltsaufklärung und ggf. interner Untersuchung, in gleichen oder anderweitigen Arbeitseinheiten, durch erfolgte Beschlagnahme zu einer umfassenden Selbstbelastung führen.

5.10 Berichterstattung

Das HinSchG sieht für interne Meldestellen keine gesonderten Berichtspflichten vor. Wird die interne Meldestelle als Element eines Compliance Management Systems verstanden, so ist auch eine ordnungsgemäße Berichterstattung ein zentraler Baustein zur Steuerung und Weiterentwicklung und dient letztlich der Vermeidung von Haftungsrisiken und Reputationsschäden – sowohl für das Unternehmen selbst als auch für die Unternehmensleitung.[4] Die Legalitätspflicht fordert von der Unternehmensleitung, dass Unternehmen so zu organisieren und zu überwachen sind, dass keine Gesetzesverstöße aus dem Unternehmen heraus begangen werden können.[5] Eine interne Meldestelle agiert, bspw. durch eine entsprechende Bestellung, im Auftrag

1) Vgl. *Miege/Ahrens*, CCZ 2022, 176.

2) Vgl. *Gerdemann*, Rn. 383; *Miege/Ahrens*, CCZ 2022, 175.

3) Das Lieferkettensorgfaltspflichtengesetz fordert zur Erfüllung der Sorgfaltspflichten, erstellte Dokumentationen mindestens sieben Jahre lang aufzubewahren.

4) Vgl. *Melot de Beauregard/Lieder/Liersch*, Managerhaftung, § 13. Anforderungen an ein Compliance Management System in der Unternehmenspraxis, Rn. 430.

5) Vgl. *Melot de Beauregard/Lieder/Liersch*, Managerhaftung, § 13. Anforderungen an ein Compliance Management System in der Unternehmenspraxis, Rn. 426.

der Unternehmensleitung, welche wiederum für die Gesetz- und Rechtmäßigkeit verantwortlich bleibt.[1] Aufgrund der Delegation ist die Unternehmensleitung auf umfassende Informationen angewiesen, um sich im Rahmen der auszuübenden Sorgfaltspflichten ein bestmögliches Lagebild zu verschaffen und im Bedarfsfall notwendige Entscheidungen herbeizuführen und Maßnahmen einzuleiten.[2]

Mangels hinreichender Klarheit des HinSchG können parallel zu den Informationspflichten der Unternehmensleitung bei Verstößen gegen das Aktiengesetz herangezogen werden: Mitglieder des Vorstands, die ihre Pflichten verletzen, haften gem. § 93 Abs. 2 AktG gesamtschuldnerisch für entstandene Schäden. Sie sind verpflichtet nachzuweisen, dass sie mit der gebotenen Sorgfalt und Gewissenhaftigkeit gehandelt haben.

Die Legalitätskontrollpflicht bzw. Pflicht zur Compliance ist damit ein Element der Früherkennung von Risiken in der Ausübung der Pflicht zur Unternehmensorganisation.[3] Die Berichterstattung an die Geschäftsleitung kann als Teil der Dokumentationspflicht dazu beitragen, dass Vorstandsmitglieder ihre Sorgfaltspflichten nachweisen können. Fehlt eine ordnungsgemäße Dokumentation, kann dies ein zusätzliches Indiz für mangelhafte Organisation sein und den Entlastungsbeweis, bei vorgeworfener Pflichtverletzung, erschweren.[4] So ist es logisch, dass die vorrangigen Adressaten der Berichterstattung die Unternehmensleitung sein muss, weiterhin, sofern vorhanden, der Aufsichtsrat oder der Leiter einer vorgeschalteten Compliance-Funktion.[5] Im Rahmen einer fortlaufenden Berichterstattung sollte der Unternehmensleitung zyklisch Bericht erstattet werden, mindestens jedoch einmal jährlich. Eine Ad-hoc-Berichterstattung empfiehlt sich bei erkannten Sachverhalten mit hoher Tragweite, gravierendem Risiko oder Koordinationsbedarf.[6] Unter Umständen kann so eine wöchentliche oder tägliche Berichterstattung erforderlich sein.[7]

Je nach Unternehmensstruktur und Risikoprofil sollte bereits bei Hinweisen auf Fehlverhalten der Unternehmensleitung direkt an den Aufsichtsrat und/ oder Beirat berichtet werden, um an dieser Stelle Ermittlungen ohne Loyalitäts- und Interessenkonflikte sicherstellen zu können.[8]

---

1) Vgl. *Fehr/Refenius*, Hinweisgeberschutzgesetz: Interner Meldestellenbeauftragte, CB 2023, S. 291 und § 14 Abs. 2 HinSchG.

2) Vgl. *Raus/Lützeler*, CCZ 2012, Rn. 96.

3) Vgl. MüKoAktG/*Spindler*, 6. Aufl. 2023, AktG § 91 Rn. 63, Rn. 80, Rn. 121.

4) Vgl. MüKoAktG/*Spindler*, 6. Aufl. 2023, AktG § 93 Rn. 229.

5) Vgl. *Hauschka/Moosmayer/Lösler*, 2016, Corporate Compliance, 2. Abschnitt. Grundelemente eines Compliance-Systems 5. Kapitel. Compliance-Organisation § 37. Compliance-Organisation, Rn. 53; *Schwab*, Compliance-Reporting – Wer benötigt wann welche Informationen?, CB 2015, Rn. 462.

6) Vgl. *Fehr/Refenius*, Hinweisgeberschutzgesetz: Interner Meldestellenbeauftragte, CB 2023, S. 289; *Scheunemann* und *Hellfritzsch* (2013), S. 201 (Rn. 77), in: Bay, Handbuch: Internal Investigations, und *Spindler/Stilz/Fleischer*, 4. Aufl. 2019, AktG § 91 Rn. 57.

7) Vgl. *Melot de Beauregard/Lieder/Liersch*, Managerhaftung, (2022), § 13. Anforderungen an ein Compliance Management System in der Unternehmenspraxis, Rn. 439.

8) Vgl. DICO (2019), Standard 04, S. 37.

Praxistipp:

In der Berichterstattung sollten klare und präzise Formulierungen verwendet werden, um den Adressaten im Unternehmen alle notwendigen Informationen zur Entscheidungsfindung bereitzustellen.

Wesentliche Informationen sollten nach Wichtigkeit geordnet dargestellt werden und, sofern möglich, mit Schlussfolgerungen versehen werden.

Die Berichterstattung kann zyklisch, anlassbezogen oder zum Abschluss einer Untersuchung erstellt werden.

Folgende Themen können Bestandteil des zyklischen Berichts sein:

- Darstellung des gemeldeten Sachverhalts, bspw. Verstoß gegen internes Regelwerk oder gesetzliche Vorschriften
- Darstellung tatsächlicher oder hypothetischer Risiken
- Darstellung der Veränderung von Risiken im zeitlichen Verlauf, bspw. mittels KPIs bei zyklischem Bericht, wie:
    - Meldungsaufkommen über einen Zeitraum
    - Meldungsherkunft
    - Thematischer Schwerpunkt des Verstoßes
    - Bearbeitungszeit

Insgesamt sollte der Bericht so umfangreich wie nötig, aber auch so knapp wie möglich sein.

Dabei sollte auch berichtet werden, wenn keine Meldungen eingegangen sind, da dies auch schon der Geschäftsführung ein Lagebild über das bestehende Compliance-Programm gibt.

In der anlassbezogenen Berichterstattung sollte insbesondere auf die spezifischen Gegebenheiten und den aktuellen Kontext eingegangen werden. Der Umfang der Berichterstattung sollte flexibel an die jeweilige Situation angepasst werden und Elemente beinhalten, wie:

- Bewertung der bisherigen Untersuchungsergebnisse
- Geplante Untersuchungsmaßnahmen
- Ersuchte Freigaben

Eine sparsame Berichterstattung kann somit keine unbeabsichtigten Einflüsse auf laufende Untersuchungen haben, denn gerade bei größeren Adressatenkreisen sind auch das Vertraulichkeitsgebot und die DSGVO zu berücksichtigen.

Am Ende einer Untersuchung sollte ein umfassender Abschlussbericht erstellt werden. Dieser Bericht muss alle wesentlichen Aspekte der Untersuchung nachhaltig dokumentieren, einschließlich:

- Zusammenfassung der Untersuchungsergebnisse: Hier werden die wichtigsten Erkenntnisse und Resultate der Untersuchung zusammengefasst.
- Durchgeführte und geplante Maßnahmen: Es sollten alle Maßnahmen, die während der Untersuchung ergriffen wurden, sowie geplante zukünftige Maßnahmen klar dargestellt werden.
- Ergriffene Stakeholder-Interaktion: Die möglichen Interaktionen mit Behörden oder die Pressekommunikation sollten nachgehalten werden.

- Ergriffene Remediationsmaßnahmen: Maßnahmen zur Verbesserung der Compliance-Strukturen oder Sanktionen gegen beteiligte Parteien sollten hier detailliert beschrieben werden.

Die Identität der hinweisgebenden Person ist auch gegenüber einem Vorstand oder der Geschäftsführung sowie dem Aufsichtsgremium nicht offenzulegen.

5.11 Weiterführende Informationen: Konsequenzmanagement

Nach Abschluss der internen Ermittlungen i. S. d. § 18 HinSchG sind Maßnahmen als Antwort auf die Ermittlungsergebnisse zu ergreifen. Die Maßnahmen dienen dazu, etwaiges Fehlverhalten und seine Folgen zu ahnden oder zu beseitigen und identifizierte Risiken zu reduzieren. Eine konsequente „Zero Tolerance"-Politik bekennt sich klar zu den Werten des Unternehmens, seiner Compliance-Kultur und erfordert die Anwendung angemessener Prozesse im Rahmen interner Untersuchungen, um diese Werte durch Maßnahmen, wie Sanktionen und Remediation, konsequent durchzusetzen.[1)]

Ermittlungsbehörden können bei der Festlegung von Unternehmensbußgeldern das Verhalten des Unternehmens berücksichtigen, insbesondere wenn es bei schweren Pflichtverletzungen klare Maßnahmen ergreift und sich von den verantwortlichen Arbeitnehmern trennt und belegt, dass Rechtsverstöße nicht toleriert werden.[2)]

Ein geeignetes Konsequenzmanagement lässt sich in dringliche Sofortmaßnahmen und allgemeine disziplinarische und weitere Maßnahmen und die Remediationsmaßnahmen gliedern.

Abbildung 7: Inhalte eines Konsequenzmanagements [eigene Darstellung]

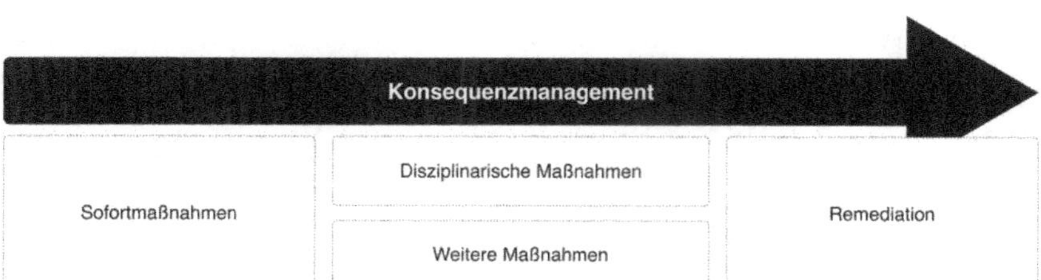

1) Vgl. *Hauschka/Moosmayer/Lösler*, Corporate Compliance, 2. Abschnitt. Grundelemente eines Compliance-Systems 4. Kapitel. Compliance-Programm § 26. Kartellrecht, Rn. 54.

2) Vgl. *Engelhoven*, Richtiges Verhalten in der Compliance-Krise, § 5. Arbeitsrechtliche Maßnahmen, Rn. 14.

Sofortmaßnahmen

Durch den Einsatz von Sofortmaßnahmen kann ein andauerndes Risiko aufgrund eines Fehlverhaltens während laufender Untersuchungen reduziert oder abgestellt werden. Abhängig vom jeweiligen Fehlverhalten oder Risiko sind individuelle Maßnahmen zu treffen.[1] Maßnahmen können sich auf Personen beziehen, um ein andauerndes Fehlverhalten umgehend abzustellen, bspw. die umgehende Beurlaubung einer betroffenen Person zur weiteren Schadensvermeidung. Ebenso kann eine Maßnahme sich auch auf das erbrachte Produkt oder eine Dienstleistung beziehen, bspw. Rückruf eines Produkts vom Markt. Eine „Selbstanzeige" bei Behörden wie dem Bundeskartellamt kann ebenfalls in Erwägung gezogen werden. Diese Entscheidungen sind jedoch nicht von der internen Meldestelle alleinig zu treffen, sondern sollten sorgsam abgewogen werden. Hier ist u. a. ein größerer Kreis an Verantwortlichen, wie Vorstand, Geschäftsführung, Fachexperten, hinzuzuziehen.

Diese Maßnahmen bedürfen ebenso einer aktiven Öffentlichkeitskommunikation, bspw. durch öffentliche Stellungnahme oder Pressemitteilung.

Disziplinarische Maßnahmen

Abbildung 8: Disziplinarische Maßnahmen im Rahmens eines Konsequenzmanagements [eigene Darstellung]

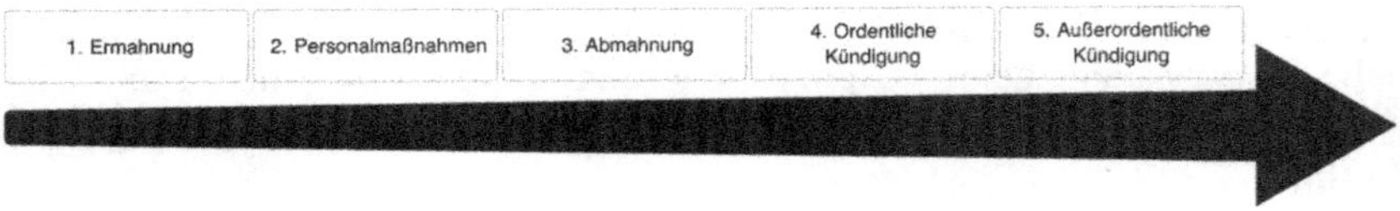

Die aufgedeckten Verstöße sind durch das Konsequenzmanagement in angemessener Weise zu sanktionieren. Die konsequente unternehmensinterne Ahndung untermauert das Compliance-Programm und folgt der anerkannten Pflichttrias „Aufklären, Abstellen, Ahnden", die als Folge des Siemens/Neubürger-Urteil die Wahrnehmung der Compliance-Verantwortung als eine Daueraufgabe für den Vorstand darstellt und bei Verdachtsmomenten und Verstößen besondere Sorgfalt fordert.[2]

Demzufolge wirkt die Sanktionierung auch einer stillen Duldung von Gesetzesverstößen durch den Beschäftigungsgeber entgegen und soll sich präventiv auf weiteres Fehlverhalten auswirken.[3]

Zu den möglichen Sanktionsmaßnahmen steht nach pflichtgemäßem Ermessen eine abgestufte Mittelauswahl zur Verfügung, die sich über eine Band-

1) Vgl. *Fleischer*, NZG 2014, 321 (Aktienrechtliche Compliance-Pflichten im Praxistest: Das Siemens/Neubürger-Urteil des LG München I) und MHdB GesR VII, § 107 Internal Investigations, Rn. 106.

2) Vgl. LG München I NZG 2014, 345.

3) Vgl. *Eufinger*, Rechtliche Aspekte Compliance-indizierter Sanktionsmaßnahmen im Arbeitsverhältnis, RdA 2017, S. 223.

breite disziplinarischer Maßnahmen erstreckt. Hierbei ist sich an den arbeitsrechtlichen Grundsätzen zu orientieren. Zum richtigen Zeitpunkt der Durchführung einer Disziplinarmaßnahme ist das BAG-Urteil, Az.: 2 AZR 483/21, richtungsweisend: Beschäftigungsgeber können (und sollten) auch bei komplexen Sachverhalten mit der Entscheidung zur Kündigung so lange abwarten, bis die internen Ermittlungen in Bezug auf alle beteiligten Verdächtigen abgeschlossen sind, ohne dadurch eine Verfristung bezüglich der Kündigung einzelner Beteiligter befürchten zu müssen. Erst wenn die Untersuchung in Bezug auf sämtliche Verdächtige abgeschlossen ist und es beispielsweise „nur" noch um Erkenntnisgewinne für die künftige Prävention geht, könne eine Fortführung der Ermittlungen den Beginn der Zwei-Wochen-Frist nicht mehr weiter hinausschieben.

a. Ermahnung

Die Ermahnung stellt ein mildes Mittel zur Ansprache und Sanktionierung eines Fehlverhalten dar, ohne eine Kündigung anzudrohen, aber um auch gleichzeitig zu dokumentieren, dass das Unternehmen solche Verstöße nicht toleriert.[1] Die weiteren Personalmaßnahmen umfassen disziplinarische Maßnahmen mit spürbaren Auswirkungen auf den Arbeitnehmer, hierunter lassen sich Bonusreduktion, Versetzung oder Degradierung einordnen.[2]

b. Abmahnung

Eine Abmahnung ist regelmäßig erforderlich, bevor eine Kündigung aufgrund einer Vertragspflichtverletzung ausgesprochen wird, wenn der Arbeitnehmer seine Haupt- oder Nebenpflichten aus dem Arbeitsverhältnis erheblich und i. d. R. schuldhaft verletzt hat und eine dauerhaft störungsfreie Vertragserfüllung in der Zukunft nicht mehr zu erwarten ist. Ist jedoch zu erwarten, dass strenge Sanktionen wie eine Kündigung durch den Beschäftigungsgeber nicht rechtlich durchsetzbar oder -haltbar sein wird, stellt die Abmahnung eine mögliche Sanktionsmaßnahme dar.[3]

Ein Arbeitnehmer kann einen Mehrwert zur Sachverhaltsaufklärung im Rahmen der internen Untersuchung beitragen, daher ist abzuwägen, ob ein Verzicht auf Sanktionen gegen den Arbeitnehmer möglich und sinnvoll ist. Ein Arbeitnehmer ist aufgrund seiner Treuepflicht nach § 242 BGB zur Mitwirkung angehalten, ein beendigtes Beschäftigungsverhältnis wirkt sich höchstwahrscheinlich kontraproduktiv auf die Mitwirkung aus.[4]

---

1) Vgl. *Engelhoven*, Richtiges Verhalten in der Compliance-Krise, § 5. Arbeitsrechtliche Maßnahmen Rn. 10 f.

2) Vgl. *Moosmayer*, Compliance, 2021, Rn. 338.

3) Vgl. *Engelhoven*, Richtiges Verhalten in der Compliance-Krise, § 5. Arbeitsrechtliche Maßnahmen, Rn. 12.

4) Vgl. *Eufinger*, Rechtliche Aspekte Compliance-indizierter Sanktionsmaßnahmen im Arbeitsverhältnis, RdA 2017, S. 223.

Praxistipp:

Belastet bspw. der Führungsstil einer Person im Kontext von #MeToo-Anschuldigungen eine gesamte Arbeitsorganisation, so kann durch die Erwirkung eines Aufhebungsvertrags und dem Zugeständnis eines Good-Leaver-Status eine Schadensbegrenzung erzeugt werden.[1)]

c. Ordentliche Kündigung

aa. Arbeitsverhältnis

Vorrangig bei Vertragspflichtverletzungen eines Arbeitnehmers aufgrund von Compliance-Verstößen kommt eine Kündigung aus verhaltensbedingten Gründen in Betracht. Der Begehung von Compliance-Verstößen im Sinne des Beschäftigungsgebers durch den Arbeitnehmer kann durch wirksame Compliance-Richtlinien begegnet werden. Eine Aufklärung über drohende Sanktionierung von Fehlverhalten in Regelwerken, Verhaltensanordnungen oder Richtlinien kann als eine vorweggenommene Abmahnung gewertet werden. [2)]

Letztlich muss in Anbetracht geltender Gesetze und Vorschriften abgewogen werden, welche disziplinarische Maßnahme sich in der individuellen Betrachtung einer Pflichtverletzung begründen lässt. Oftmals erweisen sich verhaltensbedingte Kündigungen aufgrund von Compliance-Verstößen in der Praxis als schwierig durchzusetzen, da Abmahnungen und Schulungen zur Verhaltensregelung oft fehlen und die Komplexität der Verbotsnormen eine angemessene Information der Arbeitnehmer erschwert.[3)]

bb. Vertragsverhältnis mit Geschäftspartner

Eine ordentliche Kündigung kann nicht nur im Arbeitsverhältnis erfolgen. Nicht zuletzt durch das LkSG werden sich in Verhaltenskodizes häufiger Bestimmungen zur „Third Party Compliance“ oder „Geschäftspartner-Compliance“ finden, die darauf abzielen, Compliance-konformes Verhalten auch bei Geschäftspartnern sicherzustellen.[4)]

Die Folge von Verstößen eines Mitarbeiters eines Geschäftspartners kann eine Kündigung des Vertragsverhältnisses zur Sicherung der Geschäftsbeziehung mit Dritten aufgrund Androhung von Nachteilen für den Beschäftigungsgeber, wie Ausschluss von Ausschreibungen oder Beendigung der Geschäftsbeziehungen, zur Folge haben.[5)]

---

1) Vgl. MAH ArbR, § 35 Compliance und Datenschutz Rn. 317 und *Hamann*, Gesellschaftsrecht, Finanzierung, Unternehmensnachfolge, § 11 Private Equity Rn. 193. Als Good Leaver gilt, wer ohne eigenes Verschulden oder aus einem anerkennenswert wichtigen Grund aus dem Arbeitsverhältnis ausscheidet.

2) Vgl. MüKoBGB/*Henssler*, 9. Aufl. 2023, BGB § 626 Rn. 110.

3) Vgl. MAH ArbR, § 35 Compliance und Datenschutz Rn. 306 und BeckRS 2011, 65288c.

4) Vgl. *Gehling/Ott/Lüneborg*, Das neue Lieferkettensorgfaltspflichtengesetz – Umsetzung in der Unternehmenspraxis (CCZ 2021, 235 f.).

5) Vgl. RdA 2017, 223.

d. Außerordentliche Kündigung

Arbeitnehmer, denen ein schweres Fehlverhalten vorgeworfen wird, haben regelmäßig unproblematische Arbeitsverhältnisse und sind in Bezug auf Compliance-Verstöße bisher nicht auffällig geworden. In der Regel blieb das Fehlverhalten systemimmanent unentdeckt und wurde durch eine hinweisgebende Person oder Compliance-Audits aufgedeckt.[1] Eine außerordentliche Kündigung nach § 626 BGB begründen Verstöße, wie Bestechung von Amtsträgern, Bestechlichkeit, Kartellabsprachen mit Marktbegleitern, Untreue oder Betrug.[2] Gleiches gilt auch für die Beendigung eines Vertragsverhältnis mit einem Geschäftspartner.

Weitere Maßnahme

Die Unternehmensleitung ist verpflichtet, Verstöße gegen Regelungen und Gesetze nach Abwägung durch geeignete Maßnahme abzustellen. Es gilt daher zu prüfen, ob

- zivilrechtliche Schadensersatzansprüche geltend gemacht werden. Hier sei erwähnt, dass ein pauschaler Verzicht auf Schadensersatzansprüche, wie etwaige Abfindungen, Übernahme von Bußen oder die Entlastung von Drittansprüchen, unter Berücksichtigung von § 266 StGB sorgfältig zu prüfen ist.[3]
- ein Handlungsbedarf aufgrund etwaiger Publizitäts- und Meldepflichten, bspw. nach § 43 GWG, Art. 17 MAR, § 23 WpHG, vorliegt.[4]
- infolge einer Anzeige vorliegende steuerrechtliche Implikationen weiterer Maßnahmen bedürfen, wie bspw. die Richtigstellung einer Steuererklärung.[5]

Remediation

Abschließend müssen Verstöße dazu führen, dass das bestehende Compliance-Programm angepasst und optimiert wird, um mögliche systemische Schwächen zu beseitigen, robustere Prozesse zu bilden und/oder durch Einsatz geeigneter Compliance-Maßnahmen ähnliche Verstöße künftig zu verhindern. Die Remediation folgt der Pflicht zu prüfen, ob festgestellte Compliance-Verstöße Einzelfälle darstellen oder ob die vorhandenen Strukturen und Geschäftsmodelle Compliance-Verstöße begünstigen, diese also systemimmanent sind.[6]

---

1) Vgl. *Engelhoven*, Richtiges Verhalten in der Compliance-Krise, § 5. Arbeitsrechtliche Maßnahmen, Rn. 17.

2) Vgl. *Eufinger*, Rechtliche Aspekte Compliance-indizierter Sanktionsmaßnahmen im Arbeitsverhältnis, RdA 2017, S. 223.

3) Vgl. *Eufinger*, Organhaftung bei Verzicht auf Schadensersatzansprüche gegenüber Arbeitnehmern, GWR 2018, 267.

4) Vgl. MHdB GesR VII, § 107 Internal Investigations Rn. 107.

5) Vgl. *Kessler/Kröner/Köhler*, KonzernStR, 3. A., § 1 Rn. 120, insb. Abwägung § 153 AO Berichtigung und Selbstanzeige nach § 173 AO.

6) Vgl. MAH GmbHR, § 24 Corporate Compliance in der GmbH Rn. 104.

Aus § 130 Abs. 1 OWiG ergibt sich für die Geschäftsleitung die Pflicht, mittels durchführbarer und zumutbarer Organisationsmaßnahmen sicherzustellen und darauf hinzuwirken, dass ähnliche Compliance-Verstöße zukünftig nicht begangen werden können.

Diese Verpflichtung gilt insbesondere, wenn eine interne Untersuchung zu dem Ergebnis gelangt, dass die festgestellten Compliance-Verstöße auf systemimmanente Schwachstellen zurückzuführen sind. In einem solchen Fall muss die Geschäftsleitung geeignete Remediationsmaßnahmen ergreifen, um diese Schwachstellen zu beheben und sicherzustellen, dass sich vergleichbare Verstöße nicht wiederholen, und gegebenenfalls interne Regelungen und Abläufe verbessern, um die Wirksamkeit der Compliance-Strukturen dauerhaft zu gewährleisten.[1)]

Nachfolgend exemplarische Remediationsmaßnahmen:

- Erlass einer Richtlinie zum Umgang mit erhaltenen Geschenken durch Geschäftspartner mit eindeutigen Regelungen und verständlichen Praxisbeispielen
- Präventive Compliance-Schulungen zum Verhaltenskodex während des Einarbeitungsprozesses neu eingestellter Mitarbeiter
- Einführung eines telefonischen Meldekanals mit lokaler Rufnummer für die Mitarbeiter einer Tochtergesellschaft in einem Nicht-EU-Staat zur Vereinfachung der Meldungsabgabe.

Um systematische Verstöße künftig auszuschließen, sind die identifizierten Verstöße im Kontext des vorhandenen Compliance-Programms durch eine Compliance-Risikoanalyse zu überwachen.[2)] Bei der Risikoidentifikation, Risikobewertung und Risikopriorisierung, welche die Kernelemente der Compliance-Risikoanalyse darstellen, sind die jeweilige Ausgestaltung, Organisation und inhaltliche Fokussierung in Relation zur Geschäftstätigkeit des Unternehmens zu setzen.[3)]

Zur Entlastung des Unternehmens sollten die Maßnahmen der Remediation sorgfältig dokumentiert werden. Dabei ist zu prüfen und dokumentieren, ob ähnliche Prozesse im Unternehmen einer Überprüfung oder Anpassung bedürfen. Es ist zu analysieren, warum die bestehenden Compliance-Maßnahmen das Fehlverhalten nicht verhindert oder aufgedeckt haben und welche Verbesserungen notwendig sind, um zukünftiges Fehlverhalten leichter zu identifizieren und zu verhindern. Verantwortliche für die Umsetzung der Veränderungen oder Verbesserungen sind zu benennen. Abschließend ist festzuhalten, wann sowie von wem die Anpassungen der Prozesse kontrol-

1) Vgl. MAH GmbHR, § 24 Corporate Compliance in der GmbH Rn. 105.

2) Ein Compliance-Programm besteht aus einer Reihe von Maßnahmen und Prozessen, die gezielt auf die in der Risikoanalyse identifizierten und priorisierten Top-Risiken ausgerichtet sind.

3) Vgl. *Grützner/Boerger/Momsen*, Die „Dieselaffäre" und ihre Folgen für Compliance-Management-Systeme – Evolution durch Einbeziehung des Bereichs Produkt-Compliance in ein CMS (z. B. zum Zweck der Prävention produktbezogener Täuschungen) (CCZ 2018, 50) und MHdB GesR VII, § 107 Internal Investigations Rn. 115.

liert werden sollen.[1] Obwohl die Remediation aufgrund des erforderlichen Prüfungsumfangs oft mit erheblichen Kosten verbunden ist, ist ihre Durchführung dringend zu empfehlen. Die Kosten für diese Maßnahmen sind im Vergleich zu den potenziellen Sanktionen oder Reputationsschäden, die bei Compliance-Verstößen drohen, verhältnismäßig gering.[2]

1) Vgl. ISO 37301, Ziff. 9; DICO Standard CMS, Ziff. 2.5. und *Momsen/Grützner*, WirtschaftsStrafR-HdB, § 16 Interne Ermittlungen – Leitfaden für die Praxis Rn. 631.

2) Vgl. MAH GmbHR, § 24 Corporate Compliance in der GmbH Rn. 113.

6. Folgemaßnahmen im Detail: Fokus auf die interne Untersuchung

Nachdem die in Kap. 5 erwähnten ersten Schritte des Meldeprozesses erfolgt sind, d. h. der hinweisgebenden Person eine Eingangsbestätigung personalisiert zugeschickt wurde, geprüft wurde, ob der gemeldete Hinweis in den sachlichen Anwendungsbereich des HinSchG fällt und auch die Stichhaltigkeitsprüfung des Hinweises erfolgt und positiv ist, steht der/die Meldestellenbeauftragte vor der gesetzlichen Herausforderung, nach § 17 Abs. 6 HinSchG die angemessenen Folgemaßnahmen nach § 18 HinSchG zu ergreifen. Der Gesetzgeber versäumt an dieser Stelle, die Folgemaßnahmen näher (auch prozessual) zu erläutern. Ein exemplarischer Verlauf der Meldungsbearbeitung wurde bereits in Kap. 2.3 auch bildlich anhand Abb. 2 dargestellt. Im Folgenden konzentriert sich das Praxishandbuch auf den im Kasten markierten Bereich, also die Folgemaßnahmen bzw. die internen Untersuchungen im Detail. Aufgrund der fehlenden Gesetzeslage zum Thema interne Untersuchung ist dieser Prozess nur exemplarisch und die Begriffe aus Best-Practice-Gründen gewählt, wobei das Field Work[1] sich auf die konkrete Arbeit in der internen Untersuchung bezieht.

Praxistipp:

Schon vor dem ersten „echten Fall" ist es hilfreich, wenn Unternehmen eine für die eigenen Bedürfnisse angepasste Struktur einer internen Untersuchung definiert und getestet haben.

Die Studie „Interne Untersuchungen in Deutschland – 2022" bietet Einblicke in die Durchführung interner Untersuchungen in deutschen Unternehmen. 103 Unternehmen, die Vertreter in den Arbeitskreis „Interne Untersuchungen & Hinweisgebersysteme" des DICO e. V. entsandt haben, oder Mitglieder des VDMA e. V. sind, nahmen an der Studie teil (wobei nicht alle Teilnehmenden alle Fragen beantwortet haben). Die Studie ergab, dass Hinweise von Mitarbeitenden der größte Auslöser für interne Untersuchungen sind (96 % der Unternehmen). Weitere Auslöser sind Hinweise von externen Dritten (83 %) und Erkenntnisse aus Compliance-Abteilungen (75 %). Über 60 % der Unternehmen gehen von steigenden Fallzahlen in den nächsten Jahren aus. 80,46 % der Unternehmen führen interne Untersuchungen selbst durch. Fast alle (93 %) der Untersuchungseinheiten umfassen Personen mit rechtswissenschaftlichem Hintergrund. 94 % der Unternehmen gaben an, dass Befragungen möglichst von mindestens zwei Personen des Untersuchungsteams durchgeführt werden.

1) Der Begriff „Field Work" ist von den Autoren exemplarisch gewählt und beschreibt die Tätigkeiten der „eigentlichen internen Untersuchung", also die Tätigkeiten nach der Vorbereitung und Planung.

Abbildung 9: Folgemaßnahmen im Detail [eigene Darstellung]

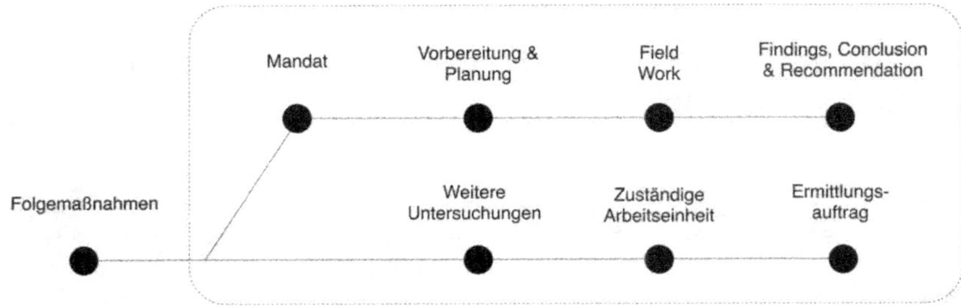

6.1 Mandat

Im Rahmen einer internen Untersuchung gibt es drei mögliche Ansätze, wie die Aufgaben verteilt werden können. Die Entscheidung muss angemessen auf den Untersuchungsgegenstand bzw. Verdachtsfall ausgerichtet sein. Oftmals ist es auch eine betriebswirtschaftliche Entscheidung („make or buy"), wie die Ressourcen, das Know-how und die Kompetenzen kanalisiert werden.[1)]

Ist der Arbeitsaufwand für die interne Abteilung neben dem Tagesgeschäft nicht zu bewältigen oder fehlen interne Ressourcen oder Kompetenzen, ist die Einbeziehung von externen Dienstleistern, wie z. B. Rechtsanwaltskanzleien, bei speziellen rechtlichen Fragestellungen möglicherweise sinnvoll. Dabei ist die erforderliche Transparenz und Unabhängigkeit zu gewährleisten.[2)]

Praxistipp:

Schließen Sie im Vorfeld einen Rahmenvertrag mit potenziellen Externen, in dem der zeitliche Rahmen, die Art und Weise der Zusammenarbeit und alle notwendigen Verträge (wie z. B. Verschwiegenheitsverpflichtungen, Datenverarbeitungsverträge usw.) und die Form der Berichterstattung definiert sind.

Im Gegenzug zur Abgabe an eine externe Institution, wie z. B. einer Strafverfolgungsbehörde, können Unternehmen eine ständige Untersuchungseinheit einrichten oder eine Ad-hoc-Kommission für den jeweiligen Fall definieren.[3)] Unabhängig davon ist eine klare Zuweisung von Aufgaben, Verantwortlichkeiten und Kompetenzen unerlässlich. Dabei kann die Verantwortung jedoch nicht vollständig ausgelagert werden. Unternehmen müssen weiterhin zumindest eine Steuerungsaufgabe behalten.[3)] Änderungen, Kontrollen sowie die Benennung von Personen und Festlegung von Fristen sollten zur Überwachung und Implementierung in Prozessen festgelegt werden, abhängig von Größe, Struktur und Geschäftsmodell des Unternehmens. Die Entschei-

1) Vgl. DICO, Arbeitskreis Interne Untersuchungen, Mai 2019, TOP 10 Wichtige Aspekte einer internen Untersuchung, Team und Ressourcen.

2) Vgl. *Umnuß*, Corporate Compliance Checklisten, 5. Auflage 2022, Rn. 20-2.

3) Vgl. DICO, S04 – Interne Untersuchungen, Juli 2019, S. 18.

dung, ob und in welchem Umfang externe Berater hinzugezogen werden, sollte das Mandat komplett intern übernommen werden, obliegt der Beratungseinheit.

Die internen Meldestellen können die hinweisgebende Person bzw. den Fall an eine andere zuständige Stelle verweisen bzw. weiterleiten, wenn es denkbar ist, dass eine andere Stelle effizienter und geübter Abhilfe leisten kann oder sachlich zuständig ist, wie z. B. an die betriebliche Beschwerdestelle nach § 13 AGG, die Stelle für die Behandlung des betriebsverfassungsrechtlichen Beschwerderechts nach § 84 BetrVG[1] oder eine interne Stelle mit festgelegten Themen, wie z. B. den Datenschutzbeauftragten oder Arbeitssicherheitsbeauftragten. Der Verweis an eine andere Stelle birgt jedoch Risiken, wie z. B. Brüche der Vertraulichkeit (wie bereits mehrfach in diesem Praxishandbuch thematisiert), aber als interne Meldestelle gibt man auch die Möglichkeit einer Einflussnahme ab.

Tabelle 3: „Make“ or „Buy“ bei einer internen Untersuchung: Entscheidungstabelle [eigene Darstellung]

„Make“ (Interne Durchführung)	„Buy“ (Externe Berater)
• Intern sind ausreichend Ressourcen und Kompetenzen vorhanden, um die Untersuchung effizient und in einem rechtlich sicheren Rahmen durchzuführen • Kleinere Investigationen können von geübten internen Abteilungen übernommen werden • Bessere Kontrolle und Vertraulichkeit der Untersuchung – kein Bruch in Datenfluss und dem Vertraulichkeitsgrundsatz • Vermeidung von Interessenkonflikten externer Berater • Möglicherweise kostengünstiger als externe Berater	• Fehlende interne Ressourcen oder Kompetenzen für die Untersuchung • Höhere Objektivität und Unabhängigkeit externer Berater, ggf. sind Berater genau in diesem Sachverhalt geübt • Spezialwissen externer Berater, keine Einarbeitung in komplexe Sachverhalte notwendig (z. B. Fachanwälte oder IT-Forensiker) • Entlastung der internen Ressourcen vom Tagesgeschäft

6.2 Interne Untersuchung

Die Durchführung einer internen Untersuchung stellt eine von vielen möglichen Maßnahmen dar, die durchgeführt werden können, sollte der Verdacht vorliegen, dass ein Hinweis stichhaltig ist und weitere Schritte eingeleitet

1) Arbeitnehmer haben das Recht, sich über Missstände jeglicher Art, die sie persönlich betreffen bzw. im Zusammenhang mit ihrer Arbeit stehen, bei „zuständigen Stellen“ zu beschweren. Je nach Thema könnte dies also z. B. der Beschäftigungsgeber direkt, HR oder der Vorgesetzte sein.

werden müssen. Die Ergebnisse dienen der Aufklärung von konkreten Rechtsverstößen und grenzen sich von verdachtsunabhängigen Prüfungen (wie das Audit) ab. Am Ende der internen Untersuchungen sollte die Aufklärung des Untersuchungsgegenstandes im Vordergrund stehen, aber auch eine Entscheidungsgrundlage geschaffen sowie die beanstandeten Verhaltensweisen unterbunden sein. Häufig werden auch externe Ermittler, wie z. B. Rechtsanwälte, Berater oder Wirtschaftsprüfer, eingesetzt. Bei kleineren internen Untersuchungen ist eine Untersuchung durch das Unternehmen oder die Organisation möglich.[1)] Die interne Untersuchung wird ausgelöst durch entweder externe Verdachtsquellen, wie z. B. Medienberichte oder Marktgerüchte zu einem Sachverhalt, Beschwerden von Dritten, wie z. B. Kunden oder Lieferanten, sowie die Notwendigkeit zu weiteren internen Untersuchungen aufgrund von behördlichen Ermittlungsmaßnahmen. Auf der anderen Seite stehen die in diesem Praxishandbuch bereits detailliert besprochenen internen Verdachtsquellen, also die Hinweise von Mitarbeitenden oder Auffälligkeiten durch die interne Revision oder zB die Jahresabschlussprüfung.[2)]

Bevor die Entscheidung getroffen wird, wer die interne Untersuchung durchführt, sind ein paar Überlegungen und Grundsätze zu beachten:

- **Sicherstellung von Beweisen:** Stellen Sie sicher, dass alle relevanten Beweise umgehend gesichert werden, um Verluste zu vermeiden.
- **Physische Beweise:** Überprüfen Sie, ob physische Beweise vernichtet werden könnten und ergreifen Sie Maßnahmen zu deren Sicherung.
- **Elektronische Beweise:** Stellen Sie sicher, dass elektronische Daten wie E-Mails usw. nicht gelöscht werden können. Ein „Data Freeze“ (also die Sicherung von Informationen) kann hierbei hilfreich sein.[3)]
- **Vorbereitung auf Personalveränderungen:** Prüfen Sie, ob das Ausscheiden eines Mitarbeitenden unmittelbar bevorsteht und welche Auswirkungen dies auf die Verfügbarkeit von Auskünften haben könnte.
- **Erstellung eines Untersuchungsplans:** Der Leiter der Untersuchung sollte einen strukturierten und individuell angepassten „Investigation Plan“ erstellen und dokumentieren.
- **Dokumentation aller Schritte:** Jeder Schritt der Untersuchung sollte dokumentiert werden, einschließlich der Gründe für das Unterlassen bestimmter Maßnahmen.
- **Personenbezogene Daten:** Definieren und dokumentieren Sie alle für die Untersuchung relevanten Personen, wie Zeugen, die hinweisgebende Person und Betroffene.

---

1) Vgl. Weber kompakt, Rechtswörterbuch, 10. Edition 2024, Internal Investigations sowie *Nestler*, in: Knierim/Rübenstahl/Tsambikakis, Internal Investigations, Kap. 1 Rn. 20 ff.

2) Vgl. *Dieners*, Handbuch Compliance im Gesundheitswesen, 4. Auflage 2022, Rn. 2–7.

3) Vgl. *Miege*, Remote Investigations – Hinweise für die Praxis nicht nur in Corona-Zeiten (CCZ 2020, 302).

- **Beschränkter Personenkreis:** Halten Sie den Kreis der informierten Personen so klein wie nötig, um die Vertraulichkeit zu wahren.
- **Datenschutz:** Stellen Sie sicher, dass die Datensicherung und der Umgang mit personenbezogenen Informationen den Datenschutzbestimmungen entsprechen.
- **IT-Forensik:** Betrachten Sie die Einbeziehung von Spezialisten für IT-Forensik, besonders wenn elektronische Daten bewertet werden müssen.
- **Frühzeitige Fallbewertung:** Ein „Early Case Assessment" kann helfen, schnell einen Überblick zu erhalten und die nächsten Schritte zu planen.[1)]
- **Berichterstattung:** Legen Sie fest, wie und in welcher Form über den Fortschritt und die Ergebnisse der Untersuchung intern oder extern berichtet wird.
- **Hypothetische Ansätze:** Arbeiten Sie mit fundierten Thesen anstatt mit bloßen Vermutungen. Überprüfen Sie diese kontinuierlich, um sich eine umfassende Sicht auf den Sachverhalt zu verschaffen.
- **Ergebnisoffene Ermittlung:** Bleiben Sie offen für alle möglichen Ergebnisse und lassen Sie sich nicht von anfänglichen Annahmen leiten.

6.2.1 Rechtliche Rahmenbedingungen bei internen Untersuchungen

Interne Untersuchungen müssen innerhalb eines rechtlichen Rahmens durchgeführt werden, der verschiedene Rechtsgebiete umfasst.

Praxistipp:

Prüfen Sie vorab mit Ihrer Rechtsabteilung, ob der angedachte Prozess einer internen Untersuchung sich in einem rechtlich passenden Rahmen befindet, vor allem wenn die internen Untersuchungen auch oder besonders im Ausland durchgeführt werden.

Aufgrund der Tatsache, dass Mitarbeitende oft in interne Untersuchungen einbezogen werden müssen, gibt es eine Vielzahl von Regelungen und Erwägungen insbesondere im Arbeitsrecht, die sowohl bei der Vorbereitung als auch bei der Durchführung berücksichtigt werden müssen. Unternehmen sollten deshalb vorab die Voraussetzungen für bestimmte Untersuchungswege, wie zB die der Mitarbeiterbefragungen prüfen.

Straf- und Strafprozessrechtliche Regelungen:

Interne Untersuchungen sind in Deutschland grundsätzlich verfahrenstechnisch vom Strafverfahren zu unterscheiden, deshalb finden die Vorschriften der Strafprozessordnung (StPO) auch nicht direkt Anwendung. Dennoch sollten, allein aus Fairnessgründen, bestimmte Verfahrensvorschriften der

1) Ein „Early Case Assessment" (ECA) ist eine erste Prüfung der verfügbaren elektronischen Daten in einem Fall, um schnell relevante Hinweise auf den Sachverhalt zu erhalten. Dies ist besonders hilfreich, wenn E-Mails und andere elektronische Daten eine Rolle im Fall spielen, vgl. dazu *Rosenthal et al.*, Praxishandbuch für interne Untersuchungen und eDiscovery, Release 1.01, Zürich/Bern, 2021, Q37.

StPO sinngemäß angewendet werden, wie z. B., dass Mitarbeiter zu Beginn einer Befragung über die gegen sie erhobenen Verdachtsmomente und die Hintergründe der Untersuchung informiert werden.[1] In dem Zuge ist zu beachten, dass eingesetzte Ermittler (ob interne Personen oder externe Berater) keine Rolle einer Aufsichtsbehörde oder staatlichen Institution einnehmen und daher die strafrechtlichen Grenzen einhalten müssen, um nicht selbst strafbar zu werden. Damit sind insbesondere die Tatbestände der Amtsanmaßung (§ 132 StGB) und der Nötigung (§ 240 StGB) relevant.[2] Immer mehr Aufsichts- und Strafverfolgungsbehörden gehen dazu über, aus internen Untersuchungen gewonnene Erkenntnisse für ihre eigenen Ermittlungen zu verwerten. Grundsätzlich können diese Erkenntnisse und Informationen im Strafprozess verwertet werden, es ist jedoch umstritten, unter welchen Voraussetzungen dies zulässig ist.[3]

Nach der „Jones Day-Entscheidung" des Bundesverfassungsgerichts schützt das Beschlagnahmeverbot des § 97 Abs. 1 Nr. 3 StPO nur das Vertrauensverhältnis zwischen einem Berufsgeheimnisträger (z. B. Anwalt) und dem im konkreten Strafverfahren Beschuldigten. Demnach können Protokolle und Unterlagen aus internen Untersuchungen, auch wenn sie sich in einer Anwaltskanzlei befinden, beschlagnahmt werden, wenn kein Beschuldigtenverhältnis besteht. Um einen möglichen Beschlagnahmeschutz zu erreichen, kann es empfehlenswert sein, die Unterlagen als Verteidigungsunterlagen zu kennzeichnen, sobald ein Beschuldigtenstatus erreicht ist.[2]

Datenschutz:

Die DSGVO ist aufgrund der Verarbeitung von personenbezogenen Daten besonders zu betrachten. Die Verarbeitung dieser personenbezogenen Daten im Rahmen interner Untersuchungen ist nur rechtmäßig, wenn sie den datenschutzrechtlichen Anforderungen entspricht (siehe dazu Kap. 4.3.6), denn mögliche Rechtfertigungsgründe sind die berechtigten Interessen des Beschäftigungsgebers (Art. 6 Abs. 1 lit. f) DSGVO) oder auch die Einwilligung der betroffenen Mitarbeiter (Art. 6 Abs. 1 lit. a) DSGVO). Bei der Einholung von Einwilligungen im Beschäftigungskontext ist jedoch fraglich, ob diese tatsächlich freiwillig erteilt wurden. Es ist wichtig, dass die Betroffenenrechte (z. B. Auskunftsansprüche) gewahrt werden und die Datenübermittlung im In- und Ausland den datenschutzrechtlichen Vorgaben entspricht. Bei Bedarf sollte zu jederzeit der Datenschutzbeauftragte einbezogen werden.[4] Alle Datenverarbeitungsvorgänge im Rahmen der internen Untersuchung sind zu dokumentieren.

1) Vgl. DICO, S04 – Interne Untersuchungen, Juli 2019, S. 34.

2) Vgl. *Naber/Ahrens*, Befragung von Mitarbeitern im Rahmen von Internal Investigations – Vorgehensweise und aktuelle Herausforderungen, CCZ 2020, 36.

3) Vgl. *Rosenthal et al.*, Praxishandbuch für interne Untersuchungen und eDiscovery, Release 1.01, Zürich/Bern, 2021, S. 134.

4) Vgl. DICO, S04 – Interne Untersuchungen, Juli 2019, S. 20.

Abbildung 10: Datenschutzrechtliche Fragestellungen zu Beginn einer internen Untersuchung [eigene Darstellung]

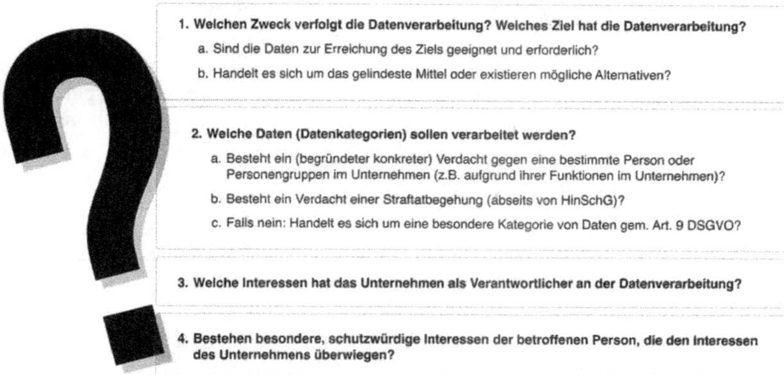

Andere/Sonstige:

Der Referentenentwurf des VerSanG sieht vor, dass Unternehmen, die interne Untersuchungen unter Beachtung der Grundsätze eines fairen Verfahrens durchführen und mit den Behörden kooperieren, bei der Strafzumessung mildernde Umstände erhalten können.[1] Der VerSanG-E enthält auch Vorgaben für die Durchführung von Mitarbeiterbefragungen im Rahmen interner Untersuchungen. So sollen Befragte z. B. auf ihr Recht zur Aussageverweigerung hingewiesen werden.[2]

Arbeitsrecht:

Arbeitnehmer sind grundsätzlich verpflichtet, an internen Untersuchungen teilzunehmen und ihrem Beschäftigungsgeber Auskunft zu erteilen. Diese Pflicht leitet sich aus §§ 675, 666 BGB sowie aus den arbeitsvertraglichen Nebenpflichten, insbesondere der Treuepflicht ab. Ein Aussageverweigerungsrecht gibt es nicht. Arbeitnehmer sind verpflichtet, im Rahmen der Untersuchung wahrheitsgemäße Angaben zu machen und ihrem Beschäftigungsgeber Gegenstände, die im Zusammenhang mit dem Arbeitsverhältnis stehen, auszuhändigen. Im Gegenzug muss der Beschäftigungsgeber die Persönlichkeitsrechte des Arbeitnehmers wahren, insbesondere betrifft dies die Art und Weise der Befragung, den Schutz der Privatsphäre und die Vermeidung von Vorverurteilungen.[3] Jede Maßnahme im Rahmen einer internen Untersuchung muss verhältnismäßig sein. Dies gilt insbesondere für die Erhebung und Verarbei-

1) Vgl. *Naber/Ahrens*, Befragung von Mitarbeitern im Rahmen von Internal Investigations – Vorgehensweise und aktuelle Herausforderungen, CCZ 2020, 36.

2) Vgl. DICO, Arbeitskreis Interne Untersuchungen, Mai 2019, TOP 10 Wichtige Aspekte einer internen Untersuchung, Team und Ressourcen.

3) Vgl. DICO, S04 – Interne Untersuchungen, Juli 2019, S. 24.

tung von Mitarbeiterdaten, aber auch für die Auswahl der Ermittlungsmaßnahmen und die Frage, ob eine Mitwirkung des Arbeitnehmers zumutbar ist.[1)]

Ob Arbeitnehmer das Recht haben, ein Betriebsratsmitglied oder einen Rechtsanwalt zur Befragung hinzuzuziehen, ist umstritten. Beschäftigungsgeber sollten jedoch auch hier, aus Gründen der Fairness sowie Kooperation und zur arbeitsrechtlichen Gleichbehandlung, die Hinzuziehung eines Rechtsanwaltes oder eines Betriebsratsmitgliedes erlauben.[2)] Arbeitnehmer, die die Mitwirkung an internen Untersuchungen verweigern, können und müssen mit arbeitsrechtlichen Sanktionen rechnen.[3)]

Mitbestimmungsrechte des Betriebsrats:

Der Betriebsrat hat gem. §87 Abs. 1 Nr. 1 BetrVG ein Mitbestimmungsrecht bei der „Festlegung von Ordnung und Verhalten im Betrieb". Dies umfasst auch die Befragung von Arbeitnehmern im Zusammenhang mit Fehlverhalten. Sollten sich Unternehmen schon vorab für technische Überwachungsmaßnahmen entscheiden, als Teil einer Compliance-Präventionsstrategie, so muss dies mit dem Betriebsrat vereinbart werden, da der Einsatz von Software, Kameras oder anderen technischen Überwachungsmaßnahmen mitbestimmungspflichtig ist.[4)]

Wenn ein Beschäftigungsgeber die Mitbestimmungsrechte des Betriebsrats bei internen Untersuchungen nicht beachtet, kann dies schwerwiegende Folgen haben. Der Betriebsrat hat die Möglichkeit, die Ermittlungen zu stoppen.[4)] Es ist wichtig, die Beteiligung des Betriebsrats von Anfang an zu berücksichtigen, insbesondere in sozialen Angelegenheiten. Wenn beispielsweise im Rahmen der Untersuchung eine technische Überwachungseinrichtung eingeführt werden soll, greift möglicherweise das Mitbestimmungsrecht des Betriebsrats nach §87 Abs. 1 Nr. 6 BetrVG. Bei Mitarbeiterbefragungen mithilfe von Fragebögen kann die Zustimmung des Betriebsrats gem. §94 BetrVG erforderlich sein.[5)] Die Verletzung der beschriebenen Mitwirkungspflichten durch Mitarbeiter stellt selbst einen arbeitsrechtlichen Verstoß dar, der mit Sanktionen wie Gehaltskürzung, Abmahnung oder sogar Kündigung geahndet werden kann.[6)]

Praxistipp:

Um etwaige Streitigkeiten zu vermeiden und schon vorab einen rechtssicheren Rahmen zu schaffen, ist eine Rahmenbetriebsvereinbarung für die Durchführung interner Untersuchungen empfehlenswert.[7)] Mögliche Inhalte einer Rahmenbetriebsvereinbarung könnten sein:

1) Vgl. *Bay*, Handbuch Internal Investigations, Januar 2013, S. 98.

2) Vgl. DICO, S04 – Interne Untersuchungen, Juli 2019, S. 35.

3) Vgl. *Momsen/Grützner*, Wirtschafts- und Steuerstrafrecht, 2. Auflage 2020, §16 Interne Ermittlungen – Leitfaden für die Praxis, Rn. 80–83.

4) Vgl. DICO, S04 – Interne Untersuchungen, Juli 2019, S. 18.

5) Vgl. *Thüsing/Granetzny*, Beschäftigtendatenschutz und Compliance, 3. Auflage 2021, Rn. 83–93.

6) Vgl. *Moosmayer*, Compliance, 4. Auflage 2021, Rn. 311–337.

7) Vgl. *Hotze/von Grundherr*, „Fallstricke" bei internen Untersuchungen zu Complianceverstößen im Unternehmen, Deutscher AnwaltSpiegel, Ausgabe 16/2. August 2023.

- Anlässe für eine interne Untersuchung
- Kriterien für die Einleitung einer Untersuchung
- Festlegung von Untersuchungsgrundsätzen (z. B. Verhältnismäßigkeit, Verschwiegenheit, Unschuldsvermutung)
- Zustimmungspflichtige Maßnahmen (zB Interviews, E-Mail-Kontrollen)
- Unterrichtungspflichten gegenüber dem Betriebsrat
- Entscheidungsspielraum des Beschäftigungsgebers bei der konkreten Durchführung
- Dokumentations- und Löschkonzept (im Einklang mit der DSGVO)
- Zusammenarbeit mit Behörden.

Exkurs: Offene und verdeckte Videoüberwachung

Im Rahmen der internen Untersuchung kann es sein, dass Videokameradaten ausgewertet werden. Im Falle des – offenen oder verdeckten – Einsatzes von Videokameras zur Arbeitnehmerüberwachung sind insbesondere folgende Punkte zu berücksichtigen:[1)]

- Es muss einen konkreten Anlass für den Überwachungseinsatz (Anfangsverdacht einer schwerwiegenden Straftat) geben, dieser ist ausreichend zu dokumentieren;
- es ist ausreichend, wenn der Beschäftigungsgeber seinem Tatverdacht gegen eine abgrenzbare Arbeitnehmergruppe nachgeht;
- zudem darf dem Beschäftigungsgeber keine Abhilfe auf andere Art und Weise, also durch weniger einschneidende Mittel, möglich sein;
- der Einsatz von Videokameras muss räumlich und zeitlich beschränkt sein;
- in der Gesamtbewertung darf der Einsatz von Videoaufnahmen nicht unangemessen erscheinen;
- schließlich darf die so erlangte Videoaufnahme nicht zu anderen als zu Beweiszwecken benutzt werden.

6.2.2 Methoden und Tools bei internen Untersuchungen

Interne Untersuchungen erfordern eine Vielzahl an Methoden und Tools, um den Sachverhalt umfassend aufzuklären. Die rechtlichen Rahmenbedingungen können sich ändern, besonders aufgrund der Argumentation, dass die gleich beschriebenen Tools ggf. als Hochrisiko-KI-Systeme nach KI-VO[2)] betrachtet werden können, insbesondere wenn sie zum Zwecke der Strafver-

1) Vgl. *Moll*, Münchner Anwaltshandbuch Arbeitsrecht, 5. Auflage 2021.

2) Die EU setzt mit der KI-Verordnung den Rahmen für den Einsatz von Künstlicher Intelligenz (KI) in Europa. Ihr Ziel ist es, Innovationen zu fördern und gleichzeitig das Vertrauen in KI zu stärken. Zudem soll sichergestellt werden, dass diese Technologie die Grundrechte und die Sicherheit der Bürgerinnen und Bürger der EU respektiert. Die KI-Verordnung ist das erste umfassende Regelwerk weltweit für KI, siehe auch *https://www.bmwk.de/Redaktion/DE/Pressemitteilungen/2024/02/20240202-rahmen-fur-kunstliche-intelligenz-in-der-eu-steht-ki-verordnung-einstimmig-gebilligt.html* [zuletzt abgerufen am 20.6.2024].

folgung verwendet werden.[1] Das würde bedeuten, dass solche Tools einer umfangreichen Prüfung zu unterziehen sind und damit verbundene Pflichten einhergehen.

Diese Methoden und Tools dienen vorrangig der Beweissicherung und sind grundsätzlich in folgende Kategorien einzuordnen:

- Dokumenten- und Datensammlung und -analyse
- eDiscovery
- Data Analytics
- Backgroundchecks
- Interviews von Zeugen, potenziellen Beteiligten oder sonstigen Informationsträgern.

1) Dokumenten- und Datensammlung und -analyse

Dies beinhaltet die Sicherstellung und Auswertung relevanter physischer und elektronischer Dokumente, wie z. B. Verträge, Rechnungen, E-Mails oder Serverprotokolle.[2] Die zeitnahe und unmittelbare Beschaffung dieser Daten ist entscheidend, um den Fortgang einer Untersuchung nicht weiter zu behindern. Physische Dokumente sollten sicher und unverändert gelagert werden, während elektronische Daten oft mithilfe spezialisierter Software gesichert werden. Ein Beispiel hierfür ist die Nutzung von forensischen Kopierverfahren, die gewährleisten, dass die Daten unverändert bleiben und somit als Beweismittel vor Gericht zugelassen werden können. Die Dokumentenanalyse erfordert oft das Zusammenspiel von Experten aus verschiedenen Fachgebieten, um die Relevanz und Authentizität der gesammelten Beweise zu beurteilen. Bei der Durchsicht von Papierakten ist zwischen geschäftlichen und privaten Unterlagen zu unterscheiden. Geschäftsbriefe dürfen generell eingesehen werden, da diese dem Arbeitsbereich zuzuordnen sind. Bei privaten Dokumenten hingegen ist eine Abwägung mit dem Persönlichkeitsrecht des Arbeitnehmers erforderlich.[3]

2) eDiscovery

Hierbei handelt es sich um die gezielte Suche und Auswertung elektronischer Dokumente, die in zwei Kategorien unterteilt werden: strukturierte sowie unstrukturierte Daten.[4] Strukturierte Daten, wie z. B. Daten aus Finanzbuchhaltungssystemen, können anhand bestimmter Merkmale durchsucht werden. Unstrukturierte Daten, wie z. B. Vermerke oder Verträge, sind nicht systematisch abgelegt und daher schwieriger zu durchsuchen.[4] Techniken wie Text-Mining und maschinelles Lernen helfen dabei, Muster zu erkennen und relevante Informationen zu extrahieren. Ein praktisches Beispiel ist

1) Vgl. *Wirtz/Baumann*, Einsatz von eDiscovery-Tools durch Unternehmen im Rahmen von internen Untersuchungen RDi 2024, 27.

2) Vgl. *Bay*, Handbuch Internal Investigations, Januar 2013, S. 163.

3) Vgl. *Bay*, Handbuch Internal Investigations Januar 2013, S. 86.

4) Vgl. DICO, S04 – Interne Untersuchungen, Juli 2019, S. 30.

der Einsatz von *Predictive Coding*, einer Technologie, die es ermöglicht, große Mengen unstrukturierter Daten zu durchsuchen und dabei die Relevanz der Dokumente vorherzusagen. Sogenannte eDiscovery-Tools können nicht nur direkt bei den Herstellern erworben, sondern auch als Plattform gemietet werden[1)] und können somit von Fall zu Fall eingesetzt werden. Die Suche nach relevanten Daten in großen Datenmengen wird somit oft vollautomatisiert, da z. B. Kommunikationsmuster analysiert werden. Solch umfangreiche Maßnahmen sollten vorab abgestimmt und gerechtfertigt sein, denn nur in den wenigsten Fällen sind umfangreiche Prüfmaßnahmen durch z. B. eDiscovery Tools angebracht.[2)]

3) Data Analytics

Data Analytics bezeichnet die Analyse von Daten mithilfe statistischer und datenwissenschaftlicher Methoden. Analog zur eDiscovery werden hier große Datenmengen strukturiert, Muster erkannt und Hypothesen getestet. Die Wahl der geeigneten Analysemethoden hängt von der Art der Daten und den Untersuchungszielen ab. Um Fehlinterpretationen zu vermeiden, müssen die Ergebnisse in guten und leicht verständlichen Diagrammen und Grafiken visualisiert und sorgfältig interpretiert werden. Dies ist besonders hilfreich bei der Untersuchung komplexer Betrugsfälle, in denen es darum geht, Netzwerke und Beziehungen zu verstehen. Diese Technologien kommen insbesondere bei der Analyse von E-Mail-Korrespondenzen oder der Auswertung großer Datenbanken zum Einsatz. Ein Praxisbeispiel ist der Einsatz von Analyse-Tools, die große Mengen an Transaktionsdaten durchforsten, um auffällige Muster zu erkennen, die auf illegale Aktivitäten hindeuten könnten.

4) Backgroundchecks

Weitergehende Informationen über externe Parteien wie Lieferanten oder Kunden sind ein weiterer Baustein in internen Untersuchungen. Backgroundchecks helfen dabei, den Hintergrund, die Beteiligungsverhältnisse und die Reputation dieser Parteien zu überprüfen. Diese Checks können z. B. durch das Einholen von Handelsregisterauszügen, Presseberichten oder durch Gespräche mit Branchenexperten durchgeführt werden. Ein Beispiel aus der Praxis ist die Überprüfung der Kreditwürdigkeit eines neuen Geschäftspartners durch eine Wirtschaftsauskunftei. Solche Maßnahmen tragen dazu bei, das Risiko von Geschäftsbeziehungen mit potenziell problematischen Partnern zu minimieren. Unternehmen sollten hierbei auf seriöse Quellen setzen und die Verhältnismäßigkeit bzgl. der Intensität des Backgroundchecks beachten.[3)] Diese sollte sich jeweils nach dem Risiko der jeweiligen Geschäftsbeziehung richten.

1) Vgl. *Rosenthal et al.*, Praxishandbuch für interne Untersuchungen und eDiscovery, Release 1.01, Zürich/Bern, 2021, S. 199.

2) Vgl. *Zapf*, CB-Beitrag: Umgang mit unspezifischen Hinweisgebermeldungen, CB 2021, 467.

3) Vgl. DICO, Arbeitskreis Interne Untersuchungen, Mai 2019, TOP 10 Wichtige Aspekte einer internen Untersuchung, Team und Ressourcen.

5) Interviews von Zeugen, potenziellen Beteiligten oder sonstigen Informationsträgern

Zum Umgang mit hinweisgebenden Personen, insbesondere bei der Kommunikation, sind die Aspekte aus Kapitel 7.3. relevant.

Ein Interview mit Zeugen, potenziellen Beteiligten oder sonstigen Informationsträgern sollte sorgfältig geplant und durchdacht sein, um die gewünschten Ergebnisse zu erzielen. Bereits weit vor den Befragungen sollten verschiedene rechtliche Fragen geklärt werden, um die gerichtliche Verwertbarkeit zu gewährleisten.[1] Während des Interviews sind Aspekte zu beachten, welche die Fragensteller bzw. Interviewer verinnerlichen müssen. Neben den oben bereits genannten rechtlichen Rahmenbedingungen, ist es wichtig zu beachten, dass im Allgemeinen die Interviews fair und transparent durchgeführt werden und die Mitarbeiter über ihre Rechte und Pflichten aufgeklärt sind. Das Interview dient dazu, dass Mitarbeiter auch ihre Sicht der Dinge darlegen können.[2] Die Interviews sollten als unverzichtbarer Bestandteil interner Untersuchungen gesehen werden. Gerade deshalb ist es wichtig, hier ein Know-how im Unternehmen aufzubauen.

Ein Mitarbeiterinterview kann dabei in zwei Phasen unterteilt werden:

Vor dem Interview

Noch vor Beginn des Interviews sollte der Mitarbeiter darauf hingewiesen werden, dass die erhaltenen Informationen möglicherweise an staatliche Behörden weitergegeben werden könnten. Um die Kooperationsbereitschaft des Mitarbeiters zu erhöhen, kann die Unternehmensleitung in Erwägung ziehen, eine sog. *Mitarbeiteramnestie* anzubieten. Das könnte dafür sorgen, dass Wissensträger mehr wertvolle Beiträge dazu leisten, Fehlverhalten aufzudecken, um dieses abzustellen.[3] Im Rahmen einer Amnestieregelung verzichtet der Beschäftigungsgeber im Gegenzug für eine wahrheitsgemäße und vollständige Aufklärung durch den Mitarbeiter auf sein Recht zur Kündigung und auf Schadensersatz.[4] Die Kommunikation der Amnestie sollte jedoch klar beinhalten, dass weiterhin kein Schutz vor strafrechtlicher Verfolgung durch staatliche Behörden gewährleistet werden kann.[5] Eine Mitarbeiteramnestie ist in der Praxis jedoch eher selten zu finden, da eine rechtliche Bewertung von Fall zu Fall sehr schwierig ist.

Das Mitarbeiterinterview sollte einen klaren roten Faden gewährleisten und deshalb die Befragung nach Themen strukturieren.[6] Die Reihenfolge der Mit-

1) Vgl. *Bay*, Handbuch Internal Investigations, Januar 2013, S. 59.

2) Vgl. DICO, S04 – Interne Untersuchungen, Juli 2019, S. 34 sowie Bay, Handbuch Internal Investigations, Januar 2013.

3) Die Mauer des Schweigens bei Rechtsverstößen, *Dr. Justus Frank*, RA, Maître en droit, LL. M., *Paul Single*, RA, Compliance Berater 6/2023, 229.

4) Rolle der Mitarbeiter bei unternehmensinternen Ermittlungen, RA Dr. *Mark Zimmer*, ZRFC 6/11, 259.

5) Vgl. *Bay*, Handbuch Internal Investigations, Januar 2013, S. 100.

6) Vgl. *Momsen/Grützner*, Wirtschafts- und Steuerstrafrecht 2. Auflage 2020, § 16 Interne Ermittlungen – Leitfaden für die Praxis .

arbeiterbefragungen kann ebenso entscheidend sein wie die thematische Strukturierung der Befragungsreihe. In der Regel sollte diese mit denjenigen Mitarbeitern beginnen, die dem mutmaßlichen Vorfall am nächsten stehen („Bottom-up"-Ansatz).[1] Potenzielle Zeugen sollten im Allgemeinen vor potenziell Betroffenen befragt werden.[2] Die Befragung sollte an einem neutralen und ungestörten Ort stattfinden – dabei sollte auf eine angemessene Sitzordnung geachtet werden, die eine offene und respektvolle Atmosphäre fördert.

Grundsätzlich sollte der Interviewer bei einem Interview neben oder schräg neben dem Befragten sitzen, nicht unmittelbar gegenüber. Diese Sitzordnung sollte nicht den Eindruck einer Konfrontation erwecken.[1] Ein Schreibtisch schafft nicht nur Distanz, sondern vergrößert auch den räumlichen Abstand zum Befragten. Ein „Gegenübersitzen" kann konfrontativ wirken, was bei Vernehmungen von Beschuldigten manchmal gewollt ist, bei Zeugenvernehmungen jedoch vermieden werden sollte.

Abbildung 11: In Anlehnung an Heubrock/Donzelmann, Psychologie der Vernehmung, 2010, Kommunikationsfördernde räumliche Bedingungen einer Vernehmung (VB = Vernehmungsbeamter, B/Z = Beschuldigter oder Zeuge; modifiziert nach Heubrock & Palkies, 2008, S. 607)

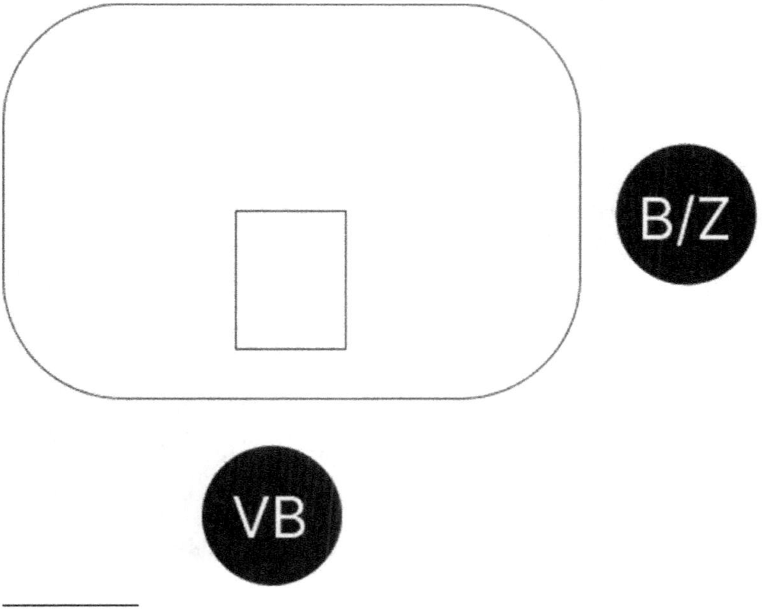

1) Vgl. Guide on Internal Investigations in Germany – 2018, Hogan Lovells International LLP.

2) Vgl. *Momsen/Grützner*, Wirtschafts- und Steuerstrafrecht 2. Auflage 2020, § 16 Interne Ermittlungen – Leitfaden für die Praxis.

Ferner gehört zu einer respektvollen Atmosphäre auch die Sprache, die gewählt wird: Das Interview sollte in einer Sprache erfolgen, die der Mitarbeiter problemlos beherrscht – ggf. sollten Übersetzer miteinbezogen werden.

Checkliste zur Vorbereitung eines Mitarbeiterinterviews:

- Stehen Ort, Sitzordnung und Reihenfolge der Mitarbeiter fest?
- Sind mindestens zwei Vertreter des Beschäftigungsgebers im Interview, sodass die Aussagen des Mitarbeiters korrekt verstanden und protokolliert werden können?
- Wurde eine klare Interviewstrategie festgelegt, die die Erstellung eines Fragenkatalogs beinhaltet?
- Sind ausreichend „offene Fragen" formuliert, damit ein umfassendes Gesamtverständnis des Sachverhalts gewonnen werden kann?
- Wurde der Mitarbeiter über den Grund des Interviews und seine Rechte und Pflichten hingewiesen? Weiß der Mitarbeiter, dass die Vertraulichkeit nur im Rahmen der gesetzlichen Bestimmungen gewährleistet werden kann?
- Wurde ausreichend Zeit für das Interview eingeplant, damit alle Fragen beantwortet und alle Punkte angesprochen werden können?
- Wurden die Mitarbeiter rechtzeitig und in angemessener Form zum Interview z. B. durch die Compliance- oder HR-Abteilung eingeladen?

Während und nach dem Interview:

Jegliche Form der Einschüchterung, z. B. die Androhung einer Kündigung, ist verboten. Ansonsten können möglicherweise Beweisverwertungsverbote sowie eine Strafanzeige wegen Nötigung gem. § 240 StGB drohen. Die Notwendigkeit und Form von Interviews im Rahmen interner Untersuchungen ist im deutschen Recht nicht geregelt. Es ist aber ratsam, zumindest eine Zusammenfassung des Gesprächsinhalts zu erstellen – diese Art der Dokumentation sollte vorab mit dem Unternehmen abgestimmt sein und im Falle einer Weiterleitung an die Staatsanwaltschaft sollte dem Mitarbeiter die Möglichkeit gegeben werden, das Protokoll zu korrigieren.[1)]

Praxistipps:[2)]

- **Enthemmung und Öffnung des Mitarbeiters:** Schaffen Sie eine vertrauensvolle Atmosphäre, in der sich der Mitarbeiter wohlfühlt und bereit ist, offen zu sprechen.
- **Ergebnisoffene Befragung:** Gehen Sie ergebnisoffen in die Befragung und vermeiden Sie es, dem Mitarbeiter Antworten zu suggerieren.
- **Überprüfung der Informationen:** Überprüfen Sie die Aussagen des Mitarbeiters sorgfältig auf ihre Plausibilität und Stimmigkeit.

1) Vgl. *Bay*, Handbuch Internal Investigations, Januar 2013, S. 267.

2) Vgl. *Momsen/Grützner*, Wirtschafts- und Steuerstrafrecht 2. Auflage 2020, § 16 Interne Ermittlungen – Leitfaden für die Praxis.

– **Dokumentation des Interviewinhalts:** Dokumentieren Sie den Inhalt des Interviews sorgfältig und systematisch, um spätere Unstimmigkeiten zu vermeiden.

Zum Anschluss einer Befragung sollte der Interviewer die wichtigsten Punkte zusammenfassen und sich beim Mitarbeiter für seine Kooperation bedanken. Der Interviewer sollte ein Gesprächsprotokoll erstellen und den Personen zur Überprüfung vorlegen. Darüber hinaus ist es sinnvoll, sich bereits vorab Gedanken zu machen, welche nächsten Schritte man dem Mitarbeiter kommuniziert und welche nicht.

Um die Auswertung der Aktenlage, also die zu prüfenden Unterlagen wie Arbeits- oder Projektdaten, Vermerke, Notizen, Verträge, Rechnungen und Buchungen/Auswertungen aus Datenbanken (z. B. SAP) sowie öffentliche und kostenpflichtige Quellen (z. B. Presse, Register, Datenbanken, Nachrichten) sorgfältig zu bearbeiten und zu dokumentieren, sind folgende Schritte zu beachten:[1)]

- Alle relevanten Dokumente und Daten sollten systematisch gesammelt und aufbewahrt werden. Die Verwendung eines Datenraums kann hilfreich sein, um den Zugriff auf die Dateien zu ermöglichen und einheitliche Quellenangaben für Berichte zu gewährleisten, was die Arbeit in großen Teams erleichtert.
- Vor der Einstellung in einen Datenraum sollte die Anfertigung forensischer Kopien und eine Vorabsicherung aller relevanten digitalen Daten in Erwägung gezogen werden, um Datenintegrität zu gewährleisten und die Nachvollziehbarkeit der Datenkette (Chain of Custody) zu ermöglichen.
- Bei der forensischen Auswertung von ERP-Daten sollten Experten hinzugezogen werden.
- Es ist wichtig, die erforderlichen zeitlichen und intellektuellen Ressourcen bei den eigenen Mitarbeitern abzustimmen, um Beratern und Ermittlern die Dokumente in der erforderlichen Qualität und Quantität zur Verfügung stellen zu können.
- Der Prozess der Datensammlung (Data Collection) begleitet Unternehmen in der Regel über den gesamten Zeitraum der Untersuchungen, da sich aufgrund der Prüfungs- und Ermittlungsergebnisse weiterer Informationsbedarf der Ermittler ergibt.

6.3 Besondere Überlegungen bei internationalen Unternehmen

Bei internationalen internen Untersuchungen ist erhöhte Sensibilität für die unterschiedlichen nationalen Vorgaben erforderlich, was den Aufwand erhöht.

1) Vgl. *Teicke*, Gute Unternehmenspraxis für Internal Investigations – Praxistipps zur erfolgreichen Umsetzung unter Berücksichtigung des VerSanG-E (CCZ 2019, 298); *Bay*, Handbuch Internal Investigations, Januar 2013, S. 163.

Insbesondere ist auf mögliche Konflikte zwischen den unterschiedlichen Rechtsordnungen zu achten, beispielsweise zwischen behördlichem Herausgabeverlangen und Datenschutzrecht. Weiterhin sind die datenschutzrechtlichen Anforderungen bei der Weiterleitung von personenbezogenen Daten ins Ausland zu berücksichtigen, wobei zwischen EU- und Nicht-EU-Ausland zu differenzieren ist. Besondere Vorsicht ist bei der Weitergabe von anwaltlichen Informationen geboten.[1)] Es kann notwendig sein, Anwälte aus unterschiedlichsten Rechtsordnungen und -disziplinen zu koordinieren. Bei der Einbeziehung von Anwälten, Wirtschaftsprüfungsgesellschaften und anderen Beratern sollten deren Vertragsbedingungen frühzeitig geklärt werden (siehe *Rahmenvertrag* in Kap. 6.1), insbesondere im Hinblick auf die Verwendung der Arbeitsergebnisse, die Vertraulichkeit und die Haftung. Es ist wichtig zu prüfen, wie diese Unternehmen mit der Prüfung von Interessenkonflikten umgehen, da dies, insbesondere bei großen Gesellschaften, einige Zeit in Anspruch nehmen kann. Bei internationalen Ermittlungen ist es wichtig, sich auf unbelastete Kontakte im lokalen Management verlassen zu können, da lokale Untersuchungen nicht von Deutschland aus durchgeführt werden können. Es kann vorkommen, dass Mitarbeiter im Ausland befragt werden müssen, die weder Deutsch oder Englisch sprechen und auch die Thematik nicht verstehen. In solchen beispielhaften Fällen ist es besonders wichtig, erfahrene und einfühlsame Interviewer einzusetzen.[2)]

Bei internationalen internen Untersuchungen müssen die Datenschutzbestimmungen der jeweiligen Länder berücksichtigt werden. Insbesondere die DSGVO und die damit geregelten Datenflüsse spielen hier eine entscheidende Rolle.[3)] In der Regel werden hierfür spezielle Datenschutzvereinbarungen mit den beteiligten Parteien geschlossen.

Auch wenn die interne Untersuchung in Deutschland stattfindet, können US-amerikanische Behörden wie die Securities and Exchange Commission (SEC) Einfluss auf die Untersuchung nehmen, insbesondere wenn die Verstöße auch den US Foreign Corrupt Practices Act (FCPA)[4)] betreffen. Interne Untersuchungen im Ausland können zu grundlegenden Problemen führen, da es zu einer Kollision von Rechtssystemen kommen kann.[5)]

---

1) Vgl. *Teicke*, Gute Unternehmenspraxis für Internal Investigations – Praxistipps zur erfolgreichen Umsetzung unter Berücksichtigung des VerSanG-E (CCZ 2019, 298).

2) Vgl. *Rosenthal et al.*, Praxishandbuch für interne Untersuchungen und eDiscovery, Release 1.01, Zürich/Bern, 2021, S. 114.

3) Vgl. DICO, S04 – Interne Untersuchungen, Juli 2019.

4) Der United States Foreign Corrupt Practices Act (FCPA) ist ein US-Bundesgesetz aus dem Jahr 1977, das Korruption verhindern soll. Der FCPA enthält zwei Hauptteile: Buchführungsbestimmungen (Accounting Provisions) und Antikorruptionsbestimmungen (Antibribery Provisions). Die Accounting Provisions, § 78 m (accouting provisions), legen Regeln für die Buchführungspflicht fest. Das US-Justizministerium (DOJ) und die Securities and Exchange Commission (SEC) sind die Behörden, die den FCPA durchsetzen.

5) Vgl. *Bay*, Handbuch Internal Investigations Januar 2013, S. 7.

7. Umgang mit hinweisgebenden Personen

Der professionelle Umgang mit der hinweisgebenden Person ist maßgeblich für den Erfolg eines Hinweisgeberprozesses verantwortlich. Hierzu zählt zum einen der Schutz vor Repressalien als Kernelement des HinSchG, zum anderen auch eine erfolgreiche Kommunikation im Umgang mit der hinweisgebenden Person.

7.1 Schutz vor Repressalien

§ 33 HinSchG liefert einen Überblick über die Voraussetzungen, damit der Schutzbereich der §§ 35 bis 37 HinSchG für die hinweisgebende Person eröffnet ist. Hierzu müssen die nachfolgenden drei Voraussetzungen kumulativ erfüllt sein:

- Die hinweisgebende Person wird nur dann geschützt, wenn sie intern oder extern Meldung erstattet oder einen Verstoß nach den strengen Vorgaben des HinSchG offengelegt hat.[1]
- Sie hatte den hinreichenden Grund zu der Annahme, dass die gemeldeten oder offengelegten Informationen der Wahrheit entsprechen. Hierdurch möchte der Gesetzgeber der Gefahr eines „Repressalien-Hopping" wie im Bereich des Allgemeinen Gleichbehandlungsgesetz (dort: „AGG-Hopping") vorgebeugen.[2]
- Die Informationen über die Verstöße sollen in den Anwendungsbereich des HinSchG fallen. Die hinweisgebende Person muss jedenfalls hinreichenden Grund zu der Annahme haben, dass dies der Fall ist. Hierbei sind subjektive Kenntnisse, insbesondere tätigkeitsspezifisches Wissen und Verständnis, zu berücksichtigen.[1]

7.1.1 Verbot der Repressalie

§ 36 Abs. 1 HinSchG untersagt jegliche Repressalien gegenüber hinweisgebenden Personen. Verboten sind bereits i. S. d. § 3 Abs. 6 HinSchG die Androhung und der Versuch einer Repressalie, d. h. „Handlungen oder Unterlassungen im Zusammenhang mit der beruflichen Tätigkeit, die eine Reaktion auf eine Meldung oder eine Offenlegung sind und durch die der hinweisgebenden Person ein ungerechtfertigter Nachteil entsteht oder entstehen kann." Die vorausgegangene Definition, die bewusst durch den Gesetzgeber weit gefasst ist, erstreckt sich auf alle ungerechtfertigten Benachteiligungen, die einer Meldung oder Offenlegung folgen. Auch das missbräuchliche Anstreben von

1) Vgl. BT-Drs. 20/3442, S. 92.

2) Vgl. *Thüsing/Musiol/Peisker*, ZGI 2023, 63, 65.

Gerichtsverfahren kann eine Repressalie darstellen. Hierunter fallen insbesondere Klagen, die nicht der Geltendmachung von eigenen Rechten, sondern allein dem Ziel dienen, hinweisgebende Personen abzustrafen oder zukünftige Meldungen oder Offenlegungen der hinweisgebenden Person zu verhindern. Nach der Gesetzesbegründung kommt dies vor allem bei solchen Klagen in Betracht, bei der sich der Kläger etwa nach § 826 BGB schadensersatzpflichtig machen oder wegen Nötigung (§ 240 StGB) der Strafverfolgung aussetzen würde.[1]

Der Gesetzgeber verweist dabei auf die nicht abschließende Aufzählung von Repressalien in Art. 19 WBRL:

- Suspendierung, Kündigung oder vergleichbare Maßnahmen;
- Herabstufung oder Versagung der Beförderung;
- Aufgabenverlagerung, Änderung des Arbeitsortes, Gehaltsminderung;
- Änderung der Arbeitszeit;
- Versagung der Teilnahme an Weiterbildungsmaßnahmen;
- negative Leistungsbeurteilung oder Ausstellung eines schlechten Arbeitszeugnisses;
- Disziplinarmaßnahme, Rüge oder sonstige Sanktion einschließlich finanzieller Sanktionen;
- Nötigung, Einschüchterung, Mobbing oder Ausgrenzung;
- Diskriminierung, benachteiligende oder ungleiche Behandlung;
- Nichtumwandlung eines befristeten Arbeitsvertrags in einen unbefristeten Arbeitsvertrag in den Fällen, in denen der Arbeitnehmer zu Recht erwarten durfte, einen unbefristeten Arbeitsvertrag angeboten zu bekommen;
- Nichtverlängerung oder vorzeitige Beendigung eines befristeten Arbeitsvertrags;
- Schädigung (einschließlich Rufschädigung), insbesondere in den sozialen Medien, oder Herbeiführung finanzieller Verluste (einschließlich Auftrags- oder Einnahmeverluste);
- Erfassung der hinweisgebenden Person auf einer „schwarzen Liste" auf Basis einer informellen oder formellen sektor- oder branchenspezifischen Vereinbarung, mit der Folge, dass die hinweisgebende Person sektor- oder branchenweit keine Beschäftigung mehr findet;
- vorzeitige Kündigung oder Aufhebung eines Vertrags über Waren oder Dienstleistungen;
- Entzug einer Lizenz oder Genehmigung;
- psychiatrische oder ärztliche Überweisungen.

Auch mittelbare Benachteiligungen der hinweisgebenden Person sind erfasst, d. h. Maßnahmen gegenüber Personen, die die hinweisgebende Person unter-

1) Vgl. BT-Drs. 20/3442, S. 95.

stützen oder ihr nahe stehen.[1)] Es spielt es keine Rolle, ob die Repressalien von Beschäftigungsgeberseite, Dienstberechtigten, Auftraggebern oder sonstigen Organisationen, mit der die hinweisgebende Person in beruflichem Kontakt steht, vorgenommen werden. Ob das Repressalienverbot auch gilt, wenn die hinweisgebende Person Meldungen, die in den sachlichen Anwendungsbereich des HinSchG fallen, über Meldekanäle – außerhalb der internen Meldestelle – abgibt, ist derzeit noch nicht geklärt.

In einem erlittenen oder noch zu entstehenden Nachteil für die hinweisgebende Person liegt nur dann keine sanktionierbare Repressalie, wenn der Nachteil gerechtfertigt ist.[2)] Beschäftigungsgeber sollen nicht daran gehindert werden, beschäftigungsbezogene Entscheidungen zu treffen, die nicht auf die Meldung oder Offenlegung zurückzuführen sind.[3)] Rechtsgeschäfte, die gegen das Repressalienverbot verstoßen, sind aber nach § 134 BGB nichtig und entfalten daher keine Rechtswirkung.[2)]

7.1.2 Beweislastumkehr

Ein kausaler Zusammenhang zwischen der Meldung oder Offenlegung eines Verstoßes und der Benachteiligung ist für das Vorliegen einer Repressalie erforderlich.[4)] Die hinweisgebende Person muss zunächst darlegen oder beweisen, dass es diesen kausalen Zusammenhang gibt.[5)] In solchen Fällen wird vermutet, dass die Benachteiligung eine Repressalie gerade für diese Meldung oder Offenlegung war. Der Verursacher der Repressalie muss demnach beweisen, dass diese Maßnahme auf hinreichend gerechtfertigten Gründen basierte oder dass sie nicht auf der Meldung oder Offenlegung beruhte.

Das HinSchG gibt dem Verursacher jedoch zwei Entlastungsmöglichkeiten, um die Vermutung der Repressalie zu widerlegen: Ein hinreichend gerechtfertigter Grund oder fehlende Kausalität. Ein hinreichend gerechtfertigter Grund kann vorliegen, wenn die benachteiligende Maßnahme in erster Linie aus anderen, objektiv nachvollziehbaren Gründen als der durch das Gesetz erlaubten Meldung oder Offenlegung erfolgt. Hierzu zählen etwa betriebsbedingte Gründe oder wenn ein vertraglich oder strafrechtlich relevantes Fehlverhalten der hinweisgebenden Person tragender Beweggrund für die benachteiligende Maßnahme war.[5)]

Praxistipp:

Die interne Meldestelle sollte auf eine sorgfältige und lückenlose Dokumentation entsprechender Vorgänge achten, damit stets nachvollziehbar ist, aus welchem Grund eine bestimmte Maßnahme ergriffen wurde. Im Zweifel muss die Doku-

1) Vgl. *Bruns*, in: BeckOK, Arbeitsrecht, 68. Edition, 2.7.2023, § 36 HinSchG Rn. 5.
2) Vgl. BT-Drs. 20/3442, S. 95.
3) Vgl. BT-Drs.20/3442, S. 65; Erwägungsgrund 44 WBRL.
4) Vgl. BT-Drs. 20/3442, 65.
5) Vgl. BT-Drs. 20/3442, S. 96.

mentation als Beweisgrundlage dafür dienen können, dass die ergriffene Maßnahme nicht im Zusammenhang mit einer Meldung durch die betroffene Person nach dem HinSchG stand.[1]

Bei dem Vorliegen der nachfolgenden Aspekte kann nicht zwangsläufig von einer Repressalie i. S. d. HinSchG ausgegangen werden:

- Wenn eine hinweisgebende Person selbst an einem gemeldeten Verstoß beteiligt war, liegt eine Widerlegung der Vermutung – eine Repressalie erfahren zu haben – nahe.
- Die Kausalität fehlt, wenn die benachteiligende Person, z. B. die direkte Führungskraft, nicht wusste, dass die benachteiligte Person einen Hinweis abgegeben hat.[2]
- Die Meldung oder Offenlegung ist bloß ein Grund innerhalb eines Motivbündels für die ergriffene Maßnahme.[3]

Praxistipp:

Die interne Meldestelle sollte daher den Kreis der Beteiligten, die Kenntnis von der Identität der hinweisgebenden Person haben, so klein wie möglich halten.

Es ist unvermeidbar, unternehmensweite Prozesse einzuführen, die sicherstellen, dass hinweisgebende Personen nicht übergangen oder anderweitig benachteiligt werden. Der Hinweisgeberschutz sollte in bereits existierende Verfahren im Unternehmen, etwa bei Beförderungen, implementiert werden.

7.1.3 Schadensersatz nach Repressalien

Der hinweisgebenden Person steht gegen den Verursacher ein Anspruch auf Ersatz des aus einem Verstoß gegen das Verbot von Repressalien entstehenden Schadens zu (§ 37 Abs. 1 HinSchG). Das HinSchG trifft keine speziellen Regelungen zur Ausgestaltung des Schadensersatzanspruches, insbesondere wurde keine Haftungsobergrenze festgesetzt. Eine Regelung zur Entschädigung für immaterielle Schäden enthält § 37 HinSchG ebenfalls nicht.

Beschäftigungsgeber müssen sich das Verhalten der von ihnen eingeschalteten Personen über § 278 BGB zurechnen lassen und haften dementsprechend. Handeln diese Personen auf Weisung des Beschäftigungsgebers, kann unmittelbar auf die Weisung als Benachteiligung abgestellt werden.

Wer als Dritter eine Benachteiligung nur duldet, ist nicht als Verursacher der Repressalie anzusehen. Denn eine Haftung für Unterlassen setzt eine Pflicht zum Handeln voraus.

Umstritten ist, ob die Haftung nach § 37 Abs. 1 HinSchG an ein Verschulden anknüpft oder ob bereits das Vorliegen einer Repressalie als Erfolg genügt, um eine Schadensersatzpflicht auszulösen.

1) Vgl. *Azinovi/Wenk*, ArbRAktuell 2023, 400, 402.

2) Vgl. *Dzida/Seibt*, NZA 2023, 657, 664.

3) Vgl. Art. 15 Abs. 5 Richtlinienvorschlag der Kommission, COM [2018] 218 final vom 23.4.2018.

Erfährt eine hinweisgebende Person eine Repressalie, so hat sie hierdurch keinen Rechtsanspruch auf Begründung eines Arbeitsverhältnisses oder andere Vertragsverhältnisse sowie auf einen beruflichen Aufstieg. Unberührt bleiben Ansprüche aus anderen Rechtsgründen, etwa aufgrund einer vertraglichen oder tariflichen Regelung.[1] Der europäische Gesetzgeber sieht jedoch in Art. 21 Abs. 8 WBRL vor, dass eine vollständige Wiedergutmachung des Schadens erfolgt, insbesondere Wiedereinstellungs- oder Wiedereinsetzungsklagen als geeignete Rechtsbehelfe genannt. Insoweit steht § 37 Abs. 2 HinSchG im Widerspruch zu den unionsrechtlichen Vorgaben stehen.[2]

7.1.4 Schadensersatzanspruch bei Falschmeldung

§ 38 HinSchG regelt, dass eine hinweisgebende Person zum Ersatz des Schadens verpflichtet ist, der aus einer vorsätzlichen oder grob fahrlässigen Meldung oder Offenlegung unrichtiger Informationen entstanden ist. Ein solcher Anspruch besteht bereits nach § 611a BGB, § 619a BGB, § 280 Abs. 1 i. V. m. § 241 Abs. 2 BGB sowie ggf. aus § 824 Abs. 1 Alt. 2 BGB.[3] Eine negative Folge einer Falschmeldung kann etwa in einer Verletzung des allgemeinen Persönlichkeitsrechts liegen.[4] Die Schadensersatzpflicht greift nach dem Wortlaut des § 38 HinSchG nicht nur vorsätzliche, sondern auch grob fahrlässige Meldungen und Offenlegungen unrichtiger Informationen durch die hinweisgebende Person an. Eine Haftung für (grobe) Fahrlässigkeit ist in der Literatur umstritten, da diese Regelung im Widerspruch zur unionsrechtlichen Vorgabe nach Art. 23 Abs. 2 WBRL steht. Hiernach können Meldungen nur sanktioniert werden, wenn die hinweisgebende Person wusste, dass es sich um falsche Informationen handelt.[5] Eine Beweislastumkehr wie im Rahmen des Repressalienverbots (§ 36 Abs. 2 HinSchG) besteht für Schadensersatzansprüche betroffener Personen nicht. Die betroffenen Personen müssen das Verschulden der hinweisgebenden Person in Bezug auf die Falschmeldung nachweisen. Die Höhe eines Schadensersatzanspruchs richtet sich nach dem allgemeinen Schadensrecht gem. § 249 ff. BGB.

7.2 Kommunikation im Umgang mit hinweisgebenden Personen

Informationen aus Angaben von hinweisgebenden Personen sind der Treibstoff für interne Ermittlungen und Transparenz. Mit ihrem detaillierten Insiderwissen können sie wichtige Dokumente identifizieren, den Blick auf das Verborgene lenken, Dritte zur Zusammenarbeit bewegen oder sich als gerichtlicher Zeuge zur Verfügung stellen. Deshalb ist es umso wichtiger, (anonyme) ängstliche hinweisgebende Personen zu einer vollumfänglichen Kooperation zu bewegen. Der Meldekanal in einer Organisation ist die dafür

1) Vgl. BT-Drs. 20/3442, S. 97
2) Vgl. *Bruns*, in: BeckOK Arbeitsrecht, 68. Edition, 2.7.2023, § 37 HinSchG Rn. 5.
3) Vgl. *Bayreuther*, NZA-Beilage 2022, 20, 28.
4) Vgl. *Thüsing/Musiol/Peisker*, ZGI 2023, 63, 67.
5) Vgl. *Siemes*, CCZ 2022, 293, 302 f.

notwendige, aber nicht hinreichende Bedingung. Deshalb soll der Blick an dieser Stelle auf zwei wenig beachtete Aspekte gelenkt werden: Psychologie und Kommunikation.

Wichtige Hilfestellungen zur Überwindung von Barrieren der Aussagebereitschaft bieten kommunikationspsychologische Erkenntnisse, die auch von Sicherheitsbehörden in Zeugenschutzprogrammen eingesetzt werden.[1] Dabei geht es zunächst um das richtige Verstehen der hinweisgebenden Person, die Bereitschaft, sich in ihre Lage hineinzuversetzen, eine gemeinsame Beziehungsebene zu finden, um sie dann zugunsten der Aussagebereitschaft mit gezielten Überzeugungstechniken zu beeinflussen. Auch wenn sich die hinweisgebende Person gegenüber einem Unternehmen in einem nicht-staatlichen Kontext äußert, durchlebt sie intrapersonelle Konflikte, ob sich ihr Verhalten nachteilig für sie oder ihr Umfeld auswirken könnte.[2] Um diesen inneren Konflikt im Sinne einer vollumfänglichen Zusammenarbeit aufzulösen, bedarf es einer professionellen Krisenkommunikation durch den Meldestellenbeauftragten.

Bereits im Jahre 2003 hatte das FBI diese Überlegungen zu einer systematischen und planmäßigen Krisenkommunikation bei der Verhandlungsführung mit Geiselnehmern in seinem Behavioral Change Stairway Model (BCSM)[3] konzeptualisiert. Die Notwendigkeit, sich mit der Gedankenwelt der hinweisgebenden Person zu beschäftigen, ergibt sich aus ihrem individuellen Interesse zum Schutz ihres sozialen Kapitals: Hinweisgebende Personen stehen oft vor langwierigen, inneren Aushandlungsprozessen, bevor sie sich zu einer Meldung entschließen. Dabei steht der Schutz des eigenen sozialen Kapitals im Vordergrund, weil es wesentlicher Bestandteil der eigenen Aufgabenerledigung ist und damit Karriere unmittelbar beeinflusst. Dies gilt umso mehr, je mehr die eigene Arbeitsverrichtung vom Vertrauen anderer und ihrer Kooperation abhängt. Soziales Kapital muss erarbeitet werden, es ist nicht angeboren.[4] Diese persönliche Kostenabschätzung setzt sich bei hinweisgebenden Personen auch nach ihrer initialen Mitteilung als innerer Aushandlungsprozess fort und kann die weitere Aussage- und Kooperationsbereitschaft erneut negativ beeinflussen. Darum ist es wichtig, das schmale Zeitfenster der Aussagebereitschaft zu nutzen und auf die Meldung sofort zu reagieren.[5] Die hinweisgebende Person muss innerhalb dieses kooperativen Momentums in ihrem Beschluss bestärkt werden, die richtige Entscheidung

1) Vgl. *Heubrock/Biess/Balcha/Fischer*, Umgang mit bedrohten Zeugen. Empfehlungen zur Vernehmung im Zeugenschutz. Polizeipsychologische Praxis, Bd. 7, Frankfurt a.M. 2013.

2) Vgl. *Schmolke/Utikal*, Whistleblowing: Incentives and situational determinants, FAU Discussion Papers in Economics, No. 09/2016, S. 2.

3) Vgl. *Vecchi/Van Hasselt/Romano*, Crisis (hostage) negotiation: Current strategies and issues in high-risk conflict resolution. Aggression and Violent Behavior, 2005, 10(5), 533, 551.

4) Vgl. *Adler/Kwon*, Social capital: Prospects for a new concept. Academy of Management Review 27, 2002, S. 17–40.

5) Vgl. *Helfferich/Kavemann/Rabe*, Determinanten der Aussagebereitschaft von Opfern des Menschenhandels zum Zweck sexueller Ausbeutung. Eine qualitative Opferbefragung, Neuwied, Luchterhand, 2010, S. 15.

getroffen zu haben. Eine schriftliche Eingangsbestätigung der Meldung (de lege ferenda) sollte neben ihrem formalen Zweck auch Elemente der Wertschätzung, Anerkennung und Bestärkung enthalten. Ein beigefügtes Schreiben der Unternehmensleitung kann hier Verstärkungsfunktion übernehmen.

7.2.1 Schriftliche Meldung – Das „richtige" Lesen

Die hinweisgebenden Personen wollen in ihren Ängsten, Befürchtungen und Zielsetzungen ernst genommen werden. Deshalb ist der Meldestellenbeauftragte beim „richtigen" Lesen des Hinweises besonders gefordert, um eine responsive Kommunikation zu etablieren. Die innere Erwartungshaltung der hinweisgebenden Person sowie die Determinanten seiner Kooperationsbereitschaft sind selten offensichtlich, sondern verstecken sich häufig in ungetarnten Nebensächlichkeiten, die es zu identifizieren gilt. An dieser Stelle unterstützt die objektive Hermeneutik[1] die Textinterpretation als sozialwissenschaftliche Methode der rekonstruktionslogischen Kunstlehre. Da hinweisgebende Personen bei schriftlichen Meldungen inhaltlich nicht auf formalisierte Muster zurückgreifen können, reflektieren die Texte immer die Gedankenwelt ihres Autors und sind damit einer Gewinnung der Innensicht des Subjekts zugänglich. Die in den 1970er-Jahren entwickelte Sequenzanalyse[2] lässt die Textinterpretation mit den Prinzipien der Sequentialität, Wörtlichkeit, Extensivität, Kontextfreiheit und Sparsamkeit methodisch kontrolliert ablaufen. Hierdurch kann ein tieferes Verstehen und Erklären des Handelns von Autoren erzielt werden. So ist diese interpretative Methode ein geeignetes Vehikel, um sich den Bewusstseinsinhalten der hinweisgebenden Person zu nähern. Auch Sicherheitsbehörden nutzen diese sequenzanalytische Interpretationstechnik zur Auswertung von Entführer- und Erpresserschreiben.[3]

7.2.2 Empathie

Die Fähigkeit zur kognitiven Empathie und das Verständnis von sozialpsychologischen Effekten sind Voraussetzung für den professionellen Betrieb einer Meldestelle. Kognitive Empathie bedeutet dabei nicht Mitleid, sondern das intellektuelle Verstehen und Nachvollziehen der Situation der hinweisgebenden Person. In diesem Sinne wird die kognitive Perspektivübernahme zu einem taktischen Kommunikationsmittel. Auch das Verstehen und Verständnis, warum Missstände erst verspätet gemeldet werden, obwohl sie schon lange bekannt sind, gehören zum Rüstzeug des Meldestellenbeauftragten. Menschen vermeiden das Überbringen negativer Nachrichten, wenn sie

---

1) Vgl. *Wernet*, Einführung in die Interpretationstechnik der Objektiven Hermeneutik, Opladen, 2000.

2) Vgl. *Oevermann*, Die Methode der Fallrekonstruktion in der Grundlagenforschung sowie der klinischen und pädagogischen Praxis. In: Kraimer (Hrsg.), Die Fallrekonstruktion. Sinnverstehen in der sozialwissenschaftlichen Forschung. Frankfurt/M., 2000, S. 58–153.

3) Vgl. *Würstl*, Analyse eines Erpresserschreibens, Schriftenreihe der Thüringer Fachhochschule für öffentliche Verwaltung, Fachbereich Polizei, 2004, (Bd.1), Hrsg. Ley, H., Verlag für Polizeiwissenschaft.

dadurch das Wohlbefinden des Empfängers beeinträchtigen könnten (Mum-Effect[1]). Daher sollten Meldestellenbeauftragte explizit zu schlechten Nachrichten auffordern. Menschen distanzieren sich bei Fortdauer eines Missstandes von ihrer eigenen Verantwortung (Bystander-Effect[2]), was dazu führt, dass die Wahrscheinlichkeit einer Meldung abnimmt, je mehr Menschen davon erfahren und je länger dieser Zustand andauert. Auch die Konformitätsexperimente von *Noelle-Neumann*[3] und *Asch*[4] belegen, dass der Wunsch nach sozialer Gruppenzugehörigkeit das eigene, öffentliche und abweichende Meinungsbekenntnis supprimiert. Der Meldestellenbeauftragte muss daher die jeweilige Angst oder Befürchtung der hinweisgebenden Person genau erkennen, wenn er sich in diese hineinversetzen will.

7.2.3 Rapport

Menschen lassen sich einfacher überzeugen, wenn man zu ihnen eine Verbindung aufgebaut hat. Mit Rapport (franz. Verbindung) ist eine von Vertrauen, Transparenz, Personalisierung und Freundlichkeit getragene Arbeitsbeziehung gemeint. Die Wirksamkeit der Rapportbildung hinsichtlich Aussagequantität und -qualität ist hinreichend belegt.[5] Deshalb ist der Meldestellenbeauftragte angehalten, zuerst eine stabile Beziehung zur hinweisgebenden Person zu etablieren, bevor er sich verstärkt um etwaige Rückfragen zum Sachverhalt bemüht. Auch das anlasslose Erkundigen nach dem Befinden der hinweisgebenden Person kann die Verbindung zwischen beiden Akteuren festigen. Diese aktive Beziehungsgestaltung findet Berücksichtigung im polizeilichen Umgang mit gefährdeten Zeugen.[6]

7.2.4 Beeinflussung – Getting to yes

In jedem inneren Abwägungsprozess der hinweisgebenden Person gibt es aussagefördernde und -hindernde Beweggründe. Um einen zweifelnden Akteur im Sinne einer Aussagebereitschaft positiv zu beeinflussen, bedarf es eines Konzepts, das diesen intrapersonellen Konflikt planmäßig und systematisch auflöst. Dazu bedienen sich polizeiliche Zeugenschützer des Kom-

1) Vgl. *Tesser/Rosen*, The reluctance to transmit bad news. In: Berkowitz, Advances in experimental social psychology Vol. 8, 1975, S. 194–232.

2) Vgl. *Latane/Darley*, ‚Group Inhibition of Bystander Intervention in Emergencies, Journal of Personalty and Social Psychology, Vol. 10, No. 3, 1968, S. 215–221.

3) Vgl. *Noelle-Neumann*, Die Schweigespirale. Über die Entstehung der öffentlichen Meinung, in: Elisabeth Noelle-Neumann: Öffentlichkeit als Bedrohung. Beiträge zur empirischen Kommunikationsforschung, 1979.

4) Vgl. *Asch*, Studies of independence and conformity: I. A minority of one against a unanimous majority. Psychological Monographs, 70(9), 1956, S. 1–70.

5) Vgl. *Memon*, Interviewing witness. In: Memon/Bull: Handbook of the psychology of interviewing, 1999, S. 343–355; *Evans/Meissner/Ross/Houston/Russano/Horgan*, Obtaining guilty knowledge in human intelligence interrogations: Comparing accusatorial and information gathering approaches with novel experimental paradigm. Journal of Applied Research in Memory and Cognition, 2, 2013, S. 83–88.

6) Vgl. *Heubrock/Donzelmann*, Psychologie der Vernehmung. Empfehlungen zur Beschuldigten-, Zeugen- und Opferzeugen-Vernehmung. Polizeipsychologische Praxis, 2013, S. 18.

munikationsmodells des Inneren Teams,[1] einem Instrument aus der Pädagogischen Psychologie. Dabei werden aussagehemmende Interessen bewusst ignoriert und aussagebegünstigende Faktoren gezielt verstärkt. Der Meldestellenbeauftragte sollte wissen, wie er bei seiner Kommunikation die innere Pluralität der hinweisgebenden Person neu sortiert, damit sich Befürchtungen und Ängste nicht konstitutiv ausprägen.

Menschliches Verhalten wird aber nicht nur durch bewusste Abwägungsprozesse, sondern auch durch unbewusste, sozialpsychologische Reflexe gesteuert. Diese Reflexe dienen als attraktive kognitive Abkürzungen, weil sie gedanklich aufwendige Operationen ersparen. *Cialdini*[2] hat die universal gültigen Prinzipien von Reziprozität, Commitment und Konsistenz, sozialer Bewährtheit, Sympathie, Autorität und Knappheit zusammengeführt. Diese lassen sich alle auf die Interaktion mit einer hinweisgebenden Person übertragen. So erhöht sich z. B. die Kooperationswahrscheinlichkeit der hinweisgebenden Person, wenn sie den Meldestellenbeauftragten als einen mit Expertise und Autorität ausgestatteten Ansprechpartner wahrnimmt.[3] Der Meldestellenbeauftragte sollte deshalb seine eigene Expertise und die ihm übertragenen Machtbefugnisse zu Beginn herausstellen. Insbesondere für verängstigte und unsichere hinweisgebende Personen stellt sich eine Expertenmeinung, die sie zu einer Zusammenarbeit auffordert, als attraktive und wertvolle Abkürzung dar.

Fazit: Eine intensive Auseinandersetzung mit der schriftlichen Meldung ist wichtig, um die persönlichen Belange der hinweisgebenden Person zu verstehen. Erst dann kann sich der Meldestellenbeauftragte in deren Lage hineinversetzen und eine Beziehungsebene etablieren. Ist diese gefestigt, ist der Weg zum erfolgreichen Überzeugen geebnet.

---

1) Vgl. *Heubrock/Biess/Balcha/Fischer*, Umgang mit bedrohten Zeugen. Empfehlungen zur Vernehmung im Zeugenschutz., 2013, S. 73 ff.

2) Vgl. *Cialdini*, Die Psychologie des Überzeugens. Wie Sie sich selbst und Ihren Mitmenschen auf die Schliche kommen, 2018.

3) Vgl. *Near/Miceli*, Effective Whistleblowing. The Academy of Management Review, Vol. 20., Nr. 3, S. 679–708.

8. Die Funktion der externen Meldestellen

Der Bund wird verpflichtet, externe Meldestellen zu implementieren. Das Hinweisgeberschutzgesetz beschreibt nach § 19 Abs. 1 HinSchG die Einrichtung der externen Meldestelle des Bundes beim Bundesamt für Justiz. Nach Schätzungen des Gesetzgebers werden voraussichtlich 3.000 Meldungen pro Jahr an die externe Meldestelle beim BfJ adressiert.[1] In dem Zeitraum zwischen 2. Juli 2023 und 31. Dezember 2023 sind insgesamt 410 Meldungen bei der externen Meldestelle des Bundes eingegangen.[2] Folgt man der Auffassung der EU-Kommission wird das grundsätzliche Meldungsaufkommen in einem Zeitraum von fünf Jahren um 200 % steigen.[3] Daneben können die Länder eigene externe Meldestellen für Meldungen einrichten, die dann die Landesverwaltung sowie Kommunalverwaltungen betreffen (§ 20 HinSchG). Erst wenn einer Meldung nicht abgeholfen wurde, soll die hinweisgebende Person sich an die externe Meldestelle wenden (vgl. Wahlrecht, Kap. 1.5). Analog zur internen Meldestelle hat das HinSchG auch Aufgaben für externe Meldestellen definiert. Die Kernaufgaben umfassen die Einrichtung und der Betrieb der Meldekanäle (§ 27 HinSchG), die Stichhaltigkeitsprüfung und die Verfahrensführung.[4]

8.1 Zusammenarbeit mit Behörden

8.1.1 Unterstützung der internen Meldestellen § 24 Abs. 4 HinSchG

§ 24 Abs. 4 HinSchG sieht vor, dass die externen Meldestellen die internen Meldestellen unterstützen, indem Informationen für (potenzielle) hinweisgebende Personen niederschwellig zur Verfügung gestellt werden. Die externen Meldestellen stehen in der Pflicht, dass bei ihnen anzuwendende Verfahren (vgl. Kap. 8.3) zu publizieren. [5]

8.1.2 Kooperation mit Behörden

Unternehmen, die eigene interne Untersuchungen eingeleitet haben, noch am Beginn der internen Untersuchungen stehen oder erste Kenntnisse erlangt haben, sind grundsätzlich gesetzlich nicht verpflichtet, Wissen über zuzurechnendes Fehlverhalten der Organe und Mitarbeitenden bei Strafverfolgungsbehörden anzuzeigen.[6] Eine interne Untersuchung, ausgelöst durch eine hin-

1) Vgl. RefE Hinweisgeberschutzgesetz, S. 55.
2) Vgl. Jahresbericht 2023, Unterrichtung durch die externe Meldestelle des Bundes, 21.5.2024.
3) Vgl. Impact Assessment, SWD, 2018, 53.
4) Vgl. *Fehr/Refenius*, CB 2023, 289.
5) Vgl. *Fehr/Refenius*, CCZ 2023, 220, 224.
6) Vgl. DICO Standard 04 Interne Untersuchungen.

weisgebende Person, kann Erfolge (wie auch schon häufig praktiziert) in Strafminderungszwecken in laufenden Strafverfahren als auch für PR-Maßnahmen im Verdachtsfall erzielen. Bezogen auf mögliche Rufschädigungen durch schädliche mediale Aufmerksamkeit oder hinsichtlich der Zusammenarbeit mit Strafverfolgungsbehörden ist eine gut dokumentierte und professionell geplante und durchgeführt interne Untersuchung unerlässlich und förderlich.[1] Eine ordentliche Dokumentation stellt auch eine mögliche Einbindung von Datenschutzbehörden sicher, da auf Beschwerden von Betroffenen oder Anfragen dieser Behörden schnell reagiert werden kann.[2] Unter Umständen können dank einer Kooperation mit Strafverfolgungsbehörden auch strafprozessuale Maßnahmen abgewendet werden. Insgesamt liegt eine Kooperation mit Behörden häufig im Interesse des Unternehmens, weshalb diese unverzüglich entschieden werden sollte.[3] Für die Zusammenarbeit mit Behörden sollte eine interne Ansprechperson definiert und entsprechend geschult werden, um eine konsistente Kommunikation zu ermöglichen.

8.1.3 Dawn Raids – Durchsuchungen von Geschäftsräumen

Die externe Meldestelle des Bundes hat im Juli 2023 ihre Arbeit aufgenommen und am 21.5.2024 ihren ersten Jahresbericht für 2023 veröffentlicht. Aus diesem ging hervor, dass 22 Fälle nach § 29 Abs. 2 Nr. 4 HinSchG an Staatsanwaltschaften abgegeben wurden. In neun Fällen wurden demnach Ermittlungen eingeleitet.[4] Neben einer uneingeschränkten (echten) Kooperation mit Aufsichtsbehörden und Staatsanwaltschaften sollten sich Unternehmen auf mögliche Dawn Raids bzw. Dursuchungen vorbereiten. Größere Unternehmen haben oft schon im Rahmen ihres Compliance-Programms Maßnahmen und Vorbereitungen getroffen, wie im Falle einer Durchsuchung zu reagieren ist. Dazu gehören unter anderem regelmäßige Schulungen der Mitarbeitenden, wie man sich gegenüber den Beamten verhält, aber auch die Konkretisierung von Maßnahmenplänen, Berechtigungskonzepten sowie sog. Notfall-Hotlines, also die Kenntnis der Kontaktpersonen bei der z. B. vom Unternehmen beauftragten Anwaltskanzlei für das Thema. Für Dawn Raids lassen sich zwei Grundregeln festhalten, die für Unternehmen wichtig sind.[5] Dazu gehört, dass im Unternehmen zunächst die Ruhe bewahrt werden muss und gut geschulte Anwälte auszuwählen sind, um das Unternehmen schnell und professionell gegenüber den Beamten zu vertreten. Übersprungshandlungen von einzelnen Mitarbeitenden können zu unwiderruflichen Fehlern führen.

1) Vgl. Bay/C.Engelhardt, Rn. 7–9.

2) Vgl. DICO Standard 04 Interne Untersuchungen.

3) Vgl. dazu DICO Standard 04 Interne Untersuchungen iZm beispielsweise die Hinweise des US-Justizministeriums zum Vollzug des US Foreign Corrupt Practices Act (FCPA), 9-47.120 – FCPA Corporate Enforcement Policy, abrufbar unter: *https://www.justice.gov/jm/jm-9-47000-foreign-corrupt-practices-act-1977.*

4) Unterrichtung durch die externe Meldestelle des Bundes, Jahresbericht 2023 [online] *https://dserver.bundestag.de/btd/20/114/2011480.pdf [21.5.2024].*

5) Vgl. *Weitbrecht, Weidenbach,* Achtung, Dawn Raid! Die Rolle des Anwalts bei Durchsuchungen (NJW 2010, 2328).

Das Unternehmen und im besten Fall der schon eingetroffene Anwalt sollten defensiv und rechtsbewusst kooperieren: Bei einer Deeskalation erhöht man am ehesten die Chance, die Durchsuchung der Beamten zu kontrollieren.

8.2 Die externen Meldestellen BaFin und BKartA

Neben der externen Meldestelle des Bundes beim BfJ sind ebenfalls bei der Bundesanstalt für Finanzdienstleistungsaufsicht (§ 21 HinSchG) sowie beim Bundeskartellamt (§ 22 HinSchG) jeweils externe Meldestellen mit thematischen Schwerpunkten eingerichtet. Die BaFin ist als externe Meldestelle zuständig dafür, dass die von ihr überwachten Unternehmen alle Vorschriften zur Prävention von Geldwäsche und Terrorismusfinanzierung einhalten. Darunter fallen Banken, Finanzdienstleister, Zahlungs- und E-Geldinstitute, private Versicherungsunternehmen sowie Pensionsfonds.[1] Dagegen ist die externe Meldestelle beim Bundeskartellamt für die Meldung von Informationen über Verstöße nach § 2 Abs. 1 Nr. 8 und 9 HinSchG zuständig.

8.3 Aufgaben der externen Meldestelle des Bundes

Die Aufgaben der externen Meldestellen werden in § 24 HinSchG definiert und erläutern, dass die externen Meldestellen für die Errichtung und den Betrieb der Meldekanäle nach § 27 HinSchG zuständig sind, die Stichhaltigkeit einer Meldung prüfen, das Verfahren nach § 28 HinSchG führen und die Folgemaßnahmen nach § 29 HinSchG treffen. Im Anschluss erfolgt eine Rückmeldung an die hinweisgebende Person.

Abbildung 12: Aufgaben der externen Meldestelle des Bundes [eigene Darstellung]

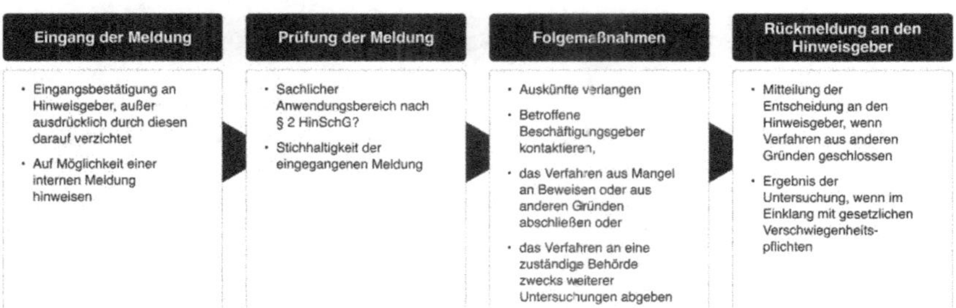

Die externen Meldestellen sind darüber hinaus dazu verpflichtet, jährlich einen Bericht über die eingegangenen Meldungen zu erstellen, um gegenüber der Öffentlichkeit Rechenschaft über ihre Tätigkeit abzulegen (§ 26 HinSchG). Dieser Bericht ist in einer zusammengefassten Form abzugeben und darf

1) Vgl. BfJ (2023): Häufig gestellte Fragen, [online] *https://www.bundesjustizamt.de/DE/MeldestelledesBundes/Fragen/Fragen_node.html?cms_docId=96700#AnkerDokument96692 [7.7.2023].*

keine Informationen preisgeben, die Rückschlüsse auf die beteiligten Personen oder Unternehmen zulassen. Dieser Bericht muss der Öffentlichkeit zugänglich gemacht werden. Wie genau sich der Gesetzgeber diese Veröffentlichung vorstellt, wird aus dem Gesetz nicht ersichtlich, vermutlich werden diese Berichte aber zweckmäßigerweise auf der Homepage der jeweiligen externen Meldestelle veröffentlicht.[1] Die im Bericht enthaltenen Zahlen und statistischen Daten sind unter anderem auch dafür da, um eine statistische Erfassung der Meldungen und Folgemaßnahmen zu erheben, damit der Gesetzgeber im Anschluss ggf. Zuständigkeiten nachjustieren kann. Damit werden die Anforderungen der EU-Richtlinie zum Hinweisgeberschutz eingehalten, die einer Weiterleitung und Berichtspflicht gegenüber der Europäischen Kommission nachkommen.[2]

Auf den ersten Blick erscheinen die Aufgaben und abgeleiteten Rechte und Pflichten der externen Meldestelle im Vergleich zur internen Meldestelle deckungsgleich. Analog zur internen Meldestelle bestätigt die externe Meldestelle den Eingang einer Meldung nach spätestens sieben Tagen. Der Unterschied zur internen Meldestelle besteht darin, dass eine Eingangsbestätigung nicht erforderlich ist, sollte die hinweisgebende Person ausdrücklich darauf verzichten oder wenn hinreichender Grund zu der Annahme besteht, dass der Schutz der Identität der hinweisgebenden Person durch eine Eingangsbestätigung beeinträchtigt wird (§ 28 Abs. 1 S. 2). Die externe Meldestelle des Bundes beim BfJ realisiert dies durch die Möglichkeit im elektronischen Formular zur Hinweisabgabe die Checkbox *„Ich möchte keine Eingangsbestätigung erhalten"* zu aktivieren. Im nächsten Schritt prüfen die externen Meldestellen, ob der gemeldete Verstoß in den sachlichen Anwendungsbereich nach § 2 HinSchG fällt. Dabei werden die Ausnahmen nach § 5 HinSchG beachtet. Bei erfolgreicher Prüfung schließen sich die Stichhaltigkeitsprüfung der Meldung und die Folgemaßnahmen nach § 29 HinSchG an.

Durch § 28 Abs. 3 S. 2 HinSchG wird ausdrücklich sichergestellt, dass die über § 6 Abs. 3 HinSchG durch die externen Meldestellen anzuwendenden Verschwiegenheits- und Geheimhaltungspflichten auch bei Anträgen auf Akteneinsicht zu wahren sind. § 29 VwVfG gilt auch weiterhin als anwendbar.

Die Folgemaßnahmen sind – ähnlich wie bei der internen Meldestelle – nur vage formuliert. Neben der Kontaktaufnahme mit den betroffenen Beschäftigungsgebern, dem Verweis der hinweisgebenden Person an andere zuständige Stellen sowie dem Abschluss aus Mangel an Beweisen oder anderen Gründen oder der Abgabe des Verfahrens an eine zuständige Behörde zwecks weiterer Untersuchungen, wie in § 29 Abs. 2 HinSchG abschließend aufgezählt,[3] können die externen Meldestellen zur Prüfung der Stichhaltigkeit der Meldung sowie bei den Folgemaßnahmen Auskünfte nach § 29 Abs. 1

1) Vgl. BeckOK ArbR/*Bruns*, HinSchG § 26 Rn. 1.

2) Vgl. RefE Hinweisgeberschutzgesetz, S. 93.

3) Vgl.BT-Drs. 20/3442, 88.

HinSchG verlangen.[1] Dadurch wird die externe Meldestelle mit der Möglichkeit ausgerüstet, durch Auskünfte ihre Informationen weiter anzureichern.[2]

Eine weitere Besonderheit gegenüber der internen Meldestelle ist die Rückmeldung an die hinweisgebende Person. Auch hier erfolgt diese spätestens nach drei Monaten. Bei umfangreichen Bearbeitungen jedoch verlängert sich diese Frist auf sechs Monate. Die Gründe für die Verlängerung müssen der hinweisgebenden Person mitgeteilt werden (§ 28 Abs. 4 HinSchG). Diese Rückmeldung ist zu unterscheiden von der Eingangsbestätigung und auch der Mitteilung des Ergebnisses nach Abschluss der Untersuchungen nach § 31 Abs. 5 HinSchG. In diesem Fall können nach drei bzw. sechs Monaten auch nur Zwischenergebnisse berichtet werden, die als eine Art „Zwischenbericht" dienen (Erwägungsgrund 63 der HinSch-RL). Der Zwischenbericht soll dienlich sein, eine unnötige Offenlegung der hinweisgebenden Person zu vermeiden.[3]

Das Bundesamt für Justiz richtet nach § 2 HEMBV[4] sowie § 27 HinSchG die externe Meldestelle des Bundes ein. Die Einrichtung erfolgt durch die Bereitstellung eines breiten Spektrums an Meldekanälen, wie die elektronische, postalische und telefonische Meldemöglichkeit. Persönliche Zusammenkünfte sollen ebenso ermöglicht werden.[5] Diese Meldemöglichkeiten sind auf der Homepage des BfJ bereits präsent, wobei das Online-Formular am prominentesten dargestellt wird. Webbasierte Lösungen sind in der Praxis sinnvolle Alternativen z. B. gegenüber der Telefon-Hotline, besonders aufgrund des besseren Schutzes für die hinweisgebende Person.[6] Das BfJ kann sich bei der Ausgestaltung die Unterstützung geeigneter externer Dienstleister bedienen (§ 2 Abs. 2 HEMBV), soll Informationen zu den Meldekanälen auf der Homepage veröffentlichen (§ 2 Abs. 3 HEMBV) und Meldungen, die nicht in den Zuständigkeitsbereich des BfJ fallen, unverzüglich, unverändert und unmittelbar an die geeigneten externen Meldestellen weiterleiten (§ 2 Abs. 4 HEMBV).

In § 6 HEMBV wird die Informations- und Beratungstätigkeit der externen Meldestelle des Bundes weiter konkretisiert und unter anderem definiert, dass die Beratung des BfJ nicht als Rechtsberatung gewertet werden kann. Darüber hinaus informiert und berät das BfJ über die Meldekanäle, die Möglichkeiten einer internen Meldung und deren Vorzüge, den persönlichen und sachlichen Anwendungsbereich nach §§ 1, 2 HinSchG, die Folgemaßnahmen nach § 29 HinSchG, den Schutz vor Repressalien und verfügbare Abhilfemöglichkeiten. In der Begründung zum Referentenentwurf des HinSchG werden jährlich rund 450 Anfragen nach § 24 Abs. 2 S. 1 HinSchG geschätzt.

1) Vgl. *Schoch*, BKR 2023, 154.
2) Vgl. BeckOK ArbR/*Bruns*, HinSchG § 29 Rn. 1–5.
3) Vgl. RefE Hinweisgeberschutzgesetz, S. 101.
4) Vgl. Verordnung über die Organisation der nach dem Hinweisgeberschutzgesetz einzurichtenden externen Meldestelle des Bundes.
5) Vgl. VoE, HEMBV, S. 10 f.
6) Vgl. *Schauhoff/Kirchhain*, Handbuch der Gemeinnützigkeit, 4. Auflage 2023, Rn. 48–51.

8.4 Befugnisse der externen Meldestelle

Durch § 28 Abs. 3 S. 2 HinSchG wird ausdrücklich sichergestellt, dass die über § 6 Abs. 3 HinSchG durch die externen Meldestellen anzuwendenden Verschwiegenheits- und Geheimhaltungspflichten auch bei Anträgen auf Akteneinsicht zu wahren sind. § 29 VwVfG gilt auch weiterhin anwendbar. Die Behörde hat in einem Verwaltungsverfahren Akteneinsicht zu gewähren, wenn die darin enthaltenen Informationen zur Geltendmachung oder Verteidigung ihrer rechtlichen Interessen notwendig sind (§ 29 Abs. 1. VwVfG). Möglich sind eigene Ermittlungen (§ 28 HinSchG), womit erforderliche Auskunftsverlangen bei Betroffenen und Dritten auftreten. Hier gilt nach § 29 I 3 das Zeugnisverweigerungsrecht (§§ 53, 53a StPO) und das Auskunftsverweigerungsrecht (§ 55 StPO). Die externe Meldestelle kann nach pflichtgemäßem Ermessen Auskünfte von verschiedenen Akteuren einholen: betroffene natürliche Personen, betroffene Beschäftigungsgeber, Dritte und Behörden.

9. Weitere (gesetzliche) Anforderungen zur Einrichtung von Hinweisgebermanagement

Neben dem HinSchG gibt es zahlreiche weitere Gesetze sowie Standards, die eine Einrichtung von Meldeprozessen vorsehen. Nachfolgend wird ein Abriss der wichtigsten Gesetze und Standards gegeben.

9.1 Beschwerdeverfahren nach LkSG

Mit dem zum 1. Januar 2023 verabschiedeten Lieferkettensorgfaltspflichtengesetz nimmt der deutsche Gesetzgeber Unternehmen fortan in die Pflicht, verbindliche Erwartungen an menschenrechtliche und umweltbezogene Sorgfaltspflichten zu erfüllen.[1)]

Vom Anwendungsbereich erfasst werden Unternehmen mit Sitz in Deutschland oder in einer inländischen Zweigniederlassung, die i. d. R. mindestens 1.000 Arbeitnehmer beschäftigen.[2)] Ziel des LkSG ist es, die Menschrechtsstandards in der Lieferkette zu verankern, die Rechte betroffener Personen zu stärken und auch die Rechtssicherheit zu erhöhen und faire Wettbewerbsbedingungen zu gewährleisten.[3)] Die Anforderungen nach dem LkSG lassen sich in zwei Perspektiven gliedern: Unternehmen haben zur Erfüllung der Anforderungen zum einen ihren eigenen Geschäftsbereich und den der unmittelbaren Zulieferer zu prüfen, zum anderen sind mittelbare Zulieferer anlassbezogen zu überprüfen.[4)]

Mit der Pflicht zur Einrichtung eines angemessenen Beschwerdeverfahrens misst der deutsche Gesetzgeber zentralen unternehmensinternen Frühwarnsystemen der lieferkettenbezogenen Compliance mehr Bedeutung zu.[5)] Es soll Personen innerhalb und außerhalb des Unternehmens ermöglicht werden, auf menschenrechtliche und umweltbezogene Risiken und Verstöße entlang der Lieferkette hinzuweisen.[6)] Hierzu ist das Beschwerdeverfahren für potenzielle hinweisgebende Personen so auszugestalten, dass insbesondere die Zugänglichkeit des Verfahrens, der Identitätsschutz und der Schutz vor Benachteiligung oder Bestrafung der hinweisgebenden Person sichergestellt wird.[7)]

1) Vgl. § 2 Abs. 2 LkSG und § 3 LkSG.
2) Vgl. § 1 Abs. 1 und Abs. 3 LkSG.
3) Vgl. BT-Drs. 19/28649, S. 2.
4) Vgl. § 2 Abs. 6 LkSG, § 9 Abs. 3 LkSG.
5) Vgl. *Lüneborg* (2022), S. 375, S. 378 und *Eggers & Pawel* (2022), S. 344.
6) Vgl. § 8 Abs. 2–4 LkSG.
7) Vgl. *Stemberg* (2022), S. 92, S. 94 und *Eggers & Pawel* (2022), S. 342 und BT-Drs. 19/28649, S. 50.

Im Detail stellen das LkSG sowie zugehörige Handreichungen der BAFA folgende Anforderungen an den Beschwerdekanal:

- Im Sinne der Effektivität ist ein möglichst öffentlicher und barrierefreier Zugang sicherzustellen, beispielsweise auf der Unternehmenswebseite in Form eines webbasierten Hinweisgebersystems oder einer E-Mail-Adresse.[1)]
- Telefonische oder sprachbasierte Meldekanäle können eine wichtige Ergänzung der schriftlichen Beschwerdewege darstellen, um auch Personen mit Lese- und Schreibschwächen eine niederschwellige Möglichkeit zu bieten, ihre Beschwerde vorzubringen.[2)]
- Eine Unterstützung ist bei sprachlichen Hürden, mangelnder Kenntnis des Mechanismus oder Furcht vor Repressalien anzubieten.[3)]
- Die Ausgestaltung des Beschwerdeverfahrens hat in deutscher und englischer Sprache zu erfolgen und zusätzlich in der erforderlichen Landessprache bei Unternehmen des eigenen Geschäftsbereichs oder unmittelbaren Zulieferern.[1)]
- Die vom Gesetzgeber vorgegebenen Transparenz- und Informationspflichten verlangen die öffentliche Bereitstellung klarer und leicht verständlicher Informationen zur Erreichbarkeit und Durchführung des Beschwerdeverfahrens.[4)]
- Die Durchführung ist in einer schriftlichen Verfahrensordnung darzulegen, wobei auf einzelne Verfahrensstufen und den zeitlichen Ablauf einzugehen ist.[5)]
- Neben dem Abbau von Meldehindernissen soll das Vertrauen der hinweisgebenden Person gestärkt werden, dazu zählt auch die Benennung von mit dem Beschwerdeverfahren betrauten Verantwortlichen.[6)]
- Die Personen, die für das Beschwerdeverfahren verantwortlich sind, müssen unparteiisch handeln können. Dazu gehört, dass sie unabhängig, nicht weisungsgebunden und zur Verschwiegenheit verpflichtet sind. Unternehmen müssen sicherstellen, dass diese Personen ausreichend geschult sind und genügend zeitliche Ressourcen haben, um die Aufgaben effektiv und neutral zu bearbeiten.[7)]
- Der Identitätsschutz ist ein wichtiger Erfolgsfaktor für die Wirksamkeit des Beschwerdeverfahrens, da potenzielle hinweisgebende Personen bei befürchteten Repressalien und Benachteiligung von der Nutzung des Ver-

1) Vgl. *Gehling/Ott/Lüneborg*, CCZ 2021, 238.
2) Vgl. BAFA Handreichung Beschwerdeverfahren, S. 8 und S. 11.
3) Vgl. BT-Drs. 19/28649, S. 50 und *Stemberg*, CCZ 2022, S. 92, S. 94.
4) Vgl. § 8 Abs. 4 LkSG und BT-Drs. 19/28649, S. 49.
5) Vgl. *Gehling et al.* (2021), S. 238.
6) Vgl. *Wiedmann & Hoppmann* (2022), S. 15 und BT-Drs. 19/28649, S. 49.
7) Vgl. BAFA Handreichung Beschwerdeverfahren, S. 9.

fahrens absehen werden.[1] Der Vertraulichkeitsschutz dient ebenfalls dem Unternehmen, welches ein Interesse an der diskreten Untersuchung und Aufklärung haben sollte.

- Die Möglichkeit der anonymen Nutzung des Beschwerdeverfahrens ist nicht verpflichtend, stellt aber im Sinne der Vertrauensbildung eine sinnvolle Maßnahme dar.

Das Beschwerdeverfahren steht einem weiten Kreis potenzieller hinweisgebender Person offen und unterscheidet nicht nach dem Beweggrund, ob die hinweisgebende Person etwa selbst betroffen ist oder lediglich Kenntnis eines Verstoßes erlangt hat und diesen aufzeigt.[2] Der Gesetzgeber verlangt, dass einer hinweisgebenden Person ein wirksamer Schutz vor Benachteiligung und Bestrafung aufgrund ihrer Beschwerde zugestanden wird.[3]

Das Verfahren muss regelmäßig auf seine Wirksamkeit überprüft werden. Dies erfolgt mindestens jährlich und zusätzlich anlassbezogen bei wesentlich veränderter oder erweiterter Risikolage (z. B. bei der Einführung neuer Produkte oder Geschäftsfelder).[4]

Zur Beurteilung der Wirksamkeit des Beschwerdeverfahrens und der Effizienz der Prozesse können KPIs, wie die Anzahl der eingegangenen Beschwerden, der Anteil der gelösten Beschwerden oder die durchschnittliche Dauer für die Bearbeitung einer Beschwerde herangezogen werden. Zusätzlich kann die Zufriedenheit der Beschwerdeführer mit dem Ergebnis wertvolle Einblicke in die Qualität des Beschwerdeverfahrens liefern.[5]

Diese Indikatoren ermöglichen es Unternehmen, Trends und Muster hinsichtlich Risiken zu identifizieren und das Verfahren kontinuierlich zu verbessern.

Das Beschwerdeverfahren, mit all seinen dargestellten Elementen, weist zahlreiche Parallelen zu einem Meldekanal im Sinne des HinSchG auf. Daher empfiehlt auch das BAFA in einer separaten Handreichung unternehmensübergreifende Beschwerdemechanismen.[6] Die Konsolidierung gewährleistet eine gesteigerte Wirksamkeit und Qualitätssicherung durch ein höheres Maß an Unabhängigkeit vom Einfluss einzelner Unternehmen und ermöglicht Effizienzgewinne durch die Bündelung von Ressourcen und eine einheitliche Ansprache an die potenzielle hinweisgebende Person, was zu einer effektiveren Durchsetzung von Abhilfe- und Präventionsmaßnahmen entlang der eigenen Lieferkette führt.

---

1) Vgl. *Eggers & Pawel* (2022), S. 342.
2) Vgl. BT-Drs. 19/30505, S. 41.
3) Vgl. BT-Drs. 19/28649, S. 50.
4) Vgl. § 8 Abs. 5 LkSG auch in Verbindung mit § 6 Abs. 5 LkSG und § 7 Abs. 4 LkSG und § 10 Abs. 2 Nr. 3 LkSG.
5) Vgl. BAFA Handreichung Beschwerdeverfahren, S. 16 f.
6) Vgl. BAFA Handreichung Beschwerdeverfahren, S. 13 f. und NJW 2023, 1465 Rn. 40

9.2 Beschwerden nach CSDDD[1)]

Die Corporate Sustainability Due Diligence Directive wurde am 15. März 2024 durch die EU-Mitgliedsstaaten beschlossen und zielt darauf ab, Unternehmen innerhalb ihres eigenen Geschäftsbereichs und entlang der gesamten Wertschöpfungskette zur Einhaltung der Menschenrechte und des Umweltschutzes zu verpflichten.

Die CSDDD besitzt in Relation zum LkSG einen abgeschwächten Anwendungsbereich, greift in Bezug auf die geschützten Rechtsgüter und einzuhaltenden Sorgfaltspflichten deutlich weiter.

In einer Übergangsphase tritt die CSDDD schrittweise in Kraft, der vollständige Geltungsbereich erstreckt sich 2029 final auf:

- EU-Unternehmen und Muttergesellschaften mit mehr als 1.000 Beschäftigten und einem weltweiten Nettoumsatz von mehr als EUR 450 Mio. im letzten Geschäftsjahr, sowie
- Nicht-EU-Unternehmen und die oberste Muttergesellschaft einer Gruppe mit einem Nettoumsatz in der EU von mehr als EUR 450 Mio. im letzten Geschäftsjahr unabhängig von der Beschäftigtenzahl sowie
- bestimmte Franchise- und Lizenznehmerkonstellationen in der EU.

Entsprechend risikobehaftete Sektoren werden explizit benannt, wie die Textilindustrie, die Land- und Forstwirtschaft, die Fischerei, die Lebensmittelindustrie, die Chemie und der Abbau von Bodenschätzen.

Die CSDDD dehnt durch den Begriff der „Wertschöpfungskette" die unternehmerischen Sorgfaltspflichten auf vorgelagerte und nachgelagerte Geschäftspartner aus, wohingegen beim LkSG nur bei substantiierter Kenntnis der mittelbare Zulieferer betrachtet werden muss.

Kennzeichnend für die vorgelagerten Geschäftspartner eines Unternehmens sind deren Einbindung in Prozesse, die mit der Erzeugung von Waren oder der Erbringung von Dienstleistungen verbunden sind, einschließlich Planung, Gewinnung, Beschaffung, Herstellung, Transport, Lagerung, Lieferung von Rohstoffen, Produkten oder Produktteilen sowie der Produkt- oder Dienstleistungsentwicklung.

Weiterhin stehen nachgelagerte Geschäftspartner im Zusammenhang mit dem Vertrieb, der Beförderung, der Lagerung und der Entsorgung des Produkts, welches sie direkt oder indirekt, für das Unternehmen oder im Namen des Unternehmens durchführen.

Die angekündigten Strafen sind empfindlich und können mit Geldbußen von bis zu 5 % des globalen Nettoumsatzes geahndet werden. Daneben können Verstöße mit der öffentlichen Bekanntgabe, dem Entzug der Vergabe öffentli-

1) Vgl. RICHTLINIE DES EUROPÄISCHEN PARLAMENTS UND DES RATES über die Sorgfaltspflichten von Unternehmen im Hinblick auf Nachhaltigkeit und zur Änderung der Richtlinie (EU) 2019/1937, 23.2.2022.

cher Aufträge und weiterer zivilrechtlicher Haftung geahndet werden. Die EU-Mitgliedsstaaten müssen die CSDDD innerhalb von zwei Jahren nach Inkrafttreten in nationales Recht umsetzen. In Deutschland wird dahingehend eine Anpassung des LkSG erwartet. Unternehmen müssen geeignete Maßnahmen ergreifen, um tatsächliche und potenzielle negative Auswirkungen auf die Menschenrechte und die Umwelt zu identifizieren, die durch ihre eigenen Tätigkeiten, einschließlich ihrer Tochterunternehmen und ihre etablierten Geschäftsbeziehungen, entstehen können. Dabei sind auch quantitative und qualitative Informationen zu nutzen, einschließlich unabhängiger Berichte und Daten aus dem Beschwerdeverfahren.

Hierzu ist auch der Austausch mit potenziell betroffenen Gruppen, wie Arbeitnehmern und anderen relevanten Interessenträgern, vorgesehen. Das geforderte Beschwerdeverfahren ist nicht nur möglichen betroffenen Personenkreisen, sondern auch Arbeitnehmervertretungen und den im Bereich der betreffenden Wertschöpfungskette aktiven Organisationen der Zivilgesellschaft zu öffnen. Sicherzustellen ist, dass diese Gruppen Forderungen nach Folgemaßnahmen anbringen können und auch einen Anspruch auf Treffen mit Unternehmensvertretern haben, um die schwerwiegenden Auswirkungen der Beschwerde zu diskutieren.

Nicht eindeutig ist die Formulierung, ob das Beschwerdeverfahren gegenüber den in Art. 9 Abs. 2 CSDDD definierten betroffenen Gruppen aktiv kommuniziert werden muss oder ob eine Kommunikation während des Verfahrens, demnach zwischen Unternehmen und Beschwerdeführer, erforderlich ist und sich ein Anspruch an Information ableiten lässt.

In Anlehnung an die interne Meldestelle des HinSchG sieht die CSDDD die Beauftragung eines Bevollmächtigten, als natürliche oder juristische Person, vor, welche zur Erfüllung der Rechtspflichten der CSDDD beauftragt ist.

Sicherzustellen ist, dass jedes Unternehmen, welches in den Geltungsbereich nach Art. 2 Abs. 2 CSDDD fällt, in den jeweiligen Ländern, wo das Unternehmen tätig ist, Bevollmächtigte benennt, die vor Ort niedergelassen oder ansässig sind, und diese mit entsprechenden Befugnissen und Ressourcen ausstattet. Konkretere Informationen oder Anforderungen an das Beschwerdeverfahren werden nicht gegeben. Wird ein Bezug zu den etablierten Hinweisgebersystemen und Beschwerdeverfahren nach dem LkSG hergestellt, so stellen diese Mechanismen einen wirksamen Ansatz dar, um dem Risiko möglicher Verletzungen der Sorgfaltspflichten nachweislich zu begegnen. Solche Mechanismen dienen nicht nur als Instrument für Abhilfe und Wiedergutmachung, sondern können auch präventiv als Frühwarnsystem für die Identifizierung und Analyse negativer Auswirkungen genutzt werden und sollten daher ganzheitlich konzipiert und implementiert werden, um beim Betrieb entsprechende Synergien zu erzielen.[1)]

---

1) Vgl. Handreichung des BAFA zur Zusammenarbeit in der Lieferkette, S. 13; abrufbar unter *https://www.bafa.de/SharedDocs/Downloads/DE/Lieferketten/handreichung_zusammenarbeit_in_der_lieferkette.html?nn=1559328* (zuletzt abgerufen am 8.6.2024).

Viele Unternehmen, welche dem Anwendungsbereich des LkSG unterliegen, nutzen ein zentrales Hinweisgebersystem, welches um die Anforderungen aus dem LkSG überschießend erweitert wurde.[1] Mit Blick auf Art. 27 der CSDDD erscheint dies als höchst sinnvoll, da perspektivisch der sachliche Anwendungsbereich der EU-Whistleblower-Richtlinie um Verstöße gegen die CSDDD erweitert werden soll.

9.3 Verfahren nach dem Allgemeinen Gleichbehandlungsgesetz

Das 2006 zur Umsetzung unionsrechtlicher Vorgaben zum Schutz vor Diskriminierung erlassene Allgemeine Gleichbehandlungsgesetz zielt darauf ab, Diskriminierung am Arbeitsplatz aufgrund von Ethnie, Geschlecht, Religion, Weltanschauung, Behinderung, Alter oder sexueller Identität zu verhindern. Dies gilt ebenso für sexuelle Belästigung und #MeToo-Fälle.[2]

Nach § 13 Abs. 1 AGG haben alle Beschäftigte das Recht, im Unternehmen bei der zuständigen Stelle Beschwerde einzulegen, wenn sie sich aufgrund eines in § 1 AGG genannten Grundes benachteiligt fühlen. Hiernach muss der Beschäftigungsgeber eine „zuständige Stelle" bestimmen. Den Beschäftigungsgeber treffen nach diesem Gesetz eine Reihe von Pflichten, wie z. B. Schutzpflichten gegenüber Arbeitnehmern gem. § 12 AGG und die Pflicht zur Einrichtung einer zuständigen Beschwerdestelle gem. § 13 Abs. 1 AGG im Unternehmen.

Die Beschwerdestelle muss im Betrieb bekannt gemacht werden.[3] Die Beschwerdestelle muss die Beschwerde prüfen und die betroffene Person über das Ergebnis zu informieren.[4] Für den Beschäftigungsgeber existiert ein weiterer Spielraum, wem er die Befugnisse der Beschwerdestelle überträgt, eine Vorgabe hierzu existiert nicht.[5] Demnach kann die Aufgabe beispielsweise von einem Vorgesetzten, dem Betriebsrat, der Personalabteilung, einem Gleichstellungsbeauftragten oder einer Person mit vergleichbarer Stellung übernommen werden. [6] Es ist in der einschlägigen Literatur jedoch umstritten, ob ein Dritter, wie etwa ein Rechtsanwalt, diese Funktion übernehmen kann.[7]

1) Vgl. *Fehr/Hüsener*, „Lieferkettensorgfaltspflichtengesetz. Status quo und Auswirkungen der Umsetzung", Hochschule für angewandte Wissenschaften Ansbach/EQS Group, (2023), S. 31 und *Lüneborg*, DB 2022, 375.

2) Vgl. insb. § 3 Abs. 3 und Abs. 4 AGG.

3) Vgl. § 12 Abs. 2 und Abs. 5 AGG.

4) Vgl. § 13 Abs. 1 S. 2 AGG.

5) Vgl. ErfK/*Schlachter*, 24. Aufl. 2024, AGG § 13 Rn. 2.

6) Vgl. BeckOK ArbR/*Roloff*, 71. Ed. 1.3.2024, AGG § 13 Rn. 1; *Liebscher/Kobes*, „Beschwerdestelle und Beschwerdeverfahren nach § 13 AGG", S. 6.

7) Vgl. *Liebscher/Kobes*, „Beschwerdestelle und Beschwerdeverfahren nach § 13 AGG", S. 6.

Aus der eingereichten Beschwerde, welche formlos und anonym erfolgen kann, dürfen für den Beschwerdeführer keine Nachteile entstehen.[1)] Der Beschäftigungsgeber muss vorbeugende Maßnahmen ergreifen, um Benachteiligungen, einschließlich sexueller Belästigung, am Arbeitsplatz und auch bei betrieblichen Veranstaltungen, vorzubeugen und zu unterbinden, unter diese Pflicht fällt ebenfalls die Schulung der Beschäftigten.[2)] Dennoch sieht das AGG keine Straf- oder Bußgelder vor, sollten weder vorbeugende noch repressive Maßnahmen durch den Beschäftigungsgeber ergriffen werden.[3)]

Ein fehlendes Vertraulichkeitsgebot in Bezug auf die Identität der involvierten Beschäftigten veranlasst zwangsläufig die Betroffenen, abzuwägen, ob mögliche Aussichten auf Schadensersatz und Maßnahmen gegen die betroffene Person ein mögliches Risiko durch Bekanntwerden der eingereichten Beschwerde, und mögliche negativen Konsequenzen, überwiegen.

Die Risikowahrnehmung seitens der hinweisgebenden Person wird durch überwiegende fehlende Kenntnis zu betrieblichen Maßnahmen zum Schutz vor sexueller Belästigung am Arbeitsplatz verstärkt, wie die beauftragten Studien der Antidiskriminierungsstelle des Bundes aus den Jahren 2015 und 2019 zeigen.[4)]

Das HinSchG vermittelt im Verhältnis zum AGG mehr Sicherheit, da beim HinSchG Bußgelder bei fehlender Meldestelle oder Repressalien gegen die hinweisgebende Person, ein Missachten des Vertraulichkeitsgebots zum Schutz der Identität und fehlenden Konsequenzen bei falschen Meldungen, welche jedoch im guten Glauben abgegeben sein müssen, drohen.

Üblicherweise sind aber verbale Übergriffigkeiten, wie Belästigung, Aufforderungen oder Anstößigkeiten, im Kontext von #MeToo, nicht strafbar und damit vom HinSchG ausgenommen. Um die Voraussetzung des gesetzlichen Schutzes zu erfüllen, ist oftmals eine körperliche Berührung in sexuell bestimmter Weise erforderlich.[5)]

Mögliche Schlussfolgerungen können nun sein, dass die hinweisgebende Person im Kontext von #MeToo-Sachverhalten die Rechtsunsicherheit als abschreckend aufnimmt und von einer Meldung an die Meldestelle nach AGG oder HinSchG folglich absieht. Aber auch ein zunehmendes Meldeauf-

1) Vgl. § 16 Abs. 1 AGG ivm. ErfK/*Schlachter*, 23. Aufl. 2023, AGG § 13 Rn. 3; BeckOK ArbR/*Roloff*, 71. Ed. 1.3.2024, AGG § 13 Rn. 2; *Liebscher/Kobes*, „Beschwerdestelle und Beschwerdeverfahren nach § 13 AGG“, S. 12.

2) Vgl. § 12 Abs. 2 AGG.

3) Vgl. § 12 Abs. 1 und Abs. 2 AGG ivm. § 12 Abs. 3 und Abs. 4 AGG.

4) Vgl. Studie von SUZ –Sozialwissenschaftliches Umfragezentrum GmbH Duisburg im Auftrag der Antidiskriminierungsstelle des Bundes, *https://www.antidiskriminierungsstelle.de/SharedDocs/downloads/DE/publikationen/Umfragen/handout_umfrage_sex_belaestigung_am_Arbeitsplatz_beschaeftigte.pdf?__blob=publicationFile&v=4* (abgerufen am 2.6.2024) und Studie von Schröttle/Meshkova/Lehmann im Auftrag der Antidiskriminierungsstelle des Bundes, S. 86 ff., *https://www.antidiskriminierungsstelle.de/SharedDocs/downloads/DE/publikationen/Expertisen/umgang_mit_sexueller_belaestigung_am_arbeitsplatz.pdf?__blob=publicationFile&v=13* (abgerufen am 2.6.2024).

5) § 177 StGB, § 184i StGB, § 185 StGB bieten in diesem Kontext eine erste Orientierung.

kommen von Hinweisen mit Bezug zum AGG an die benannte interne Meldestelle nach dem HinSchG ist denkbar, in der Erwartung einem umfassenden Hinweisgeberschutz zu unterliegen. Klarheit kann nur durch den Beschäftigungsgeber geschaffen werden.

Praxistipp:

Ein Ansatz wäre die nach dem HinSchG geschaffene interne Meldestelle auch mit den Beschwerden nach dem AGG zu betrauen und als „zuständige Stelle" in dem Sinne zu kommunizieren. Der Umgang mit Fällen im Kontext #MeToo sollten in den unternehmensinternen Richtlinien und Schulungen thematisiert und im Rahmen der Meldestelle geregelt werden. Die Kür wäre es an dieser Stelle, den Schutzbereich auch auf die Fälle zu erweitern, welche nicht durch den Anwendungsbereich des HinSchG klar geregelt sind, und die Meldestelle mit Blick auf die Sensibilität der Fälle auch mit mehreren Geschlechtern zu besetzen. So erhalten hinweisgebende Personen *„eine klare Anlaufstelle, vereinheitliche Prozesse sorgen auch auf Seiten der Meldestellenbeauftragten für mehr Effizienz bei der Entgegennahme, Prüfung und Untersuchung der eingehenden Meldungen"*.[1]

9.4 DIN ISO 37002:2021[2]

Die Leitlinie ISO 37002 soll Organisationen dabei unterstützen, iRd Aufbaus und des Betriebs eines Meldekanals u. a. die Meldung von Fehlverhalten zu fördern und zu erleichtern, die hinweisgebende Person zu schützen, um dadurch das Risiko von Fehlverhalten zu reduzieren. Dazu soll der Anwendungsbereich des Hinweisgeberprozesses unter Berücksichtigung der Ergebnisse etwaiger Compliance-Risikobeurteilungen bestimmt werden. In Bezug auf eingehende Meldungen von hinweisgebenden Personen sollte die Organisation entsprechende Maßnahmen planen, um sicherzustellen, dass mit Risiken und Chancen eines Hinweisgeberprozesses adäquat umgegangen wird. Die ISO 37002 sieht sehr weitgehende Vorschläge vor, die ein Unternehmen leisten soll, um die Planung eines solchen Meldekanals zu perfektionieren, welche Unterstützung hierzu erforderlich sei und wie der Betrieb zu organisieren sei. In Abschnitt 9 der Leitlinie wird dargelegt, wie eine Quantifizierung der Leistungsfähigkeit des Meldekanals erfolgen könnte. Der Gedanke der kontinuierlichen Verbesserung wird im letzten Abschnitt der Leitlinie mit entsprechenden Soll-Vorgaben belegt.

1) NZA 2023, 1432.

2) Vgl.Hinweismanagementsysteme – Leitlinien (ISO 37002:2021), Stand: März 2022.

10. Weitere Beispiele und Muster

10.1 Case Study – Verdacht auf Untreue bei einer KMU GmbH

Case Study zu einer internen Untersuchung:

Verdacht auf Untreue bei der KMU GmbH

Die KMU GmbH ist ein mittelständisches Unternehmen mit 80 Mitarbeitern, das Industriekomponenten herstellt. Der Vertriebsleiter Max Mustermann meldete über das interne Hinweisgebersystem einen Verdacht auf Untreue gegen den Einkaufsleiter Peter Maier. Laut Max Mustermann soll Peter Maier seit einiger Zeit Aufträge an einen bestimmten Zulieferer vergeben, obwohl dessen Preise deutlich über dem Marktpreis liegen. Im Gegenzug erhält Maier angeblich Provisionen von diesem Zulieferer auf ein Privatkonto überwiesen.

Aufgabe: Erklären Sie detailliert das Vorgehen der KMU GmbH bei der Untersuchung des Verdachts auf Untreue gegen Maier. Beschreiben Sie die Schritte von der Mandatierung des Untersuchungsteams bis hin zur Entscheidung der Geschäftsführung, einschließlich der Beweissicherung, der Erstellung und Durchführung des Untersuchungsplans sowie der Dokumentation und der resultierenden Konsequenzen.

Hinweise:

1. **Identifikation und Sicherung von Beweismitteln:**
   a. Welche digitalen und physischen Beweismittel sind relevant?
   b. Wie würden Sie diese Beweismittel sicherstellen und dokumentieren?
2. **Analyse der E-Mail-Kommunikation:**
   a. Welche Methoden und Werkzeuge würden Sie zur Analyse der E-Mail-Kommunikation verwenden?
   b. Wie würden Sie verdächtige E-Mails identifizieren und auswerten?
3. **Überprüfung der Finanztransaktionen:**
   a. Welche Informationen benötigen Sie von der Bank, um die Privatkonten des Beschuldigten zu überprüfen?
   b. Welche Transaktionen würden Sie als verdächtig einstufen und warum?
4. **Durchführung von Befragungen:**
   a. Wen würden Sie befragen und welche Fragen wären zentral für Ihre Untersuchung?
   b. Wie würden Sie sicherstellen, dass die Befragungen fair und rechtlich einwandfrei ablaufen?

5. **Dokumentation und Berichtswesen:**
   a. Wie würden Sie die Ergebnisse der Untersuchung dokumentieren?
   b. Welche Elemente sollte der Abschlussbericht enthalten, um die Geschäftsführung umfassend zu informieren?

Ergebnis: Vorgehen der KMU GmbH

1. **Mandat:** Die Geschäftsführung entscheidet, die Untersuchung intern mit einer kleinen Task Force durchzuführen, da ausreichende Ressourcen und Kompetenzen vorhanden sind. Die Leitung übernimmt der Syndikusanwalt, Herr Dr. Stefan Weber. Dr. Weber ist bekannt für seine gründliche Arbeitsweise und hat bereits mehrere interne Ermittlungen aus seiner Zeit in einer Wirtschaftskanzlei erfolgreich durchgeführt. Sein Team besteht aus der IT-Spezialistin, Frau Julia Bauer, und dem internen Revisor, Herrn Thomas Schmitt.
2. **Beweissicherung:** Ein „Data Freeze" für alle E-Mail-Accounts und Datenablagen der Beschuldigten wird angeordnet, um mögliche Manipulationen zu verhindern. Zusätzlich werden die Reisekosten- und Spesenabrechnungen der letzten 2 Jahre gesichert. Frau Bauer übernimmt die technische Sicherung der E-Mails und Daten, während Herr Schmitt die Finanzdokumente prüft und sichert. Dr. Weber informiert die Geschäftsführung regelmäßig über den Fortschritt der Beweissicherung.
3. **Untersuchungsplan:** Ein detaillierter Untersuchungsplan wird erstellt, der folgende Schritte umfasst:
   - **Analyse der E-Mail-Kommunikation mit dem Zulieferer:** Alle E-Mails zwischen Maier und dem verdächtigen Zulieferer werden auf auffällige Inhalte untersucht. Besondere Aufmerksamkeit gilt E-Mails, die außerhalb der regulären Geschäftszeiten verschickt wurden oder ungewöhnlich verschlüsselte Inhalte aufweisen.
   - **Überprüfung der Buchungen auf dem Privatkonto von Maier:** In Zusammenarbeit mit der Hausbank von Maier wird ein detaillierter Einblick in dessen Kontoaktivitäten der letzten drei Jahre gewonnen. Verdächtige Buchungen werden genau dokumentiert und analysiert.
   - **Datenanalyse der Einkaufspreise für die letzten drei Jahre:** Eine umfangreiche Analyse der Einkaufspreise wird durchgeführt, um festzustellen, ob es auffällige Preisabweichungen bei den Bestellungen des verdächtigen Zulieferers gibt.
   - **Befragungen von Maier, Mustermann und weiteren Zeugen:** Dr. Weber führt ausführliche Interviews mit Maier und Mustermann sowie weiteren potenziellen Zeugen, um deren Aussagen zu dokumentieren und mögliche Widersprüche aufzudecken.
4. **Durchführung**: Das dreiköpfige Untersuchungsteam führt die geplanten Schritte systematisch durch und dokumentiert alle Erkenntnisse umfassend. Es stellt sich heraus, dass Maier tatsächlich Provisionen in Höhe von 25.000 € von dem Zulieferer erhalten hat. Diese Zahlungen wurden

über ein komplexes Netzwerk von Konten geleitet, um sie zu verschleiern. Frau Bauer konnte durch eine tiefgehende Analyse der E-Mail-Korrespondenz aufdecken, dass Maier und der Zulieferer verschlüsselte Nachrichten austauschten, um die Bestechungsgelder zu koordinieren. Herr Schmitt stellte fest, dass die Einkaufspreise des Zulieferers im Durchschnitt 15 % höher waren als die marktüblichen Preise.

5. **Ergebnisbericht:** Die Ergebnisse und Beweismittel werden in einem umfassenden Abschlussbericht zusammengefasst. Dieser Bericht beinhaltet eine detaillierte Darstellung der gefundenen Beweise, inklusive der verdächtigen E-Mails, der Kontobewegungen und der Preisanalysen. Der Bericht wird der Geschäftsführung vorgelegt und im Beisein des rechtlichen Beraters der Firma besprochen.

10.2 Muster Bestellung eines internen Meldestellenbeautragten

Die Muster GmbH benennt Max Mustermann

mit Wirkung zum 1.10.2024 zur/zum Meldestellenbeauftragten der internen Meldestelle nach dem Hinweisgeberschutzgesetz.

Die **Muster GmbH** ist nach dem Hinweisgeberschutzgesetz (HinSchG) verpflichtet, eine sog. interne Meldestelle nach Maßgabe der §§ 12–18 HinSchG einzurichten und vorzuhalten. Sie sollen bei der **Muster GmbH** als **Meldestellenbeauftragte/r** Aufgaben der internen Meldestellen wahrnehmen und durchführen. Die Aufgaben der internen Meldestelle sind gesetzlich in § 13 HinSchG geregelt.

Ihre Aufgaben

Zu Ihren Aufgaben gehört:

- der Betrieb der internen Meldekanäle nach § 16 HinSchG
- die Durchführung des Verfahrens nach § 17 HinSchG
- das Treffen von Folgemaßnahmen nach § 18 HinSchG.

Aufgabe der internen Meldestelle ist es, sog. Meldekanäle zu betreiben, über die sich Beschäftigte und dem Beschäftigungsgeber überlassene Leiharbeitnehmerinnen und Leiharbeitnehmer an die internen Meldestellen wenden können, um Informationen über Verstöße zu melden.

Diese Meldungen werden dann von der internen Meldestelle nach einem gesetzlich vorgegebenen Verfahren bearbeitet und erforderlichenfalls werden Folgemaßnahmen durch die interne Meldestelle getroffen.

Meldekanäle

Für die Einrichtung der Meldekanäle nutzen Sie das entsprechende System.

Kommunikation mit hinweisgebenden Personen

Ihre Aufgaben beinhalten auch die Kommunikation mit hinweisgebenden Personen, die grundsätzlich über das Meldeportal erfolgt.

Das beinhaltet insbesondere, dass hinweisgebende Personen spätestens nach sieben Tagen eine **Eingangsbestätigung** erhalten.

Binnen drei Monaten nach dieser Eingangsbestätigung werden Sie der hinweisgebenden Person eine **Rückmeldung** geben, sofern nicht dadurch interne Nachforschungen oder Ermittlungen berührt und die Rechte der Personen, die Gegenstand einer Meldung sind oder die in der Meldung genannt werden, beeinträchtigt werden.

Die Rückmeldung beinhaltet die Mitteilung geplanter sowie bereits ergriffener Folgemaßnahmen sowie die Gründe für diese.

Verfahren

Als Meldestellenbeauftragte/r führen Sie das Verfahren der Bearbeitung von Meldungen durch. Zu den Verfahrensmaßnahmen gehören neben der Kommunikation mit der hinweisgebenden Person auch diese Aufgaben:

- Prüfung, ob der gemeldete Verstoß in den sachlichen Anwendungsbereich nach § 2 HinSchG fällt
- Prüfung der Stichhaltigkeit der eingegangenen Meldung
- Ergreifen von angemessenen Folgemaßnahmen nach § 18 HinSchG.

Folgemaßnahmen

Als Meldestellenbeauftragte/r treffen Sie Folgemaßnahmen i. S. d. § 18 HinSchG. Dazu werden in der Regel interne Untersuchungen bei der **Muster GmbH** gehören. Dabei werden Sie auch betroffene Personen und Arbeitseinheiten kontaktieren.

Sie ermitteln, ggf. mit interner und/oder (nach Absprache) externer Unterstützung, den Sachverhalt und schließen das Verfahren dann nach den Vorgaben des HinSchG ab.

Dokumentation und Aufbewahrung

Eingehende Meldungen werden von Ihnen in einer dauerhaft abrufbaren Weise im Meldeportal dokumentiert.

Daten von eingehenden Meldungen sind drei Jahre nach Abschluss des Verfahrens zu löschen. Die Dokumentation kann länger aufbewahrt werden, um die Anforderungen nach diesem Gesetz oder nach anderen Rechtsvorschriften zu erfüllen, solange dies erforderlich und verhältnismäßig ist.

Weisungsfreiheit

Sie sind in der Ausübung Ihrer Tätigkeit als Meldestellenbeauftragte/r weisungsfrei.

Unterstützung

Wir unterstützen Sie bei Ihrer Tätigkeit, indem wir Beschäftigte der **Muster GmbH** anweisen, Ihnen die erforderlichen Auskünfte und Informationen zu erteilen.

Sofern Sie fachliche Unterstützung benötigen, können Sie diese intern anfordern.

Sofern die Bearbeitung der Meldung zwingend einer externen Unterstützung bedarf (z.B. durch Rechtsanwältinnen oder Rechtsanwälte), kann diese Unterstützung in Abstimmung mit uns in Anspruch genommen werden.

Als Beschäftigungsgeber stellen wir Ihnen Ressourcen im angemessenen Umfang zur Verfügung, damit Sie die Fachkunde i. S. d. § 15 Abs. 2 HinSchG aufrechterhalten können.

Ihre Vertraulichkeitspflichten

Wir weisen Sie darauf hin, dass für interne Meldestellen **besondere Vertraulichkeitspflichten** bestehen, die sich im Einzelnen aus den §§ 8 und 9 HinSchG ergeben. Die Normen sind im Anhang zu dieser Verpflichtungserklärung abgedruckt.

Sie sind nach § 8 HinSchG verpflichtet, die **Vertraulichkeit** der Identität der folgenden Personen zu wahren:

1. der hinweisgebenden Person, sofern die gemeldeten Informationen Verstöße betreffen, die in den Anwendungsbereich dieses Gesetzes fallen, oder die hinweisgebende Person zum Zeitpunkt der Meldung hinreichenden Grund zu der Annahme hatte, dass dies der Fall sei,
2. der Personen, die Gegenstand einer Meldung sind, und
3. der sonstigen in der Meldung genannten Personen.

Die Identität der in Ziff. 1–3 genannten Personen darf ausschließlich den Personen, die für die Entgegennahme von Meldungen oder für das Ergreifen von Folgemaßnahmen zuständig sind, sowie den sie bei der Erfüllung dieser Aufgaben unterstützenden Personen bekannt werden. Eine Weitergabe an andere Personen ist grundsätzlich untersagt.

Ausnahmen von den Vertraulichkeitspflichten

In § 8 HinSchG sind eine Reihe von Ausnahmen von den Vertraulichkeitspflichten geregelt.

Ausnahmen vom Schutz der Vertraulichkeit der hinweisgebenden Person

Es besteht keine Vertraulichkeitspflicht für die Identität einer hinweisgebenden Person, wenn diese vorsätzlich oder grob fahrlässig unrichtige Informationen über Verstöße meldet.

Informationen über die Identität einer hinweisgebenden Person oder über sonstige Umstände, die Rückschlüsse auf die Identität dieser Person erlauben, dürfen abweichend von den bestehenden Vertraulichkeitspflichten jeweils in folgenden Fällen an die zuständige Stelle weitergegeben werden:

1. in Strafverfahren auf Verlangen der Strafverfolgungsbehörden,
2. aufgrund einer Anordnung in einem einer Meldung nachfolgenden Verwaltungsverfahren, einschließlich verwaltungsbehördlicher Bußgeldverfahren,
3. aufgrund einer gerichtlichen Entscheidung.

Die hinweisgebende Person ist dabei vorab über die Weitergabe zu informieren. Hiervon ist abzusehen, wenn die Strafverfolgungsbehörde, die zuständige Behörde oder das Gericht der Meldestelle mitgeteilt hat, dass durch die Information die entsprechenden Ermittlungen, Untersuchungen oder Gerichtsverfahren gefährdet würden. Der hinweisgebenden Person sind mit der Information zugleich die Gründe für die Weitergabe schriftlich oder elektronisch darzulegen.

Ferner dürfen Informationen über die Identität der hinweisgebenden Person oder über sonstige Umstände, die Rückschlüsse auf die Identität der Person erlauben, weitergegeben werden, wenn

1. die Weitergabe für Folgemaßnahmen erforderlich ist und
2. die hinweisgebende Person zuvor in die Weitergabe eingewilligt hat.

Ausnahmen vom Schutz der Vertraulichkeit von Personen, die Gegenstand einer Meldung sind

Eine Weitergabe von Informationen zu Personen, die Gegenstand einer Meldung sind, oder sonstigen in einer Meldung genannten Personen ist abweichend von den Vertraulichkeitspflichten zulässig, wenn die Informationen in nachfolgenden Fällen an die jeweils zuständige Stelle weitergegeben werden:

1. bei Vorliegen einer diesbezüglichen Einwilligung,
2. von internen Meldestellen, sofern dies im Rahmen interner Untersuchungen bei dem jeweiligen Beschäftigungsgeber oder in der jeweiligen Organisationseinheit erforderlich ist,
3. sofern dies für das Ergreifen von Folgemaßnahmen erforderlich ist,
4. in Strafverfahren auf Verlangen der Strafverfolgungsbehörde,
5. aufgrund einer Anordnung in einem einer Meldung nachfolgenden Verwaltungsverfahren, einschließlich verwaltungsbehördlicher Bußgeldverfahren,
6. aufgrund einer gerichtlichen Entscheidung.

Sanktionen

Wir weisen zudem darauf hin, dass ein Verstoß gegen diese Vertraulichkeitspflichten nach § 40 Abs. 3 HinSchG eine Ordnungswidrigkeit darstellt, die mit einem Bußgeld von bis zu 50.000 € geahndet werden kann.

Ort, Datum		

Verpflichtungserklärung

Ich habe die für meine Aufgaben in der internen Meldestelle bestehenden gesetzlichen Pflichten und insbesondere die Vertraulichkeitspflichten zur Kenntnis genommen.

Ort, Datum		

Hinweisgeberschutzgesetz – HinSchG (Auszug)

§ 8
Vertraulichkeitsgebot

(1) Die Meldestellen haben die Vertraulichkeit der Identität der folgenden Personen zu wahren:

1. der hinweisgebenden Person, sofern die gemeldeten Informationen Verstöße betreffen, die in den Anwendungsbereich dieses Gesetzes fallen, oder die hinweisgebende Person zum Zeitpunkt der Meldung hinreichenden Grund zu der Annahme hatte, dass dies der Fall sei,
2. der Personen, die Gegenstand einer Meldung sind, und
3. der sonstigen in der Meldung genannten Personen.

Die Identität der in Satz 1 genannten Personen darf ausschließlich den Personen, die für die Entgegennahme von Meldungen oder für das Ergreifen von Folgemaßnahmen zuständig sind, sowie den sie bei der Erfüllung dieser Aufgaben unterstützenden Personen bekannt werden.

(2) Das Gebot der Vertraulichkeit der Identität gilt unabhängig davon, ob die Meldestelle für die eingehende Meldung zuständig ist.

§ 9
Ausnahmen vom Vertraulichkeitsgebot

(1) Die Identität einer hinweisgebenden Person, die vorsätzlich oder grob fahrlässig unrichtige Informationen über Verstöße meldet, wird nicht nach diesem Gesetz geschützt.

(2) Informationen über die Identität einer hinweisgebenden Person oder über sonstige Umstände, die Rückschlüsse auf die Identität dieser Person erlauben, dürfen abweichend von § 8 Absatz 1 an die zuständige Stelle weitergegeben werden

1. in Strafverfahren auf Verlangen der Strafverfolgungsbehörden,
2. aufgrund einer Anordnung in einem einer Meldung nachfolgenden Verwaltungsverfahren, einschließlich verwaltungsbehördlicher Bußgeldverfahren,
3. aufgrund einer gerichtlichen Entscheidung,
4. von der Bundesanstalt für Finanzdienstleistungsaufsicht als externe Meldestelle nach § 21 an die zuständigen Fachabteilungen innerhalb der Bundesanstalt für Finanzdienstleistungsaufsicht sowie bei in § 109a des Wertpapierhandelsgesetzes genannten Vorgängen an die in § 109a des Wertpapierhandelsgesetzes genannten Stellen oder
5. von dem Bundeskartellamt als externe Meldestelle nach § 22 an die zuständigen Fachabteilungen innerhalb des Bundeskartellamtes sowie in den Fällen des § 49 Absatz 2 Satz 2 und Absatz 4 und § 50d des Gesetzes gegen Wettbewerbsbeschränkungen an die jeweils zuständige Wettbewerbsbehörde.

Die Meldestelle hat die hinweisgebende Person vorab über die Weitergabe zu informieren. Hiervon ist abzusehen, wenn die Strafverfolgungsbehörde, die zuständige Behörde oder das Gericht der Meldestelle mitgeteilt hat, dass durch die Information die entsprechenden Ermittlungen, Untersuchungen oder Gerichtsverfahren gefährdet würden. Der hinweisgebenden Person sind mit der Information zugleich die Gründe für die Weitergabe schriftlich oder elektronisch darzulegen.

(3) Über die Fälle des Absatzes 2 hinaus dürfen Informationen über die Identität der hinweisgebenden Person oder über sonstige Umstände, die Rückschlüsse auf die Identität dieser Person erlauben, weitergegeben werden, wenn

1. die Weitergabe für Folgemaßnahmen erforderlich ist und
2. die hinweisgebende Person zuvor in die Weitergabe eingewilligt hat.

Die Einwilligung nach Satz 1 Nummer 2 muss für jede einzelne Weitergabe von Informationen über die Identität gesondert und in Textform vorliegen. Die Regelung des § 26 Absatz 2 des Bundesdatenschutzgesetzes bleibt unberührt.

(4) Informationen über die Identität von Personen, die Gegenstand einer Meldung sind, und von sonstigen in der Meldung genannten Personen dürfen abweichend von § 8 Absatz 1 an die jeweils zuständige Stelle weitergegeben werden

1. bei Vorliegen einer diesbezüglichen Einwilligung,
2. von internen Meldestellen, sofern dies im Rahmen interner Untersuchungen bei dem jeweiligen Beschäftigungsgeber oder in der jeweiligen Organisationseinheit erforderlich ist,
3. sofern dies für das Ergreifen von Folgemaßnahmen erforderlich ist,
4. in Strafverfahren auf Verlangen der Strafverfolgungsbehörde,

5. aufgrund einer Anordnung in einem einer Meldung nachfolgenden Verwaltungsverfahren, einschließlich verwaltungsbehördlicher Bußgeldverfahren,
6. aufgrund einer gerichtlichen Entscheidung,
7. von der Bundesanstalt für Finanzdienstleistungsaufsicht als externe Meldestelle nach § 21 an die zuständigen Fachabteilungen innerhalb der Bundesanstalt für Finanzdienstleistungsaufsicht sowie bei in § 109a des Wertpapierhandelsgesetzes genannten Vorgängen an die in § 109a des Wertpapierhandelsgesetzes genannten Stellen oder
8. von dem Bundeskartellamt als externe Meldestelle nach § 22 an die zuständigen Fachabteilungen innerhalb des Bundeskartellamtes sowie in den Fällen des § 49 Absatz 2 Satz 2 und Absatz 4 und § 50d des Gesetzes gegen Wettbewerbsbeschränkungen an die jeweils zuständige Wettbewerbsbehörde.

§ 40
Bußgeldvorschriften

(1) Ordnungswidrig handelt, wer wissentlich entgegen § 32 Absatz 2 eine unrichtige Information offenlegt.

(2) Ordnungswidrig handelt, wer

1. entgegen § 7 Absatz 2 eine Meldung oder dort genannte Kommunikation behindert,
2. entgegen § 12 Absatz 1 Satz 1 nicht dafür sorgt, dass eine interne Meldestelle eingerichtet ist und betrieben wird, oder
3. entgegen § 36 Absatz 1 Satz 1, auch in Verbindung mit § 34, eine Repressalie ergreift.

(3) Ordnungswidrig handelt, wer vorsätzlich oder leichtfertig entgegen § 8 Absatz 1 Satz 1 die Vertraulichkeit nicht wahrt.

(4) Ordnungswidrig handelt, wer eine in Absatz 3 bezeichnete Handlung fahrlässig begeht.

(5) Der Versuch einer Ordnungswidrigkeit kann in den Fällen des Absatzes 2 Nummer 1 und 3 geahndet werden.

(6) Die Ordnungswidrigkeit kann in den Fällen des Absatzes 2 Nummer 1 und 3, der Absätze 3 und 5 mit einer Geldbuße bis zu fünfzigtausend Euro, in den Fällen der Absätze 1 und 2 Nummer 2 mit einer Geldbuße bis zu zwanzigtausend Euro und in den übrigen Fällen mit einer Geldbuße bis zu zehntausend Euro geahndet werden. § 30 Absatz 2 Satz 3 des Gesetzes über Ordnungswidrigkeiten ist in den Fällen des Absatzes 2 Nummer 1 und 3 und der Absätze 3 und 4 anzuwenden.

10.3 Muster Vertraulichkeitsverpflichtung für Beschäftigte in internen Meldestellen

Vertraulichkeitsverpflichtung für Beschäftigte in internen Meldestellen nach dem Hinweisgeberschutzgesetz

Die **Mustermann GmbH** ist nach dem Hinweisgeberschutzgesetz (HinSchG) verpflichtet, eine sog. interne Meldestelle nach Maßgabe der §§ 12–18 HinSchG einzurichten und vorzuhalten.

Aufgabe der internen Meldestelle ist es, sog. Meldekanäle zu betreiben, über die sich Beschäftigte und dem Beschäftigungsgeber überlassene Leiharbeitnehmerinnen und Leiharbeitnehmer an die internen Meldestellen wenden können, um Informationen über Verstöße zu melden.

Diese Meldungen werden dann von der internen Meldestelle nach einem gesetzlich vorgegebenen Verfahren bearbeitet und erforderlichenfalls werden Folgemaßnahmen durch die interne Meldestelle getroffen.

Sie sollen bei der **Mustermann GmbH** mit den Aufgaben einer internen Meldestelle betraut werden.

Ihre Vertraulichkeitspflichten

Wir weisen Sie in diesem Zusammenhang darauf hin, dass für Meldestellen **besondere Vertraulichkeitspflichten** bestehen, die sich im Einzelnen aus den §§ 8 und 9 HinSchG ergeben. Die Normen sind im Anhang zu dieser Verpflichtungserklärung abgedruckt.

Sie sind nach § 8 HinSchG verpflichtet, die **Vertraulichkeit** der Identität der folgenden Personen zu wahren:

1. der hinweisgebenden Person, sofern die gemeldeten Informationen Verstöße betreffen, die in den Anwendungsbereich dieses Gesetzes fallen, oder die hinweisgebende Person zum Zeitpunkt der Meldung hinreichenden Grund zu der Annahme hatte, dass dies der Fall sei,
2. der Personen, die Gegenstand einer Meldung sind, und
3. der sonstigen in der Meldung genannten Personen.

Die Identität der in Ziff. 1–3 genannten Personen darf ausschließlich den Personen, die für die Entgegennahme von Meldungen oder für das Ergreifen von Folgemaßnahmen zuständig sind, sowie den sie bei der Erfüllung dieser Aufgaben unterstützenden Personen bekannt werden.

Eine Weitergabe an andere Personen ist grundsätzlich untersagt.

Ausnahmen von den Vertraulichkeitspflichten

In § 8 HinSchG sind eine Reihe von Ausnahmen von den Vertraulichkeitspflichten geregelt.

Ausnahmen vom Schutz der Vertraulichkeit der hinweisgebenden Person

Es besteht keine Vertraulichkeitspflicht für die Identität einer hinweisgebenden Person, wenn diese vorsätzlich oder grob fahrlässig unrichtige Informationen über Verstöße meldet.

Informationen über die Identität einer hinweisgebenden Person oder über sonstige Umstände, die Rückschlüsse auf die Identität dieser Person erlauben, dürfen abweichend von den bestehenden Vertraulichkeitspflichten jeweils in folgenden Fällen an die zuständige Stelle weitergegeben werden:

1. in Strafverfahren auf Verlangen der Strafverfolgungsbehörden,
2. aufgrund einer Anordnung in einem einer Meldung nachfolgenden Verwaltungsverfahren, einschließlich verwaltungsbehördlicher Bußgeldverfahren,
3. aufgrund einer gerichtlichen Entscheidung.

Die hinweisgebende Person ist dabei vorab über die Weitergabe zu informieren. Hiervon ist abzusehen, wenn die Strafverfolgungsbehörde, die zuständige Behörde oder das Gericht der Meldestelle mitgeteilt hat, dass durch die Information die entsprechenden Ermittlungen, Untersuchungen oder Gerichtsverfahren gefährdet würden. Der hinweisgebenden Person sind mit der Information zugleich die Gründe für die Weitergabe schriftlich oder elektronisch darzulegen.

Ferner dürfen Informationen über die Identität der hinweisgebenden Person oder über sonstige Umstände, die Rückschlüsse auf die Identität der Person erlauben, weitergegeben werden, wenn

1. die Weitergabe für Folgemaßnahmen erforderlich ist und
2. die hinweisgebende Person zuvor in die Weitergabe eingewilligt hat.

Ausnahmen vom Schutz der Vertraulichkeit von Personen, die Gegenstand einer Meldung sind

Eine Weitergabe von Informationen zu Personen, die Gegenstand einer Meldung sind, oder sonstige in einer Meldung genannte Personen ist abweichend von den Vertraulichkeitspflichten zulässig, wenn die Informationen in nachfolgenden Fällen an die jeweils zuständige Stelle weitergegeben werden:

1. bei Vorliegen einer diesbezüglichen Einwilligung,
2. von internen Meldestellen, sofern dies im Rahmen interner Untersuchungen bei dem jeweiligen Beschäftigungsgeber oder in der jeweiligen Organisationseinheit erforderlich ist,
3. sofern dies für das Ergreifen von Folgemaßnahmen erforderlich ist,
4. in Strafverfahren auf Verlangen der Strafverfolgungsbehörde,
5. aufgrund einer Anordnung in einem einer Meldung nachfolgenden Verwaltungsverfahren, einschließlich verwaltungsbehördlicher Bußgeldverfahren,
6. aufgrund einer gerichtlichen Entscheidung.

Sanktionen

Wir weisen zudem darauf hin, dass ein Verstoß gegen diese Vertraulichkeitspflichten nach § 40 Abs. 3 HinSchG eine Ordnungswidrigkeit darstellt, die mit einem Bußgeld von bis zu 50.000 € geahndet werden kann.

Verpflichtungserklärung

Ich habe die für meine Aufgaben in der internen Meldestelle bestehenden gesetzlichen Vertraulichkeitspflichten zur Kenntnis genommen.

- - - - - - - - - - - - - - - - - - -

Ort, Datum

- - - - - - - - - - - - - - - - - - -

Unterschrift Beschäftigte/r

10.4 Ausschreibungstemplate digitales Hinweisgebersystem

Anhang – Ausschreibungstemplate für ein digitales Hinweisgebersystem

Für eine faire Ausschreibung ist die Bewertung verschiedener Angebote ein entscheidender Schritt zur Implementierung eines passenden digitalen Hinweisgebersystems. Das vorliegende Ausschreibungstemplate bietet eine wertvolle Grundlage, um vorab alle wichtigen Fragen und Anforderungen für einen Anbietervergleich zu klären. Das Template berücksichtigt Ihre spezifischen Anforderungen und enthält Informationen zur Anbieterselbstauskunft, eine Darstellung der Features, das IT-Setup, IT-Sicherheitsfunktionen und Preisindikationen. Durch eine Ausschreibung, bei der die Anbieter das Template ausfüllen, können Sie den Auswahlprozess fair, einfach und transparent gestalten und dabei Zeit und Ressourcen sparen.

Das Template enthält:

- Kritische Fragestellungen zu den Bereichen Anbieterselbstauskunft, Meldeformular und Case Management System, Projektverlauf, IT-Setup, IT-Sicherheit, Datenschutz und Preisindikation.
- Anforderungen, die als unverzichtbar für ein digitales Hinweisgebersystem gelten sollten.
- Eine Liste möglicher Features, die Sie mit Ihren Teamkollegen teilen und diskutieren können.

Anbieterselbstauskunft

- *PLZ und Stadt*
- *Name des Unternehmens, Adresse*
- *E-Mail*

- *Systemintegrator (falls abweichend von Vertragspartner)*
- *Vertragspartner*
- *Jahresumsatz*
- *Anzahl Mitarbeiter*
- *Anzahl Kunden*
- *Homepage*
- *Inwieweit verfügt der Anbieter über Erfahrungen in den folgenden Regionen: DACH, Nordics, UK, Nordamerika, Südamerika?*
- *Welche weiteren Produkte/Lösungen/Services werden aus einer Hand vom Hersteller angeboten?*
- *Telefon*
- *Lizenzgeber (falls abweichend von Vertragspartner)*
- *Ansprechpartner/in*

Preisgestaltung und Leistungsumfang

- *Leistungsumfang für das Basissystem*
- *Bezeichnung des Systems*
- *Wie lange gibt es das System bereits am Markt?*
- *Preisgestaltung erweitertes System (in EUR, netto)*
- *Leistungsumfang für ein erweitertes System (Beschreiben Sie ausgewählte Funktionen)*
- *Preisgestaltung Basissystem (in EUR, netto)*

Weitere Optionen

- *Preisgestaltung und Leistungsumfang für Call-Center Integration*
- *Preisgestaltung und Leistungsumfang für Single Sign-On*
- *Preisgestaltung und Leistungsumfang für den Übersetzungsdienst*
- *Preisgestaltung und Leistungsumfang für E-Mail-Meldekanal*
- *Welche weiteren Optionen sind verfügbar?*
- *Preisgestaltung und Leistungsumfang für telefonischen Meldekanal*
- *Preisgestaltung und Leistungsumfang für weitere Schnittstellen*

Hinweisgeber

- *Welche Zugangsvorraussetzungen bestehen zur Nutzung des Systems?*
- *Muss der Hinweisgeber seinen Namen oder eine Telefonnummer/E-Mail-Adresse hinterlegen?*
- *Welche Meldekanäle sind in dem System optional verfügbar?*
- *Kann man mehrere Meldungen gleichzeitig verwalten?*
- *Erreichbarkeit des Systems 24/7?*
- *Welche Sprachen sind verfügbar?*
- *Welche Meldeformate werden in der Grundkonfiguration unterstützt?*

- *Kann man die Meldung anonym abgeben?*
- *Welche Browser werden unterstützt?*
- *Wie kann der Hinweisgeber mehrere Meldungen absenden und verwalten?*
- *Welche Meldekanäle sind in dem System in der Grundkonfiguration verfügbar?*
- *Muss der Hinweisgeber einen Account anlegen?*
- *Ist das System auf Mobilgeräten nutzbar?*
- *Wie erfährt der Hinweisgeber von seiner Fallnummer?*
- *Erhält der Hinweisgeber bei Abgabe seines Hinweises eine Information zu Vertraulichkeit und Datenschutz?*
- *Wie werden Metadaten aus Dokumenten entfernt?*
- *Wie lange dauert die Zustellung des Hinweises an die Empfänger? Wie lange dauert die Übertragung einer Nachricht im Dialog?*
- *Kann der Hinweisgeber Nachfragen/Statusabfragen zu seinem Hinweis erhalten?*
- *Wie läuft der Upload von Dokumenten ab? Gibt es Einschränkungen?*
- *Kann der Hinweis auf den Hinweisgeber rückverfolgt werden?*
- *Kann der Hinweisgeber eine Transkription einer Audio-Meldung zur Verfügung gestellt bekommen?*
- *Wie sind der Hinweis und der Hinweisgeber von Datenschutz und der Vertraulichkeit geschützt?*
- *Wie kann ein Hinweisgeber weiterführende Informationen zu Benutzung und verknüpften Themen erhalten?*

Case Management

- *Wer erhält den eingehenden Hinweis?*
- *Wie sieht das Rollen- & Berechtigungskonzept aus?*
- *Zu welchen Compliance-Themengebieten kann der Hinweisgeber Hinweise senden?*
- *Wie kann die Einbindung eines Ombudsmanns oder externen Beraters im System erfolgen?*
- *Kann eine Meldung die jeweilige Eingangsquelle darstellen?*
- *Kann ein Fall durch eine Person abgeschlossen werden?*
- *Hat das Case Management System eine Erinnerungsfunktion für Hinweise?*
- *Sucht die Suchfunktion in allen Feldern des Falles und Metadaten?*
- *Ist es möglich, einen Fall im System gezielt/teilweise zu anonymisieren/anonym an andere interne Nutzer zu verteilen?*
- *Gibt es die Möglichkeit, Dokumente/Informationen ganz oder teilweise zu schwärzen?*
- *Kann man Fälle miteinander verknüpfen?*
- *Wie erfolgt die Dokumentation im Case Management im Laufe einer Ermittlung?*

- *Ist es möglich, Fälle herunterzuladen? In welchen Formaten? Welche Einstellungsmöglichkeiten gibt es?*
- *Welche Statistiken gibt es?*
- *Können Fragen zum Fragebogen/Meldeformular ergänzt werden?*
- *Wie können die Unterlagen des Hinweises/Falles aufbereitet werden, um sie gegebenenfalls einer behördlichen Ermittlung zur Verfügung zu stellen?*
- *Wer ist Administrator des Systems? Wer organisiert die User-Accounts und Zugänge (Berechtigungen)?*
- *Welche Reporting-Arten (Reports) stehen zur Verfügung?*
- *In welchen Sprachen kann das Case Management System genutzt werden?*
- *Wie erfolgt die Übersetzung von Hinweisen?*
- *Wie erfolgt die Übersetzung von Dokumenten?*
- *Existiert ein Mechanismus zur Anonymisierung von Daten?*
- *Existiert ein Mechanismus zur Löschung von Daten?*
- *Wie erfolgt die Übersetzung im Falle des anyonymen Dialogs mit Hinweisgebern?*

Dokumentation/Policies and Procedures

- *Gibt es Vorlagen zur Einbindung des Betriebsrates?*
- *Existiert ein Einrichtungsleitfaden?*
- *Existieren Vorlagen für Abschlussberichte?*
- *Gibt es Vorlagen für eine Muster-Hinweisgeberrichtlinie?*
- *Gibt es ein Löschkonzept?*
- *Ist eine Dokumentation über das Hinweisgebersystem verfügbar?*
- *Gibt es eine Muster-Datenschutzfolgenabschätzung?*
- *Gibt es Muster von Kommunikationsmaterial?*
- *Bieten Sie Schulungsmaterial für interne Trainings an?*
- *Ermöglicht das System die Einhaltung der landesspezifischen Gesetze und Richtlinien zum Thema Hinweisgeberschutz?*
- *Können am Live-System inhaltliche und gestalterische Änderungen durchgeführt werden und wie hoch sind die eventuellen Kosten?*

Projektverlauf

- *Welche Projektlaufzeit ist zu erwarten?*
- *Wie erfolgt der Roll-out? Welche Unterstützung bietet der Provider dabei? Welche Anforderungen gibt es für den Roll-out an den Clienten?*
- *Welche Ansprechpartner (Fachbereiche) sind für die Implementierung erforderlich?*
- *Welche Erfahrungen haben Sie mit der Migration von Daten aus einem Bestandssystem gemacht?*

Rechenzentrum/Hoster/IT

- *Gibt es ein mehrstufiges Systemkonzept für Kunden (Produktion & Test)?*
- *An welchem Rechenzentrumsstandort wird das System betrieben?*
- *Bitte erläutern Sie das Backupkonzept, inkl. Rechenzentrum und Löschkonzept.*
- *Ist eine Active Directory Integration/Synchronisation für SSO möglich?*
- *Wie stellen Sie die Löschung der Daten nach Vertragsende sicher?*
- *Welche Multi-Faktor-Authentifizierung wird unterstützt?*
- *Was geschieht nach Vertragsauslauf mit den Daten im System des Kunden?*
- *Können Bestandsdatensätze importiert werden?*
- *Welche Möglichkeiten von Logging/Monitoring der Software sind vorgesehen?*
- *Wie können Daten exportiert werden bspw. nach Vertragsende?*

IT – Governance/Security

- *Welche Verschlüsselungstechnologie kommt zum Einsatz?*
- *Wo ist der Standort des Help-/Service-Desks?*
- *Können die Verbindungen von und zur Anwendung verschlüsselt werden?*
- *Welche personenbezogenen Daten werden typischerweise mindestens in der Anwendung gespeichert?*
- *Werden im Rahmen der Verwendung Ihrer Software personenbezogene Daten gespeichert?*
- *Kann das System die datenschutzrechtlichen und die regulatorischen Anforderungen eines Landes einhalten bzw. abbilden? Wie?*

Datenschutz – TOM

- *Welche technischen und organisatorischen Maßnahmen bezüglich Integrität wurden umgestetzt?*
- *Welche weiteren Zertifikate besitzt der Hostingverantwortliche?*
- *Welche technischen und organisatorischen Maßnahmen bezüglich Verfügbarkeit und Belastbarkeit wurden umgesetzt?*
- *In welchen Zyklen wird das System aktualisiert?*
- *Welche technischen und organisatorischen Maßnahmen bezüglich Vertraulichkeit wurden umgestetzt?*
- *Ist das hostingverantwortliche Unternehmen/Subunternehmen ISO27001 zertifiziert?*
- *Welche technischen und organisatorischen Maßnahmen bezüglich Verfahren zur regelmäßigen Prüfung, Bewertung und Evaluierung wurden umgestetzt?*

11. Literaturverzeichnis

Adam, GRC-Report: CMS-Kommunikation – ein ganzheitliches Konzept und Analyseraster, ZRFC 2/13.

Adler/Kwon, Social capital: Prospects for a new concept. Academy of Management Review 27, 2002, S. 17–40.

Asch, Studies of independence and conformity: I. A minority of one against a unanimous majority. Psychological Monographs, 70(9), 1956, S. 1–70.

Azinović/Wenk, Das Hinweisgeberschutzgesetz: Handlungsbedarf für Arbeitgeber und effiziente Lösungen für die Praxis, ArbRAktuell 2023, 400.

Baade/Hößl, Arbeits- und compliancerechtlicher Handlungsbedarf unter dem neuen Hinweisgeberschutzgesetz (Teil II), DStR 2023, 1265.

BAFA, Handreichung „Beschwerdeverfahren nach dem Lieferkettensorgfaltspflichtengesetz".

BAFA, Handreichung zur Zusammenarbeit in der Lieferkette.

BAKred Schreiben v. 3.6.1994.

BAKred, Schreiben v. 9.2.1994.

BAKred, Verlautbarung für Kreditinstitute v. 30.3.1998, Z 5-E100, Nr. 36 Abs. 2).

Bausch/Kleinfeld/Steinmann (Hrsg.), Unternehmensethik in der Wirtschaftspraxis. DNWE-Schriftenreihe, Bd. 7, 2000.

Bay, Handbuch Internal Investigations, 2013.

Bayreuther, Hinweisgeberschutz und Betriebsverfassung, NZA 2023, 666.

Bayreuther, Whistleblowing und das neue Hinweisgeberschutzgesetz, NZA-Beilage 2022, 20.

Beck'sches Rechtsanwalts-Handbuch, 12. Auflage 2022.

Behr/Haas/Ellinger, Der RegE zum Hinweisgeberschutzgesetz – die 15 wichtigsten Fragen für Unternehmen, DB 2022, 2137.

Bertke/Sandbrink: Menschenrechts- und Beschwerdebeauftragte nach dem LkSG, NJW 2024.

BfJ (2023): Häufig gestellte Fragen, [online] https://www.bundesjustizamt.de/DE/MeldestelledesBundes/Fragen/Fragen_node.html?cms_docId=96700#AnkerDokument96692 [7.7.2023].

BfJ, Homepage (zuletzt abgerufen am 26.2.2024).

BGBl. 2023 I Nr. 140, 2.6.2023.

Born/Ghassemi-Tabar (Hrsg.), Band 7.

Brock, Neue Regeln für Whistleblower im öffentlichen Dienst – Folgen der Heinisch-Entscheidung des EuGH vom 21.7.2011, öAT 2011, 243.

Bruns, Das neue Hinweisgeberschutzgesetz, NJW 2023, 1609.

BT-Drs. 17/6492.

BT-Drs. 17/8567.

BT-Drs. 19/28649.

BT-Drs. 19/30505.

BT-Drs. 20/3442.

BT-Drs. 20/5992.

BT-Drs. 534/11.

BT-Drucks. 20/4909.

BT-Plenarprotokoll 17/131, S. 15551 ff.

BT-Plenarprotokoll 17/246, S. 31500 ff.

BT-Plenarprotokoll 18/112, S. 10819 ff.

Bund Verlag: https://www.bund-verlag.de/aktuelles~Hinweisgeberschutzgesetz-Weg-frei-fuer-Denunzianten-~.html.

Bürkle/Hauschka/Schieffer, Der Compliance Officer, 2. Auflage 2024.

BVerfG, Sicherstellung und Beschlagnahme von E-Mails, NJW 2009, 2431.

BVerfG, Wohnungsdurchsuchung zur Ermittlung von Kommunikationsdaten – Verdacht der Verletzung von Dienstgeheimnissen, NJW 2006, 976.

BVerfGE 20, 162 – der Spiegel.

Cialdini, Die Psychologie des Überzeugens. Wie Sie sich selbst und Ihren Mitmenschen auf die Schliche kommen, 2018.

Colneric/Gerdemann, Die Umsetzung der Whistleblower-Richtlinie in deutsches Recht, Rechtsfragen und rechtspolitische Überlegungen, HSI-Schriftenreihe Band 34, 2020.

Dangl, Unternehmensinterne Untersuchungen, 1. Auflage 2019.

Datenschutzkonferenz, Orientierungshilfe der Datenschutzaufsichtsbehörden zu Whistleblowing-Hotlines: Firmeninterne Warnsysteme und Beschäftigtendatenschutz, S. 4. In: https://www.datenschutzkonferenz-online.de/media/oh/20181114_oh_whistleblowing_hotlines.pdf.

Deffland, M., Whistleblower-Systeme, in: Euteneier, A. (Hrsg.), Handbuch Klinisches Risikomanagement, Heidelberg: Springer, 2015.

Degenhart/Dziuba, Die EU-Whistleblower-Richtlinie und ihre arbeitsrechtlichen Auswirkungen, Betriebs Berater 9/2021, 570.

DICO – Deutsches Institut für Compliance e. V. (2024): A21 – Interne Untersuchungen, S. 31.

DICO Standard CMS, Ziff. 2.5.

DICO, 11.5.2022, Stellungnahme zum Entwurf eines Gesetzes für einen besseren Schutz hinweisgebender Personen sowie zur Umsetzung der Richtlinie zum Schutz von Personen, die Verstöße gegen das Unionsrecht melden (HinSchG-E).

DICO, Arbeitskreis Interne Untersuchungen, Mai 2019, TOP 10 Wichtige Aspekte einer internen Untersuchung.

DICO, S04 – Interne Untersuchungen, Juli 2019.

Die Stellungnahme des BDI zum damaligen HinSchG-E vom 22.09.2022, S. 7, https://www.bundestag.de/resource/blob/916536/a9e205679986045081ac79ebb485efc8/Stellungnahme_Westphal_BV-der-Deutschen-Industrie.pdf (zuletzt aufgerufen: 13.06.2024).

Dieners, Handbuch Compliance im Gesundheitswesen, 4. Auflage 2022.

DIHK, 13.5.2022, Stellungnahme zum Referentenentwurf.

Dilling, Cat's Gold-Plating – Der neue Referentenentwurf zum Hinweisgeberschutzgesetz, CCZ 2022, 145.

Deutsche Kreditwirtschaft, Auslegungs- und Anwendungshinweise 2011.

Datenschutzkonferenz, Orientierungshilfe Whistleblowing, 2018.

Dzida/Seibt, Neues Hinweisgeberschutzgesetz: Analyse und Antworten auf Praxisfragen, NZA 2023.

Eggers/Pawel, Russlandsanktionen: Straf- und bußgeldrechtliche Risiken, BB 2022, S. 342.

EGMR, Urt. v. 21.7.2011, Heinisch/Deutschland, Nr. 28274/08. Ellenberger/Bunte BankR-HdB, 6. Auflage 2022.

Engelhoven, Richtiges Verhalten in der Compliance-Krise, 1. Auflage 2023.

ErfK/Schlachter, Erfurter Kommentar zum Arbeitsrecht, 24. Auflage 2024.

Eufinger, Organhaftung bei Verzicht auf Schadensersatzansprüche gegenüber Arbeitnehmern, GWR 2018, 267.

Eufinger, Rechtliche Aspekte Compliance-indizierter Sanktionsmaßnahmen im Arbeitsverhältnis, RdA 2017, 223.

Europäische Komm., Schutz von hinweisgebenden Personen („Whistleblowern"), Initiativen der Kommission zum Schutz von Personen, die Verstöße gegen das Unionsrecht melden.

Evans/Meissner/Ross/Houston/Russano/Horgan, Obtaining guilty knowledge in human intelligence interrogations: Comparing accusatorial and information gathering approaches with novel experimental paradigm. Journal of Applied Research in Memory and Cognition, 2, 2013.

Feger, EU-Hinweisgeberrichtlinie und HinSchG-E: Möglichkeiten und Nutzen der Einbindung von Ombudspersonen, CB 2022, 187.

Fehr/Hüsener, „Lieferkettensorgfaltspflichtengesetz. Status quo und Auswirkungen der Umsetzung", Hochschule für angewandte Wissenschaften Ansbach/EQS Group, 2023.

Fehr/Refenius, Hinweisgeberschutzgesetz: Externe Meldestellen, CCZ 2023, 220.

Fehr/Refenius, Hinweisgeberschutzgesetz: Interner Meldestellenbeauftragte, CB 2023, 289.

Fersch, Warum Arbeitgeber Beschäftigte zum Hinweisgeberschutzgesetz schulen sollten, ArbRAktuell 2024, 5.

Fleischer, NZG 2014, 321 (Aktienrechtliche Compliance-Pflichten im Praxistest: Das Siemens/Neubürger-Urteil des LG München I).

Frank/Single, Die Mauer des Schweigens bei Rechtsverstößen, CB 2023, 229.

Frisch/Huppenbauer (2013), New Insights into Ethical Leadership: A Qualitative Investigation of the Experiences of Executive Ethical Leaders. Journal of Business Ethics, o. S.

GARANTE PER LA PROTEZIONE DIE DATI PERSONALI (GPDP), Az. 9685922, 10.06.2021.

Gehling/Ott/Lüneborg, Das neue Lieferkettensorgfaltspflichtengesetz – Umsetzung in der Unternehmenspraxis CCZ 2021, 230.

Gerdemann/Johnson, Praxishandbuch Hinweisgeberschutzgesetz (HinSchG), 1. Auflage 2024.

Gläßer/Schmitz, Effektive Beschwerdemechanismen entlang von Lieferketten, NJW 2023, 1465.

Goette, Habersack, Kalls (Hrsg.), Münchener Kommentar zum Aktiengesetz, 6. Aufl. 2023.

Gola/Heckmann, Datenschutz-Grundverordnung, Bundesdatenschutzgesetz: DS-GVO / BDSG, 3. Auflage 2022.

Gravenhorst, Sexuelle Belästigung am Arbeitsplatz – AGG, HinSchG und „Best Practice", NZA 2023, 1425.

Grigoleit, Aktiengesetz: AktG, 2. Aufl. 2020.

Grüninger, Vertrauensmanagement – Kooperation, Moral und Governance, Band 13, 20101.

Grüninger/Jantz/Schweikert/Steinmeyer, Empfehlungen für die Ausgestaltung und Beurteilung von Compliance-Management-Systemen, CMS-Guidance, 2014.

Grützner/Boerger/Momsen, Die „Dieselaffäre" und ihre Folgen für Compliance-Management-Systeme – Evolution durch Einbeziehung des Bereichs Produkt-Compliance in ein CMS (z. B. zum Zweck der Prävention produktbezogener Täuschungen), CCZ 2018, 50.

Grützner/Jakob, Compliance von A–Z, 2. Auflage, 2015.

Haak/Spittka, Datenschutzkonforme Ausgestaltung von Hinweisgebersystemen in Konzernkonstellationen, CB 2023, 356.

Hamann/Sigle/Grub, Gesellschaftsrecht, Finanzierung, Unternehmensnachfolge, 3. Auflage 2022.

Hauschka/Moosmayer/Lösler, Corporate Compliance, 3. Auflage 2016.

Hauser/Bretti-Rainalter/Blumer, Whistleblowing Report 2021.

Hauser/Stühlinger, Meldestellen für Hinweisgeber: Unternehmen und Politik sind gefordert, CB 2018, 443.

Held, Die Garantenpflicht des Compliance Officers und die D&O-Versicherung als „Allheilmittel", CCZ 2009, 231.

Helfferich/Kavemann/Rabe, Determinanten der Aussagebereitschaft von Opfern des Menschenhandels zum Zweck sexueller Ausbeutung. Eine qualitative Opferbefragung, Neuwied, Luchterhand, 2010.

Helisch, Unternehmenskultur, Corporate Identity und Loyalität als wesentliche Bestimmungsgrößen für gelebte Compliance, CB 2014, 225.

Herzog, Geldwäschegesetz, 4. Auflage 2020.

Heubrock/Biess/Balcha/Fischer, Umgang mit bedrohten Zeugen. Empfehlungen zur Vernehmung im Zeugenschutz. Polizeipsychologische Praxis, Bd. 7, Frankfurt a.M. 2013.

Heubrock/Donzelmann, Psychologie der Vernehmung. Empfehlungen zur Beschuldigten-, Zeugen- und Opferzeugen Vernehmung. Polizeipsychologische Praxis, 2013.

Hinweismanagementsysteme – Leitlinien (ISO 37002:2021), Stand: März 2022.

Hippeli, Das neue Hinweisgeberschutzgesetz, DZWIR 2023, S. 447–454.

Hogan Lovells International LLP, Guide on Internal Investigations in Germany, 2018.

Hotze/von Grundherr, „Fallstricke" bei internen Untersuchungen zu Complianceverstößen im Unternehmen, Deutscher AnwaltSpiegel, Ausgabe 16, 2. August 2023.

Impact Assessment, SWD, 2018.

ISO 37301.

Jahresbericht 2023, Unterrichtung durch die externe Meldestelle des Bundes, 21.5.2024.

Kalisz, Barrierefreiheit von Bankprodukten und -dienstleistungen, BKR 2023.

Kessler/Kröner/Köhler, Konzernsteuerrecht, 3. Auflage 2018.

Király, Whistleblower in Deutschland und Großbritannien – Lehren aus dem Fall Heinisch, RdA 2012, 236.

Knaup/Vogel, Compliance der Compliance bei Internal Investigations aus arbeitsrechtlicher Sicht, CB 2023, 211.

Knierim/Rübenstahl/Tsambikakis, Internal Investigations, 2. Auflage 2016.

Krebs/Schatz (Hrsg.), Kommentar Hinweisgeberschutzgesetz (HinSchG), 1. Auflage 2024.

Kreis, Whistleblowing als Beitrag zur Rechtsdurchsetzung, 2017.

Külz/Odenthal-Middelhoff, Praxisfragen zum Hinweisgeberschutzgesetz, NZWiSt 2024, 131.

LAG Hessen Urt. v. 25.1.2010 – 17 Sa 21/09, BeckRS 2011, 65288.

Latane/Darley, ‚Group Inhibition of Bystander Intervention in Emergencies, Journal of Personalty and Social Psychology, Vol. 10, No. 3, 1968.

Legal Tribute Online: https://www.lto.de/recht/hintergruende/h/whistle blowingbehoerden-hinweisgeberschutzgesetz-ampel-extremismus-chat-gruppen-polizeimeldungen-dienst/.

Leibold, Überblick, Betrieblicher Datenschutzbeauftragter als interne Meldestelle iSd HinSchG-E – ein Interessenkonflikt?, ZD-Aktuell 2022, 01333.

Leuchten, Der gesetzliche Schutz für Whistleblower rückt näher, ZRP 2012, 142.

LG Bochum Beschl. v. 16.3.2016 – 6 Qs 1/16.

LG Hamburg MMR 2008, 186: Beschlagnahme nur unter den Voraussetzungen des § 100a StPO.

LG München I NZG 2014, 345.

Liebscher/Kobes, Beschwerdestelle und Beschwerdeverfahren nach § 13 AGG, Antidiskriminierungsstelle des Bundes, 9.6.2010.

Lüneborg, Neue Pichten zur Einrichtung von Hinweisgebersystemen – Integrierte Umsetzung in der Unternehmenspraxis, DB 2022, 375.

Maunz/Dürig, Grundgesetz Kommentar, Art. 10..

Melot de Beauregard/Lieder/Liersch, Managerhaftung, 1. Auflage 2022.

Memon/Bull, Handbook of the psychology of interviewing, 1999.

Mengel, Der Gesetzesentwurf der SPD-Fraktion zum Whistleblowing, CCZ 2012, 146.

Meyer, Mut und Zivilcourage, Grundlagen und gesellschaftliche Praxis, 19. Februar 2014.

Miege, Remote Investigations – Hinweise für die Praxis nicht nur in Corona-Zeiten, CCZ 2020, 302.

Miege, Zum Umgang mit Hinweisgebern, CCZ 2021, 149.

Miege/Ahrens, Referentenentwurf der Koalition zum Hinweisgeberschutzgesetz – Stellungnahme des Deutschen Instituts für Compliance (DICO e. V.), CCZ 2022, 171.

Minutes of the fifth meeting of the Commission expert group on Directive (EU) 2019/1937, 14.6.2021.

Moll, Münchner Anwaltshandbuch Arbeitsrecht, 5. Auflage 2021.

Momsen/Grützner, Wirtschafts- und Steuerstrafrecht, 2. Auflage 2020.

Moosmayer, Compliance-Risikoanalyse, 2. Auflage 2020.

Moosmayer, Compliance, 4. Auflage 2021.

Moosmayer/Hartwig, Interne Untersuchungen, 2. Auflage 2018.

Mulle, Whistleblowing & Arbeitsrecht, Ein Leitfaden für ArbeitnehmerInnen und Belegschaftsorgane, 7. Oktober 2013.

Müller, Das Hinweisgebersystem – eine Praxisbetrachtung, öAT 2022, 30.

Musiol, Hinweisgeberschutz und Datenschutz, S. 398.

N. N., „Whistleblowing" – Gesetzliche Regelung im BGB geplant, NJW-Spezial 2008, 500.

Naber/Ahrens, Befragung von Mitarbeitern im Rahmen von Internal Investigations – Vorgehensweise und aktuelle Herausforderungen, CCZ 2020.

Nägele/Apel/Stolz/Drescher/Sefrin, Die Entwicklung des Datenschutzrechts im vierten Jahr der DSGVO (Teil 2): Überblick über die Praxis der Aufsichtsbehörden, DB 2022, 2008 (2016).

Near/Miceli, Effective Whistleblowing. The Academy of Management Review, Vol. 20., Nr. 3.

Nickel, CB-Beitrag: Datenschutzrechtliche Informationspflichten im Compliance-Hinweismanagement, CB 2022, 20.

Noelle-Neumann, Öffentlichkeit als Bedrohung. Beiträge zur empirischen Kommunikationsforschung, 1979.

Oevermann, Die Methode der Fallrekonstruktion in der Grundlagenforschung sowie der klinischen und pädagogischen Praxis, in: Kraimer (Hrsg.), Die Fallrekonstruktion. Sinnverstehen in der sozialwissenschaftlichen Forschung. Frankfurt/M., 2000.

Ott/Lüneborg, Internal Investigations in der Praxis – Umfang und Grenzen der Aufklärungspflicht, Mindestaufgriffsschwelle und Verdachtsmanagement, CCZ 2019, 71.

Paal/Nikol, Zur Identizierung von hinweisgebenden Personen im Spannungsfeld von Hinweisgeberschutzgesetz, Whistleblowing-Richtlinie und Datenschutz-Grundverordnung, CB 2022, 469.

Peitscher, MHdB GesR, Bd. 7, 6. Auflage 2020.

Plath/Struck, DSGVO/BDSG/TTDSG, 4. Auflage 2023.

Quast/Ohrloff, Der Regierungsentwurf des Hinweisgeberschutzgesetzes, CCZ 2022, 303.

Raus/Lützeler, Berichtspflicht des Compliance Officers – zwischen interner Eskalation und externer Anzeige, CCZ 2012, 96.

RegE Hinweisgeberschutzgesetz, Betrieb interner Meldestellen unter Berücksichtigung möglicher Organisationsformen und technischer Anforderungen.

Reufels/Soltysiak, Das neue Whistleblowing-Recht, 1. Auflage 2023.

Reuter, Das Hinweisgeberschutzgesetz ist da – Was Unternehmen jetzt tun müssen, BB 2023, 1539, 1540.

Richardi, Betriebsverfassungsgesetz: BetrVG, 17. Aufl. 2022.

Richtlinie (EU) 2019/1937 des EP und des Rates v. 23.10.2019 zum Schutz von Personen, die Verstöße gegen das Unionsrecht melden (ABl. L 22 305/17 v. 29.11.2019).

RICHTLINIE DES EUROPÄISCHEN PARLAMENTS UND DES RATES über die Sorgfaltspflichten von Unternehmen im Hinblick auf Nachhaltigkeit und zur Änderung der Richtlinie (EU) 2019/1937, 23.2.2022.

RL-EU 2019/1937 Art. 8 (2).

Rolfs/Giesen/Meßling/Udsching, BeckOK Arbeitsrecht, 68. Edition, 2023.

Rolfs/Giesen/Meßling/Udsching, BeckOK Arbeitsrecht, 70. Edition, 2023.

Rolfs/Giesen/Meßling/Udsching, BeckOK Arbeitsrecht, 71. Edition, 2024.

Rolfs/Wolf, Deutsches Individualarbeitsrecht im Lichte der Rechtsprechung des Europäischen Gerichtshofs für Menschenrechte, EuZA 2022, 263.

Römermann, Münchener Anwaltshandbuch GmbH-Recht, 5. Auflage 2023.

Rosenthal et al., Praxishandbuch für interne Untersuchungen und eDiscovery, Release 1.01, Zürich/Bern, 2021.

Rothe/Eder, Datenschutz: Mangelnde Verschlüsselung von E-Mails ein DSGVO-Verstoß ohne Schaden? Ein Überblick und Perspektiven für Unternehmen, CCZ 2024, 50.

Ruhmannseder/Behr/Krakow, Hinweisgebersysteme, 2. Auflage 2021.

Ruttloff/Wagner/Hahn/Freihoff, Der Menschenrechtsbeauftragte, CCZ 2022, 20.

Ruttloff/Wagner/Misztl, Das neue Barrierefreiheitsstärkungsgesetz: ein Überblick – und wen es betrifft, ESG 2023, 325.

Ruttloff/Wagner/Reischl/Skoupil, CB-Beitrag: Auf dem Weg zum Chief Sustainability Officer (CSO) – Teil 1, CB 2021, 364.

Säcker, Rixecker, Oetker, Limperg (Hrsg.), Münchener Kommentar zum Bürgerlichen Gesetzbuch, 9. Auflage 2023.

Scharnberg, Illegale Internal Investigations, 1. Auflage 2014.

Schauhoff/Kirchhain, Handbuch der Gemeinnützigkeit, 4. Auflage 2023.

Schmolke/Utikal: Whistleblowing: Incentives and situational determinants, FAU Discussion Papers in Economics, No. 09/2016.

Schoch, Das neue Hinweisgeberschutzgesetz aus Sicht der Finanzbranche, BKR 2023, 154.

Schönke/Schröder/Lenckner/Eisele,Strafgesetzbuch Kommentar, § 206 StGB.

Schwab, Compliance-Reporting – Wer benötigt wann welche Informationen?, CB 2015, 460.

Schwarz/Ritzenhoff, CB-Beitrag: Compliance ist erst der Anfang – Wie Integrität die Unternehmenswelt verändert, CB 2020, 319.

Schwarz/Schieffer, Greenwashing – Ermittlung von Greenwashing-Vorwürfen, CCZ 2022, 345.

Siemes, Die hinreichend begründete Annahme des Whistleblowers nach Art. 6 Abs. 1 lit. a Richtlinie (EU) 2019/1937 – Auslegung und Umsetzung, CCZ 2022, 293.

Sigm, Verpfeifen im Betrieb wird doch nicht leichter, Internetquelle.

Spindler/Stilz/Fleischer, AktG, 4. Auflage 2019.

Statista Research Department, Rechtliche Einheiten/Unternehmen nach Beschäftigtengrößenklassen 2022, 2.1.2024.

Statista, Anteil der Bevölkerung in Deutschland, die das Internet für das Versenden und Empfangen von E-Mails nutzen in den Jahren 2002 bis 2023, 6.5.2024.

Stemberg, Die drei „Schlüsselkriterien" des Beschwerdeverfahrens nach § 8 Lieferkettensorgfaltspflichtengesetz, CCZ 2022, 92.

Steßl, Im Blickpunkt: Erfolgreiche Compliance-Kommunikation, Betriebs Berater 41/2012.

Stoffels, Whistleblowing – Änderung des § 612a BGB geplant, 16.5.2008.

Studie von Schröttle/Meshkova/Lehmann im Auftrag der Antidiskriminierungsstelle des Bundes, S. 86ff., https://www.antidiskriminierungsstelle.de/SharedDocs/downloads/DE/publikationen/Expertisen/umgang_mit_sexueller_belaestigung_am_arbeitsplatz.pdf?__blob=publicationFile&v=13 (abgerufen am 2.6.2024).

Studie von SUZ Sozialwissenschaftliches Umfragezentrum GmbH Duisburg im Auftrag der Antidiskriminierungsstelle des Bundes, https://www.antidiskriminierungsstelle.de/SharedDocs/downloads/DE/publikationen/Umfragen/handout_umfrage_sex_belaestigung_am_Arbeitsplatz_beschaeftigte.pdf?__blob=publicationFile&v=4 (abgerufen am 2.6.2024).

Teicke, Gute Unternehmenspraxis für Internal Investigations – Praxistipps zur erfolgreichen Umsetzung unter Berücksichtigung des VerSanG-E, CCZ 2019, 298.

Tesser/Rosen, The reluctance to transmit bad news. In: Berkowitz, Advances in experimental social psychology Vol. 8, 1975.

The American Heritage dictionary of the English language. (2022), https://www.ahdictionary.com/word/search.html?q=ombudsman (abgerufen am 13.6.2024).

Thüsing, Hinweisgeberschutzgesetz: HinSchG, 1. Aufl. 2024.

Thüsing/Granetzny, Beschäftigtendatenschutz und Compliance, 3. Auflage 2021.

Thüsing/Musiol/Peisker, Die Umsetzung der Hinweisgeberschutzrichtlinie, ZGI 2023, 63.

Umnuß, Corporate Compliance Checklisten, 5. Auflage 2022.

Unterrichtung durch die externe Meldestelle des Bundes, Jahresbericht 2023 [online] https://dserver.bundestag.de/btd/20/114/2011480.pdf [21.5.2024].

Vecchi/Van Hasselt/Romano, Crisis (hostage) negotiation: Current strategies and issues in high-risk conict resolution. Aggression and Violent Behavior, 2005, 10(5), 533, 551.

Viebranz/Oppitz/Müller, Kommunikation und eLearning als integrale Bestandteile eines erfolgreichen Compliance-Prozesses, 2014.

Wabnitz/Janovsky/Schmitt, Handbuch Wirtschafts- und Steuerstrafrecht, 5. Auflage 2020.

Wallstreet Online: https://www.wallstreet-online.de/nachricht/17680812-denunziantengesetz-regeln-schutz-hinweisgebern-heiss-umstritten-foto.

Weaver/Treviño/Agle, "Somebody I Look Up To:" Ethical Role Models in Organizations. Organizational Dynamics 34 (4), 2005.

Weber kompakt, Rechtswörterbuch, 8. Edition 2023.

Weber kompakt, Rechtswörterbuch, 10. Edition 2024, Internal Investigations.

Weidmann, Datenschutzrechtliche Anforderungen an die Einrichtung interner Hinweisgebersysteme unter Berücksichtigung der EU-Whistleblowing-Richtlinie, DB 2019, S. 2393.

Weitbrecht/Weidenbach, Achtung, Dawn Raid! Die Rolle des Anwalts bei Durchsuchungen, NJW 2010, 2328.

Wendt, Compliance Management und Unternehmenskultur in mittelständischen Unternehmen, Behringer, Compliance für KMU, 2012.

Wernet, Einführung in die Interpretationstechnik der Objektiven Hermeneutik, Opladen, 2000.

Whistleblowing Report 2021, FH Graubünden und EQS Group.

Wiedmann/Hoppmann, Whistleblowing im DAX – Auswirkungen von HinSchG, LkSG, CSRD und CS3D-E, CCZ 2023, 11.

Wieland/Steinmeyer/Grüninger (Hrsg.), Handbuch Compliance-Management, 2. Auflage 2014.

Wirtz/Baumann, Einsatz von eDiscovery-Tools durch Unternehmen im Rahmen von internen Untersuchungen, RDi 2024.

Würstl, Analyse eines Erpresserschreibens, Schriftenreihe der Thüringer Fachhochschule für öffentliche Verwaltung, Fachbereich Polizei, (Bd.1), Hrsg. Ley, H., Verlag für Polizeiwissenschaft., 2004.

Wybitul, Wie viel Arbeitnehmerdatenschutz ist „erforderlich"?, BB 2010, S. 1058.

Zapf, Umgang mit unspezischen Hinweisgebermeldungen, CB 2021.

Zentrum für Wirtschaftsethik, ComplianceProgramMonitorZfW, 2009.

Zimmer, Rolle der Mitarbeiter bei unternehmensinternen Ermittlungen, ZRFC 6/11.

Zimmer/Millfart, Die Rolle des Betriebsrats beim Hinweisgeberschutzgesetz, BB 22/2023.

ZKA, Leitfaden zur Bekämpfung von Geldwäsche, 2008.